계약법

계약법

박영복 · 박희호

HU:iNE

머리말

민법의 가장 근본이 되는 원칙은 개인의 의사에 기초하여 법률관계가 형성, 변경, 소멸한다는 사적자치의 원칙이다. 이러한 사적자치의 원칙은 개인의 단독행위에 의하여 실현되기도 하지만 대립하는 당사자 사이의 의사표시의 교환에 해당하는 계약을 통하여 이루어지는 것이 가장 일반적이다. 계약법은 이렇게 계약을 통하여 발생하는 개인 간의 채권관계를 규율하는 법규범의 총체를 말한다.

우리 민법전은 제3편 제2장을 계약이라고 하여 총 15절을 두고 계약관계를 규율하고 있다. 그중 제1절 총칙은 계약의 성립(제1관), 계약의 효력(제2관), 계약의 해지와 해제(제3관)의 계약 일반에 관하여 규정하고 있고 그 이하에서는 총 15종의 개별적인 전형계약 유형을 규율한다. 계약법은 이러한 민법전에 규정된 계약 유형에 대한 규정들을 가장 중요한 내용으로 다루지만 계약자유의 원칙에 따라 실무에서 활용되는 그 이외의 다른 계약 유형들도 규율하며, 민법전 이외에도 국가기관에 의하여 제정된 계약과 관련된 다양한 특별법의 내용도 함께 규율하고 있다. 이 책은 이러한 실질적 의미의 계약법을 다룬다.

서술 방식과 관련하여서 교과서라는 특성에 맞추어 복잡한 법리 다툼은 최대한 배제하고 법률의 조문과 판례의 이론에 따라 이해하기 쉽게 설명하려고 하였다. 특히 대법원이 판례를 통하여 다룬 사례들을 최대한 많이 소개함으로써 계약법에 대한 지식이 필요한 예비 법조인은 물론 계약법과 관련한 생활법률 지식이 필요한 일반인도 어렵지 않게 계약법을 접할 수 있도록 하였다.

끝으로 이 책의 집필에 도움을 주신 심우영 박사님, 박진아 박사님과 편집에 많은 애를 쓰신 박미현 선생님을 비롯한 한국외국어대학교 지식출판콘텐츠원 관계자 여러분께 깊은 감사를 드린다.

2024. 1. 31.
이문동에서
박영복/박희호

목차

제1편

계약법 총론

제1장
계약법 일반론

Ⅰ. 계약법 서설

1. 계약의 의의

계약법이란 계약에 관한 법규범의 총체를 말한다. 계약법의 규율대상이 되는 계약은 넓은 의미의 계약과 좁은 의미의 계약으로 나눌 수 있다.

넓은 의미의 계약이란 일정한 법률효과의 발생을 목적으로 2인 이상의 의사표시의 합치에 의하여 이루어지는 법률행위를 말한다. 채권법상의 권리·의무의 발생을 내용으로 하는 채권계약, 직접적인 물권의 변동을 내용으로 하는 물권계약, 가족법상 신분의 변동을 내용으로 하는 가족행위 등이 여기에 해당한다.

좁은 의미의 계약이란 넓은 의미의 계약 중 채권법상의 권리·의무의 발생을 내용으로 하는 경우만을 말한다. 민법은 제3편 중 제2장에서 계약이라는 제목으로 계약과 관련된 규범들을 두고 있다. 이 규정은 좁은 의미의 계약을 내용으로 한다. 이하의 설명도 이러한 좁은 의미의 계약을 대상으로 한다.

2. 계약자유의 원칙

(1) 의의

계약자유의 원칙이란 당사자는 계약을 통하여 자유롭게 법률관계(채권관계)를 형성할 수 있다는 계약법상의 원칙을 말한다. 즉 당사자는 계약을 체결할지의 여부, 계약의 내용을 어떻게 정할지의 여부, 어떠한 방식으로 계약을 체결할지 및 계약의 상대방을 누구로 할지 등에 관하여 자유로이 선택할 수 있다. 계약자유의 원칙은 민법이 선언하는 사적자치의 원칙(제105조)의 대표적인 형태이다.

(2) 계약자유의 원칙의 제한

계약자유의 원칙은 타인의 권리 및 자유를 부당하게 침해하거나 사회질서를 위반하지 않는 한도 내에서만 적용된다. 예를 들어 공익적 재화를 공급하는 자(전기사업법 제14조, 수도법 제39조 등)나 공익적 직무를 수행하는 자(의료법 제15조) 등은 정당한 사유 없이 계약의 체결을 거절할 수 없다. 또한 사업주는 근로자의 모집과 채용에 있어서 여성에 대하여 차별을 할 수 없다(남녀고용평등법 제7조). 사회 질서에 위반하는 내용의 계약은 당사자의 의사에도 불구하고 효력이 발생하지 않으며(제103조), 타인의 권리를 위법하게 침해하는 내용의 계약도 일정한 한도에서 손해배상책임이 발생할 수 있다(제750조). 또한 민법은 계약 당사자의 신중한 결정을 유도하고 명확한 의사의 확정을 위하여 일정한 계약의 체결에 대하여 서면의 방식을 요구하기도 한다(제428조의2 등).

Ⅱ. 계약의 유형

1. 전형계약·비전형계약

계약자유의 원칙에 따라 당사자는 자유롭게 다양한 내용의 계약을 체결할 수 있다. 하지만 그러한 계약자유의 원칙에도 불구하고 로마법 시대 이래로 가장 많이 다루어져 온 여러 모범이 되는 계약 유형들이 존재해 왔다. 민법 제3편 제2장에서는 이렇게 전통적으로 계승, 발전된 15종의 계약 유형을 구별하여 규정하고 있다. 이를 전형계약이라고 한다. 그리고 이 전형계약에는 해당하지 않지만, 거래에서 활용되어 정형적인 형식을 보여주는 계약들도 존재한다. 이를 전형계약에 대비하여 비전형계약이라고 한다. 제조물공급계약, 프랜차이즈계약 등이 여기에 해당한다.

계약자유의 원칙은 계약 유형의 방임을 의미하는 것은 아니다. 거래에는 다양한 유형의 계약이 존재하고 있지만 이러한 계약의 규율은 결국 민법상의 전형계약을 기준으로 판단되고 해석되어야 하는 것이다. 이러한 의미에서 민법에 규정된 전형계약의 유형은 간접적으로나마 유형 통제의 역할을 수행한다.

> "당사자의 일방이 상대방의 주문에 따라 자기 소유의 재료를 사용하여 만든 물건을 공급하기로 하고 상대방이 대가를 지급하기로 약정하는 이른바 제작물공급계약은 그 제작의 측면에서는 도급의 성질이 있고 공급의 측면에서는 매매의 성질이 있어 대체로 매매와 도급의 성질을 함께 가지고 있으므로, 그 적용 법률은 계약에 의하여 제작 공급하여야 할 물건이 대체물인 경우에는 매매에 관한 규정이 적용되지만, 물건이 특정의 주문자의 수요를 만족시키기 위한 부대체물인 경우에는 당해 물건의 공급과 함께

그 제작이 계약의 주목적이 되어 도급의 성질을 띠게 된다."[1]

2. 쌍무계약·편무계약

계약의 체결로 당사자가 상호 대가적인 의미의 '채무'를 부담하는 경우를 쌍무계약이라고 한다. 반면 계약의 체결로 일방 당사자만이 채무를 부담하는 경우를 편무계약이라고 한다. 매매, 고용, 도급, 임대차 등 대부분의 계약은 쌍무계약에 해당한다. 반면 증여, 무상임치, 사용대차 등은 편무계약에 해당한다.

쌍무계약은 상대방에 대한 채무가 상호 의존적인 성격(견련성)을 갖는다. 이러한 성격으로 당사자는 동시이행의 항변권(제536조)을 행사할 수 있으며, 위험부담에 관한 규정(제537조 이하)을 원용할 수 있다.

3. 유상계약·무상계약

계약의 체결로 계약 당사자가 상호 대가적인 의미의 '재산상의 출연'을 해야 하는 경우를 유상계약이라고 한다. 반면 계약 당사자 일방만이 재산상의 출연을 해야 하는 경우를 무상계약이라고 한다.

통상 쌍무계약은 유상계약에 해당한다. 반면 모든 유상계약이 쌍무계약인 것은 아니다. 재산상의 출연을 부담함에도 그러한 출연이 계약체결에 따른 채무의 형식이 아닌 경우도 있기 때문이다. 예를 들어 현상광고는 법적 성질에 대하여 계약설에 따르게 되면 요물계약으로 지정한 행위의 완료로 성립하고 그러한 계약의 성립으로 인하여 광고자는 완료자에게 보수지급의 채무를 부담하게 된다. 즉 요물계약

1) 대판 2006. 10. 13. 2004다21862.

이면서 편무, 유상의 계약이 되는 것이다.[1)]

유상계약에는 매매의 규정, 특히 매도인의 담보책임에 관한 규정이 준용된다(제567조).

4. 낙성계약·요물계약

당사자의 합의만으로 성립하는 계약을 낙성계약이라고 한다. 반면 합의 이외에 일정한 물건의 인도나 재산의 출연이 요구되는 경우를 요물계약이라고 한다. 대부분의 전형계약은 낙성계약이지만 현상광고에 대하여 계약설을 취하는 견해는 이를 요물계약으로 이해한다. 대법원은 매매계약에 부수하여 이루어지는 계약금계약의 경우 계약금계약의 합의 이외에 계약금의 수수로 비로소 성립하는 요물계약으로 이해한다.

> "계약이 일단 성립한 후에는 당사자의 일방이 이를 마음대로 해제할 수 없는 것이 원칙이고, 다만 주된 계약과 더불어 계약금계약을 한 경우에는 민법 제565조 제1항의 규정에 따라 임의해제를 할 수 있기는 하나, 계약금계약은 금전 기타 유가물의 교부를 요건으로 하므로 단지 계약금을 지급하기로 약정만 한 단계에서는 아직 계약금으로서의 효력, 즉 위 민법 규정에 의해 계약해제를 할 수 있는 권리는 발생하지 않는다고 할 것이다."[2)]

1) 곽윤직, 채권각론(2014), 268면; 김준호, 채권각칙(2007), 277면 이하; 김형배, 채권각론(1997), 701면 등

2) 대판 2008. 3. 13. 2007다73611.

5. 계속적 계약·일시적 계약

계속적 계약이란 계약의 성립 후 지속적인 급부의 실현이 요구되는 관계로 채권관계가 일정 기간 계속하여 유지되는 경우를 말한다. 임대차, 고용, 위임, 임치, 조합 등이 여기에 해당한다. 이에 반하여 일시적 계약은 일회의 급부로 채권관계가 소멸하는 경우를 말한다. 매매, 증여, 교환 등이 여기에 해당한다.

계속적 계약의 경우 당사자 사이의 신뢰관계가 중요시된다는 특성을 갖는다. 따라서 이러한 신뢰를 상실시키는 행위에 대하여 당사자는 채권관계의 소멸을 청구할 수 있다. 예를 들어 상호 신뢰관계가 인정되는 임대차계약에서 임대인의 동의 없이 임차인이 임차권을 양도하거나 전대하였다면 임대인은 신뢰관계의 상실을 이유로 계약의 소멸을 주장할 수 있다(제629조 제2항). 그리고 계속적 계약에 따른 채권관계의 소멸도 기존의 채권관계를 고려하여 원칙적으로 장래에 대해서 효력을 상실하는 해지만 인정된다(제629조 제2항, 제550조).

> "근로계약의 무효 또는 취소를 주장할 수 있다 하더라도 근로계약에 따라 그동안 행하여진 근로자의 노무 제공의 효과를 소급하여 부정하는 것은 타당하지 않으므로 이미 제공된 근로자의 노무를 기초로 형성된 취소 이전의 법률관계까지 효력을 잃는다고 보아서는 아니 되고, 취소의 의사표시 이후 장래에 관하여만 근로계약의 효력이 소멸된다고 보아야 한다."[1)]

1) 대판 2017. 12. 22. 2013다25194.

6. 예약·본계약

장래의 일정한 계약을 체결할 것을 약정하는 것을 예약이라고 한다. 그리고 이 예약을 근거로 체결된 계약을 본계약이라고 한다.

예약은 계약체결의 청약에 따른 승낙의무가 당사자 모두에게 있는 쌍무예약과 당사자 일방에게만 있는 편무예약으로 구별할 수 있다. 또한 상대방의 승낙을 기다리지 않고 예약완결의 의사표시만으로 본계약이 체결되는 예약완결권을 쌍방 모두가 갖는 쌍방예약과 당사자 일방만이 갖는 일방예약으로 구별된다(제564조 제1항 참조).

예약도 일종의 계약으로 예약의 당사자는 본계약을 체결할 채무를 부담한다. 따라서 이러한 채무를 이행하지 않는 당사자는 채무불이행책임(제390조)을 부담하게 된다. 예를 들어 예약 당사자 일방이 승낙의무가 있는 당사자에 대하여 계약체결의 청약을 하였음에도 상대방이 계약의 체결을 거절하였다면 그에 대한 채무불이행책임을 부담해야 한다.

제2장

계약의 성립

Ⅰ. 합의에 의한 계약의 성립

1. 합의

계약은 계약 당사자 사이의 합의로 성립한다. 여기서 합의란 일정한 법률효과의 발생을 목적으로 이루어지는 당사자 사이의 의사표시가 합치되는 경우를 말한다. 합의는 동일한 내용의 계약서에 당사자가 서명하는 경우와 같이 하나의 계약 내용에 동의하는 방법으로 이루어질 수 있다. 또한 특정한 내용의 계약에 대한 일방의 의사표시(청약)에 대해 그 내용의 계약을 승인하는 타방의 의사표시(승낙)에 의하는 방법을 따르기도 한다. 어느 방식에 의하든 의사표시의 합치로 인정된다. 다만 민법상 계약의 관련 규정들(제527조 이하)은 후자의 방식을 중심으로 규율하고 있다.

당사자 사이의 합의는 계약의 유형을 결정하는 필수적 사항(essentialia negotii)에 대하여는 반드시 합치된 내용을 포함하고 있어야 한다. 이에 관하여 합의가 없거나 불일치하다면 계약은 성립하지 않게 된다. 예를 들어 매매계약의 경우 매매의 대상이 되는 구체적인 물건과 그 대금에 대한 합의가 있어야 한다.[1] 다만 계약체결 당시에 그 내용이 특정되어 있을 필요는 없고 특정에 필요한 기준과 방법이 정해져 있으면 족하다.

그 외에 특정 계약과 관련하여 필수적 사항 이외에 다른 사항에 대하여 전혀 언급되지 않은 사항은 임의규정으로 보충되거나(제105조), 거래 관행이나(제106조), 당사자의 추정적 의사에 따른 법률행위 해석을 통하여 정해질 수 있다. 당사자가 계약자유의 원칙상 필수적 사항을 제외한 다른 사항에 대하여서도 임의로 합의할 수 있음은 물론이다(accidentalia negotii). 하지만 필수적 사항에 해당하지 않더라도 당사자 사이에 의사의 합치가 있어야 한다고 표시된 사항에 대하여 합의가 이루어지지 않았다면 특별한 사정이 없는 한 계약은 성립하지 않은 것으로 보아야 할 것이다.[2]

2. 불합의

(1) 개념

불합의란 계약 당사자 사이의 의사표시가 일치하지 않아 계약에 이르지 못하게 된 경우를 말한다.

의사표시의 일치로 계약이 유효하게 성립되었지만, 의사표시의 착

1) "분양계약 당시 분양목적물을 '이 사건 상가 2층의 준보석 B존의 점포 중 전용 면적과 공용 면적을 합한 계약 면적 4평 또는 계약 면적 8평'으로 특정하여 분양대금은 평당 31,000,000원으로 약정한 것이고, 따라서 이 사건 각 분양계약의 목적물이 특정되지 않은 것이라고 볼 수 없다"(대판 2009. 3. 16. 선고 2008다1842)

2) 대판 2021. 1. 14. 2018다223054.

오로 계약이 취소되는 경우와 의사표시의 불일치로 계약이 성립하지 않는 불합의는 구별된다. 착오는 규범적 해석을 통하여 당사자의 의사표시가 일치하는 것을 전제로 그 내용에 대한 일방 당사자의 착오가 있는 경우에 발생한다. 매도인이 10개의 물건을 특정 가격에 매도하는 것으로 의사표시를 하였는데 매수인이 100개의 물건으로 잘못 이해하고 '단순한 승낙의 의사표시'만을 한 경우에는 객관적으로 매도인의 10개의 물건에 대한 청약과 그에 대한 승낙으로 계약이 성립된 경우로 해석되어 불합의는 존재하지 않게 된다. 매수인은 제109조를 근거로 착오로 인한 취소를 할 수 있을 뿐이다.

(2) 의식적 불합의와 무의식적 불합의

불합의는 청약과 승낙의 방법에 따른 경우뿐만 아니라, 하나의 계약서에 당사자가 서명하는 경우와 같이 하나의 계약의 내용에 당사자가 동일하게 승인하는 방식으로도 발생할 수 있다. 계약의 내용이 다의적으로 해석될 수 있는 상황에서 당사자가 그 의미를 달리 이해하는 경우가 여기에 해당한다. 예를 들어 백일홍 화분 10개를 매매하기로 하였는데 매도인은 국화과의 백일홍꽃 화분 10개를, 매수인은 백일홍 나무로도 알려진 배롱나무 10개의 화분을 의도한 경우를 들 수 있다. 이 경우 계약은 체결되지 않은 것으로 된다.

통상 계약서에 당사자가 서명하여 계약이 체결되는 경우는 그 외의 다른 유형으로 불합의가 발생하기 어렵지만, 청약과 승낙의 방법으로 계약이 체결되는 경우는 그보다 다양한 불합의의 경우가 발생할 수 있다. 이러한 불합의는 민법의 규정에 비추어 의식적 불합의와 무의식적 불합의로 구별할 수 있다.

의식적 불합의란 상대방의 계약 내용에 대하여 의식적으로 조건을 붙이거나 내용을 변경하는 의사를 표시한 경우를 말한다. 민법은 청약에 대하여 조건을 붙이거나 변경을 가한 승낙의 효력에 대하여 종래의 청약을 거절하고 그러한 내용의 새로운 청약을 한 것으로 본다(제534조).

이에 반해 무의식적 불합의란 불합의가 있었지만, 그에 대하여 당사자 모두 또는 어느 일방이 불합의의 사실을 알지 못하는 경우를 말한다. 예를 들어 백일홍에 대하여 당사자가 각각 다른 의미를 부여한 위의 사례가 대표적인 예가 된다(숨은 불합의). 하지만 청약과 다른 내용의 의사를 의식하지 못한 채 표시하는 경우와 같이 불합의가 객관적으로 명백한 경우도 존재한다. 예를 들어 매도인이 10개의 물건을 특정 가격에 매도하는 것으로 의사표시 하였음에도 매수인은 100개의 물건을 그 가격에 파는 것으로 이해하고 100개의 물건을 사겠다고 한 경우가 여기에 해당한다(열린 불합의). 매도와 매수의 의사표시는 이 경우 명백하게 불일치하지만, 당사자 쌍방이나 그 일방은 그러한 점을 의식하지 못한 것이다.

(3) 오표시 무해의 원칙

객관적으로 당사자의 의사표시가 불일치하더라도 상대방의 내심의 의사가 일치한 경우라면 내심의 의사대로 계약은 성립하게 된다(falsa demonstratio non nocet). 매도인이 10개의 물건을 특정 가격에 매도하는 것으로 의사표시 하였고 매수인도 10개의 물건을 그 가격에 살 의도로 100개의 물건을 사겠다고 한 경우라면 객관적인 의사표시의 불일치가 있지만 내심의 의사가 일치하여 매매계약은 10개의 물건에 대한 특정의 가격대로 유효하게 성립한다.

(4) 불합의의 효과

불합의가 있게 되면 그 유형을 막론하고 계약은 성립하지 않는다. 다만 의식적 불합의의 경우에는 조건이 부가되거나 변경된 내용의 새로운 청약으로 본다(제534조). 착오의 경우에 대하여 판례는 계약체결상의 과실책임을 인정하지 않지만,[1] 착오를 피할 수 있었음에도 착오를 일으켜 상대방에게 손해를 가한 경우 민법 제535조의 규정을 유추적용하여 신뢰이익의 배상책임을 인정하는 것이 타당하다.[2] 반면 계약 내용의 다의성 등으로 인하여 발생한 불합의에 대하여 과실책임을 묻는 것은 과책 여부나 입증책임 등을 고려하였을 때 타당하지 않아 보인다.[3]

Ⅱ. 청약과 승낙에 의한 계약의 성립

1. 청약

(1) 의의

1) 개념

청약이란 일정한 내용의 계약체결을 제안하는 일방 당사자의 상

1) 대판 1997. 8. 22. 97다13023.

2) 자세히는 박희호/심우영, 민법총칙(2021), 262면 참조.

3) "계약이 의사의 불합치로 성립하지 아니한 경우 그로 인하여 손해를 입은 당사자가 상대방에게 부당이득반환청구 또는 불법행위로 인한 손해배상청구를 할 수 있는지는 별론으로 하고, 상대방이 계약이 성립되지 아니할 수 있다는 것을 알았거나 알 수 있었음을 이유로 민법 제535조를 유추적용하여 계약체결상의 과실로 인한 손해배상청구를 할 수는 없다."(대판 2017. 11. 14, 2015다10929)

대방에 대한 의사표시를 말한다. 청약은 승낙에 따라 즉시 계약이 체결되는 것이므로 필수적 합의 사항을 포함한 계약의 내용에 대한 구체적이고 확정적인 내용을 담고 있어야 한다.[1] 매매계약에 대한 청약의 경우 최소한 매매목적물이나 매매대금 등이 확정되어 있거나 구체적인 방법이나 기준에 의하여 사후적으로 확정 가능하여야 한다. 반면 청약 당시에 승낙의 상대방이 구체적으로 정해질 필요는 없다. 현상광고나 자판기를 통한 매매와 같이 불특정 다수에 대한 청약도 가능하기 때문이다.

2) 청약의 유인

청약은 타인에게 청약하도록 이끄는 청약의 유인과 구별된다. 청약은 승낙에 따라 계약체결의 결과가 발생하는 반면, 청약의 유인은 타인을 청약으로 이끄는 것에 불과하다. 따라서 청약의 유인으로 이루어진 청약에 대하여 승낙의 의사표시가 있어야 비로소 계약이 성립한다. 일반적으로 광고는 청약의 유인에 불과한 것으로 여겨진다. 하지만 청약자가 광고의 내용을 전제로 청약하였고, 다른 사정 없이 광고주가 이를 승낙하였다면 계약은 광고의 내용을 포함하여 체결된 것으로 보아야 한다.[2]

---

1) 대판 2003. 4. 11. 2001다53059.

2) "광고는 일반적으로 청약의 유인에 불과하지만 내용이 명확하고 확정적이며 광고주가 광고의 내용대로 계약에 구속되려는 의사가 명백한 경우에는 이를 청약으로 볼 수 있다. 나아가 광고가 청약의 유인에 불과하더라도 이후의 거래 과정에서 상대방이 광고의 내용을 전제로 청약을 하고 광고주가 이를 승낙하여 계약이 체결된 경우에는 광고의 내용이 계약의 내용으로 된다."(대판 2018. 2. 13. 선고 2017다275447)

(2) 청약의 효력

1) 청약의 구속력

청약은 상대방 있는 의사표시로 상대방에게 도달한 때에 효력을 발생한다(제111조 제1항). 청약이 효력을 발생하게 되면 청약자는 그 청약의 내용에 구속되어 더 이상 청약의 의사표시를 철회하지 못한다(제527조). 즉 도달 이후에 청약자가 청약을 철회하는 의사표시를 하더라도 상대방의 승낙의 의사표시가 있으면 계약체결의 효과를 피하지 못한다(청약의 구속력). 이는 청약의 의사표시를 믿고 계약체결의 비용을 지출하는 거래의 상대방 등을 보호함으로써 거래의 안전을 보호하기 위함이다. 청약의 의사표시가 상대방에게 도달하기 이전에 혹은 동시에 철회의 의사표시를 상대방에게 도달하도록 하는 방법으로 철회하는 것은 가능할 것이다.

격지자 간에 발송된 청약의 의사표시가 상대방에게 도달하지 못하면 청약은 효력을 발생하지 않으나, 청약의 의사표시가 발송된 후 상대방에게 도달하기 이전에 청약자가 사망하거나 제한능력자가 된 경우에는 원칙적으로 청약의 효력은 유지된다(제111조 제2항). 다만 그 성질에 비추어 당사자의 신뢰나 개성이 계약의 본질적인 내용을 구성한다면 청약자의 사망이나 행위능력의 상실로 인하여 청약도 효력을 잃는 것으로 해석되어야 할 것이다.[1] 계약의 일방 당사자가 청약자의 상속인이나 행위무능력자가 되는 것으로 인하여 당사자 사이에 신뢰 등을 기초로 하는 계약관계의 형성을 기대할 수 없기 때문이다.

"명예퇴직은 근로자가 명예퇴직의 신청(청약)을 하면 사용자가 요건을 심사한 후 이를 승인(승낙)함으로써 합의에 의하여 근로관계를

1) 곽윤직, 계약각론(2014), 37면.

종료시키는 것으로, 명예퇴직의 신청은 근로계약에 대한 합의해지의 청약에 불과하여 이에 대한 사용자의 승낙이 있어 근로계약이 합의해지되기 전에는 근로자가 임의로 그 청약의 의사표시를 철회할 수 있다."[1)]

2) 청약의 효력의 소멸

청약자가 승낙기간을 정하여 청약하면 그 청약의 효력은 승낙기간에만 유지된다. 따라서 청약자가 정한 승낙기간 내에 승낙의 통지를 받지 못하였다면 청약은 효력을 상실하게 되고 그 이후에 승낙이 도달하더라도 계약은 성립하지 못하게 된다(제528조 제1항).

청약자가 승낙기간을 정하지 않은 경우에도 청약은 상당한 기간이 지나면 그 효력을 상실한다(제529조). 여기서 '상당한 기간'이란 승낙자가 청약에 대한 승낙 여부를 결정하여 회신하는 데 필요한 기간을 말한다.[2)]

2. 승낙

(1) 의의

1) 개념

승낙이란 계약을 체결시킬 목적으로 이루어지는 청약에 대한 동의의

1) 대판 2003. 4. 25. 2002다11458. 근로계약에 대한 합의해지의 청약과 구별해야 하는 것이 상대방의 승낙을 요구하지 않는 민법 제660조의 근로계약에 대한 일방적인 해지 통고이다. 대법원은 "사직의 의사표시는 특별한 사정이 없는 한 당해 근로계약을 종료시키는 취지의 해약고지로 볼 것이고, 근로계약의 해지를 통고하는 사직의 의사표시가 사용자에게 도달한 이상 근로자로서는 사용자의 동의 없이는 비록 민법 제660조 제3항 소정의 기간이 경과하기 이전이라 하여도 사직의 의사표시를 철회할 수 없다"는 입장이다.(대판 2000. 9. 5. 99두8657)

2) 대판 1999. 1. 29. 98다48903.

의사표시를 말한다. 승낙의 의사표시의 방법은 특별한 제한이 없어 명시적인 의사표시의 방법뿐만 아니라 묵시적인 방법으로도 가능하다.[1]

청약의 상대방은 청약자에 대하여 원칙적으로 아무런 의무도 부담하지 않는다. 따라서 일정한 기간 내에 아무런 의사표시도 하지 않으면 승낙한 것으로 본다는 내용이 청약에 부가된 경우라도 이는 청약의 상대방을 구속하지 못한다.[2] 해당 기간 내에 상대방이 아무런 대응을 하지 않더라도 계약이 성립하지 않는다.

2) 승낙의 내용

승낙은 청약의 내용과 일치하여야 한다. 통상 승낙은 청약의 내용에 대하여 무조건적 동의의 의사를 표시하는 방법에 내용의 일치를 이룬다. 반면 승낙을 하면서 청약의 내용에 조건을 부가하거나 변경을 가하였다면 이는 승낙이 되지 못한다. 이 경우 민법은 종래의 청약에 대한 거절의 의사표시와 함께 부가된 조건이나 변경된 내용의 새로운 청약이 있는 것으로 본다(제534조). 따라서 이 새로운 청약에 대하여 기존의 청약자가 다시 승낙하는 때에 비로소 계약이 성립한다.

(2) 연착된 승낙

승낙은 청약이 효력을 갖는 기간 내에 이루어져야 한다. 따라서 청

---

1) 대판 1992. 10. 13. 92다29696.

2) "청약이 상시거래관계에 있는 자 사이에 그 영업부류에 속한 계약에 관하여 이루어진 것이어서 상법 제53조가 적용될 수 있는 경우가 아니라면, 청약의 상대방에게 청약을 받아들일 것인지 여부에 관하여 회답할 의무가 있는 것은 아니므로, 청약자가 미리 정한 기간 내에 이의를 하지 아니하면 승낙한 것으로 간주한다는 뜻을 청약 시 표시하였다고 하더라도 이는 상대방을 구속하지 아니하고 그 기간은 경우에 따라 단지 승낙기간을 정하는 의미를 가질 수 있을 뿐이다."(대판 1999. 1. 29. 98다48903)

약에 승낙의 존속기간을 정한 경우에는 그 기간 내에 승낙의 기간을 정하지 않았다면 상당한 기간 내에 이루어져야 하고, 그 기간이 초과한 후에 도달한 승낙은 원칙적으로 계약을 성립시키지 못한다(제528조 제1항). 다만 연착된 승낙은 새로운 청약으로 볼 수 있다(제530조). 따라서 청약자는 연착된 승낙에 대하여 다시 승낙함으로써 계약을 성립시킬 수 있다.

나아가 청약자가 승낙기간을 정하여 청약하였고 승낙이 그 기간을 도과하여 청약자에게 도달하였지만 보통 그 기간 내에 도달할 수 있는 발송이었을 경우, 청약자는 지체 없이 상대방에게 그 연착의 통지를 하지 않는 한 계약의 불성립을 주장하지 못한다. 이 경우 계약은 성립한 것으로 의제된다(제528조 제3항). 하지만 승낙이 연착하였음을 통지하였거나 승낙의 도달 전에 이미 지연의 통지를 발송한 때에는 계약은 불성립한 것으로 된다.

(3) 승낙의 효력

청약에 대한 승낙이 있으면 계약은 성립한다. 대화자 사이에는 청약에 대한 승낙이 이루어짐과 동시에 계약이 성립한다. 반면 청약에 대한 승낙의 시간적 간격이 인정되는 격지자 사이에서는 계약이 승낙의 통지를 발송한 때에 성립한다(제531조). 이 규정은 거래의 신속을 위하여 계약의 성립 시기를 앞당기는 취지를 갖는다. 반면 이러한 입법취지를 넘어서 입증책임 및 철회 가능성과 관련하여 해제조건설[1)]은 승낙자는 승낙의 발송 사실만 입증하면 되고 도달의 입증책임은 청약자가 부담하며 승낙의 발송 후에는 더 이상 승낙을 철회할 수 없다는 입

1) 곽윤직, 채권각론(2014), 43면; 이은영, 채권각론(2007), 91면; 송덕수, 채권법각론(2019), 54면 등

장이다. 그러나 제531조의 입법 취지는 계약성립의 시기만을 앞당기는 의미가 있을 뿐 도달주의원칙의 다른 내용에는 영향을 주지 않는 것으로 보아야 한다(정지조건설).[1] 즉 도달에 따라 계약이 성립하는 것이고 그 성립 시기가 승낙의 발송 시로 소급할 뿐이며, 승낙의 의사표시가 도달하기 전이라면 청약의 경우와 마찬가지로 승낙자도 전화 등의 방법으로 승낙의 의사표시를 철회할 수 있다고 보는 것이 합리적이고, 승낙 도달의 입증책임도 여전히 의사표시를 한 승낙자가 부담해야 하는 것이 타당하다.[2]

Ⅲ. 의사실현에 의한 계약의 성립

청약자의 의사표시나 관습에 의하여 승낙의 통지가 필요하지 않다면, 승낙의 의사표시로 인정되는 일정한 사실이 있는 때에 계약은 성립한다(제532조). 청약과 함께 배달된 물건을 사용하거나 처분한 경우, 청약자로부터 주문받은 상품을 송부하는 경우 등이 의사실현에 의하여 계약이 성립하는 통상적인 예가 된다. 승낙의 의사표시로 인정되는 사실이 있었는지는 제532조에 따라 청약자의 의사표시의 내용과 관습에 의하여 판단된다.

의사실현에 의한 계약의 성립은 묵시적 승낙에 의한 계약의 성립과 구별된다. 의사실현에 의한 계약의 성립은 당사자의 의사와 상관없이

---

1) 김형배, 채권각론(1997), 106면.

2) 우편물의 송달과 관련하여 판례는 "내용증명우편이나 등기우편과는 달리, 보통우편의 방법으로 발송되었다는 사실만으로는 그 우편물이 상당 기간 내에 도달하였다고 추정할 수 없고 송달의 효력을 주장하는 측에서 증거에 의하여 도달사실을 입증하여야 한다"는 입장을 취한다(대판 2002. 7. 26. 2000다25002). 이러한 도달의 입증책임에 관한 내용을 민법 제531조의 경우에만 전환하여야 할 필요가 있는지 의문이다.

민법 규정에 따라 의사실현이 된 때에 계약이 성립한다. 반면 묵시적 승낙은 일종의 의사표시에 의한 계약의 성립이므로 승낙자의 묵시적인 행위에는 그의 효과의사가 동반되어야 함이 원칙이고 상대방에 대한 의사표시의 도달, 즉 청약자의 인지나 인지 가능성도 있어야 한다.

Ⅳ. 교차청약에 의한 계약의 성립

교차청약이란 당사자 사이에 동일한 내용의 청약이 이루어진 경우를 말한다. 민법은 이러한 교차청약에 의하여서도 계약이 성립됨을 인정한다(제533조). 형식적으로는 당사자 사이에 두 개의 청약만 있는 경우이나 청약에 포함된 의사가 상호 일치하여 계약에 필요한 당사자의 합의를 인정할 수 있기 때문이다.

다만 계약성립 시기와 관련하여 청약과 승낙을 전제로 하는 격지자 간의 계약에 관한 제531조의 규정은 그 적용이 배제된다. 따라서 당사자 사이에 대한 두 개의 청약이 모두 상대방에게 도달한 때, 즉 나중에 이루어진 청약이 상대방에게 도달한 때에 계약은 성립하게 된다.

Ⅴ. 약관에 의한 계약의 성립

1. 서설

(1) 약관의 의의

약관이란 계약의 일방 당사자가 여러 명의 상대방과 계약을 체결하기 위하여 일정한 형식으로 미리 마련한 계약의 내용을 말한다(약관규제법 제2조 제1호). 동일한 내용으로 다수의 계약을 상대방을 달리하여 반복적으로 체결할 필요가 있는 경우, 당사자가 미리 계약 내용을 정하여 개별 계약에 활용하게 되면 상대방에 따라 매번 계약의 내용을 협상할 필요가 없으며 계약의 내용도 통일적으로 되어 신속하고 안정적인 계약체결을 도모할 수 있게 된다. 이러한 이유에서 현대적인 거래의 많은 부분이 약관을 통한 계약의 방식으로 이루어지고 있다.

하지만 약관은 계약 당사자 일방에 의하여 미리 작성되는 특성상 약관의 내용을 상대방이 전혀 인지하지 못하는 경우도 있을 수 있고 그 내용을 알더라도 계약 전부의 내용을 받아들일지만을 결정해야 하는 경우가 많아 약관작성자의 상대방의 이익을 침해할 수 있다는 문제가 발생하게 된다. 이러한 문제에 대처하기 위하여 1986년 12월 31일 '약관의 규제에 관한 법률'(이하 '약관규제법')이 제정되었고, 다음 해 7월 1일부터 시행되고 있다.

(2) 약관의 법적 성질

약관은 상대방과의 합의 없이 일방적으로 작성된 계약의 내용이다. 따라서 그 자체로는 법률상 아무런 효력을 갖지 못한다. 반면 약관이 상대방의 동의를 얻어 당사자 사이의 계약 내용으로 편입되면 그때부터 약관은 당사자를 구속하는 효력이 발생한다. 이러한 의미에서 약관의 구속력은 계약 당사자가 이를 계약의 내용으로 편입하기로 하는 합의에 그 근거가 있다고 할 것이다(계약설).[1] 동일한 관점에

1) 김형배, 채권각론(1997), 53면. 대법원도 "보통보험약관을 포함한 이른바 일반거래약관이 계약의 내용으로 되어 계약 당사자에게 구속력을 갖게 되는 근거는 그 자체가 법규범 또는 법규범적 성질을 갖기 때문은 아니며 계약 당사자가 이를 계약의 내용으로 하기로 하는 명시적 또는 묵시적 합의를 하였기 때문이다"고 하여 같은 입장을 보이고 있다(대판 2004. 11. 11. 2003다30807).

서 당사자는 약관에 포함된 계약의 내용을 배제하고 그와 다른 약정을 할 수 있고(약관규제법 제4조), 이 경우 약관의 구속력은 그 범위에서 소멸하게 된다.[1)]

2. 약관의 계약으로의 편입

(1) 의의

계약설에 따르면 약관을 계약으로 편입하는 합의가 당사자 사이에 있게 되면 해당 약관은 그 구체적인 내용에 대한 당사자의 인지 여부와 상관없이 계약의 내용이 된다. 하지만 이 경우 약관작성자가 의도적으로 그 내용을 알리지 않거나 내용에 대하여 여러 방법으로 그 접근을 제한하여 상대방의 이익을 침해할 위험이 발생한다. 이러한 이유로 약관규제법은 민법의 특별법으로서 약관작성자인 사업자에게 고객의 보호를 위한 다양한 의무들을 부과하고 있다.

(2) 약관과 관련한 사업자의 의무 및 그 위반의 효과

1) 읽기 쉬운 약관 등의 작성의무

약관작성자인 사업자는 고객들이 약관의 내용을 쉽게 알 수 있도록 한글로, 표준화·체계화된 용어를 사용하여 약관의 중요한 내용을 알아보기 쉽게 약관을 작성하여야 한다(약관규제법 제3조 제1항).

---

1) 대판 1991. 9. 10. 91다20432.

2) 명시의무

사업자는 계약체결 시에 약관의 내용을 일반적인 방법, 예를 들어 약관의 내용이 담긴 인쇄물의 열람 등과 같은 방식으로 명시하여야 하며, 고객이 요구하면 약관의 사본을 고객에게 교부하고 그 내용을 알 수 있도록 하여야 한다(약관규제법 제3조 제2항). 다만 거래의 신속 등을 이유로 약관 제공이 어려운 여객운송업, 통신업, 전기·가스 및 수도사업, 우편업, 공중전화 서비스 제공 통신업에 대하여는 명시의무를 면제하고 있다(약관규제법 제3조 제2항).

3) 설명의무

사업자는 계약의 성질에 비추어 현저히 곤란한 경우가 아닌 한 약관에 정하여져 있는 중요한 내용을 고객이 이해할 수 있도록 설명하여야 한다(약관규제법 제3조 제3항). 여기서 '중요한 내용'이란 사회 통념상 계약체결의 여부나 대가를 결정하는 데에 직접적인 영향을 미칠 수 있는 사항을 말한다.[1] 예를 들어 보험약관에 기재되어 있는 보험상품의 내용, 보험료율의 체계, 보험청약서상 기재 사항의 변동 및 보험자의 면책사유 등은 보험계약의 중요한 내용에 해당하므로 보험자는 보험계약자에게 구체적이고 상세하게 설명하여야 한다.[2]

다만 약관의 내용을 상대방이 충분히 예상할 수 있었거나 그 내용을 잘 알고 있는 경우,[3] 이미 법령에 정하여진 사항을 되풀이하거나 부연하는 정도에 불과한 경우[4] 등에는 설명의무가 부정된다.

---

1) 대결 2008. 12. 16. 2007마1328.

2) 대판 2003. 8. 22. 2003다27054.

3) 대판 2005. 12. 9. 2004다26164.

4) 대판 1998. 11. 27. 98다32564는 피보험차량에 크레인을 장착한 후 이를 보험회사에게 통지하지 아니한 사안에서 보험모집인이 구조변경 후 그 사실을 통지해야 한다는 약관 내용을 설명하지 않았더라도 상법 제652조 제1항에서 '사고발생의 위험이 현저하게 변

4) 의무 위반의 효과

사업자가 명시의무나 설명의무를 위반하였다면, 해당 약관의 내용을 계약의 내용으로 주장할 수 없다(약관규제법 제3조 제4항). 하지만 고객이 약관의 내용을 주장하는 것은 허용된다. 고객이 이해할 수 없게 쓰인 약관의 내용도 의무 위반에 해당한다.[1)]

3. 약관의 해석

(1) 신의성실에 따른 해석

약관은 신의성실의 원칙에 따라 공정하게 해석되어야 한다(약관규제법 제5조 제1항). 계약의 종류나 성질, 체결 당시의 상황을 고려하여 계약 당사자의 의사를 신의에 따라 공정하게 탐구하여야 한다.

> "근저당권설정계약서는 처분문서이므로 특별한 사정이 없는 한 그 계약의 문언대로 해석하여야 함이 원칙이나, 그 근저당권설정계약서가 금융 기관 등에서 일률적으로 일반거래약관의 형태로 부동문자로 인쇄하여 두고 사용하는 계약서인 경우에 그 계약 조항에서 피담보채무의 범위를 기존의 채무나 장래에 부담하게 될 모든 채무도 포괄적으로 포함하는 것으로 기재하였다고 하더라도, 당해 근저당권설정계약의 체결 경위나 거래 관행, 각 채무액과 그 근저당권의 채권최고액과의 관계, 다른 채무액에 대한 별도의 담보 확보 여부 등 여러 사정에 비추어 인쇄된 계약

경 또는 증가된 사실'을 안 때 보험자에 대하여 통지하여야 한다고 규정하고 있으므로 설명의무 위반이 아니라고 보았다.

1) 이은영, 채권각론(2007), 58면.

> 문언대로 피담보채무의 범위를 해석하면 오히려 일반 거래 관례에 어긋난다고 보여지고 당사자의 의사는 특정한 계속적 거래나 일정한 종류의 거래로 인하여 발생하는 채무만을 그 근저당권의 피담보채무로 약정한 취지라고 해석하는 것이 합리적인 때에는, 그 계약서의 포괄적 기재는 부동문자로 인쇄된 일반거래약관의 예문에 불과하므로 그에 구속되지 말고 구체적인 당사자의 의사를 밝혀 그 피담보채무의 범위를 확정하여야 한다."[1]

(2) 통일적 해석

약관은 이를 계약의 내용으로 편입한 모든 고객에게 동일하게 해석되어야 한다(약관규제법 제5조 제1항). 즉 개개 계약체결자의 의사나 구체적인 사정을 고려함이 없이 평균적 고객의 이해 가능성을 기준으로 하여 객관적·획일적으로 해석하여야 한다.[2] 통일적 해석은 일부의 고객에 대한 차별적인 적용을 막기 위한 해석의 원칙으로 약관의 규범 유사의 기능을 고려한 것이다.[3]

(3) 고객에게 유리한 해석

약관의 내용이 명백하지 않다면 고객에게 유리하게 해석되어야 한다(약관규제법 제5조 제2항). 의심스러운 경우에는 작성자에게 불리하게 해석되어야 한다는 작성자불이익의 원칙을 규정한 것이다.

---

1) 대판 1997. 9. 26. 97다22768.

2) 대판 2005. 10. 28. 2005다35226.

3) 이은영, 채권각론(2007), 60면.

> "본래 보험제도 자체가 쉽게 예측하기 어려운 장래의 우연적, 돌발적 사고로 인한 손해를 담보하기 위한 것이므로 위와 같은 사고발생의 예측곤란과 피해극대화를 이유로 한 면책사유의 요건은 이를 엄격하게 해석하여야 할 것이고, 따라서 위 조항에 열거된 면책사유 중 '소요'는 폭동에는 이르지 아니하나 한 지방에서의 공공의 평화 내지 평온을 해할 정도로 다수의 군중이 집합하여 폭행, 협박 또는 손괴 등 폭력을 행사하는 상태를 말하는 것으로 보아야 할 것이다."[1)]

4. 약관에 대한 통제

(1) 일반적 통제

신의성실의 원칙에 반하여 공정을 잃은 약관 조항은 무효이다(약관규제법 제6조 제1항). 약관에 ① 고객에게 부당하게 불리한 조항, ② 고객이 계약의 거래 형태 등 관련된 모든 사정에 비추어 예상하기 어려운 조항, ③ 계약의 목적을 달성할 수 없을 정도로 계약에 따르는 본질적 권리를 제한하는 조항을 두는 경우 해당 조항은 신의성실의 원칙에 반하여 공정을 잃은 것으로 추정된다(동법 제6조 제2항).

1) 고객에게 부당하게 불리한 조항

고객에게 부당하게 불리한 약관 조항은 특별한 사정이 없는 한 효

---

1) 대판 1991. 11. 26. 91다18682. 이 사안에서 대법원은 프로야구 경기장에서 연고팀이 역전패당한 것에 불만을 품고 1,000여 명의 관중들이 상대팀 선수들을 태우고 떠나려는 버스 앞을 가로막고 돌과 빈병 등을 던지는 소동 중에 이 버스가 사고를 일으킨 사안에서 이 사태를 '소요'라고 할 수 없다고 하여 보험회사의 면책 항변을 부정하였다.

력을 갖지 못한다. 고객에게 부당하게 불리하여 무효로 되기 위해서는 그 약관 조항이 고객에게 다소 불이익하다는 점만으로는 부족하고, 약관작성자가 거래상의 지위를 남용하여 계약 상대방의 정당한 이익과 합리적인 기대에 반하여 형평에 어긋나는 약관 조항을 작성 사용함으로써 건전한 거래 질서를 훼손하는 등 고객에게 부당하게 불이익을 주었다는 점이 인정되어야 한다.[1]

2) 고객이 예상하기 어려운 조항

고객이 계약의 거래 형태 등 관련된 모든 사정에 비추어 예상하기 어려운 조항은 특별한 사정이 없는 한 공정을 잃은 약관 조항으로 효력을 갖지 못한다. 계약의 쌍무적 성격을 해치거나 전형계약에서 벗어난 새로운 주된 채무를 고객에게 부과하는 경우가 여기에 해당할 수 있다.[2]

3) 계약상 본질적 권리를 제한하는 조항

계약의 목적을 달성할 수 없을 정도로 계약에 따르는 본질적 권리를 제한하는 조항을 두는 경우도 무효로 추정된다.

(2) 개별적 통제

약관규제법은 제7조 이하에서 절대적인 무효의 사유를 개별적으로 열거하여 규제하고 있다.

---

1) 대판 2014. 7. 24. 2013다214871.

2) 이은영, 채권각론(2007), 63면.

1) 사업자의 책임을 부당하게 면제하는 조항(약관규제법 제7조)

사업자, 이행보조자 또는 피고용자의 고의 또는 중대한 과실로 인한 법률상의 책임을 배제하는 조항(동조 제1호), 상당한 이유 없이 사업자의 손해배상 범위를 제한하거나 사업자가 부담하여야 할 위험을 고객에게 떠넘기는 조항(동조 제2호), 상당한 이유 없이 사업자의 담보책임을 배제 또는 제한하거나 그 담보책임에 따르는 고객의 권리행사 요건을 가중하는 조항(동조 제3호), 상당한 이유 없이 계약목적물에 관하여 견본이 제시되거나 품질·성능 등에 관한 표시가 있는 경우 그 보장된 내용에 대한 책임을 배제 또는 제한하는 조항(동조 제4호)은 무효이다.

> "신용카드 회원약관에서 비밀번호가 회원으로부터 타인에게 유출되어 발생하는 모든 책임은 회원에게 귀속되고, 카드 비밀번호 유출로 인한 부정사용의 경우에는 부정사용대금에 대하여 보상에서 제외된다고 규정하고 있는 경우, 위 약관 규정을 회원에게 고의나 과실이 없는 경우에도 신용카드 부정사용으로 인한 손해를 회원이 부담하여야 한다고 해석하는 것은 약관의 규제에 관한 법률 제7조 제2호에서 규정하는 상당한 이유 없이 사업자가 부담하여야 할 위험을 고객에게 이전시키는 조항에 해당하여 무효이다."[1)]

2) 고객에 대한 부당한 손해배상의무의 가중(약관규제법 제8조)

고객에게 부당하게 과중한 지연손해금 등의 손해배상의무를 부담시키는 약관 조항은 무효이다.

1) 대판 2009. 10. 15. 2009다31970.

> "임차인의 월차임 연체에 대하여 월 5%(연 60%)의 연체료를 부담시킨 계약 조항 및 임차인의 월차임 연체 등을 이유로 계약을 해지한 경우 임차인에게 임대차보증금의 10%를 위약금으로 지급하도록 한 계약 조항이, 임차인에게 부당하게 불리한 조항으로서 공정을 잃은 것으로 추정되어 신의성실의 원칙에 반하거나 부당하게 과중한 지연손해금 등의 손해배상의무를 부담시키는 약관 조항으로서 약관의 규제에 관한 법률 제6조, 제8조에 의하여 무효라고 볼 수 있다."[1)]

3) 해제, 해지권과 관련한 부당 조항(약관규제법 제9조)

법률상 고객의 해제권 또는 해지권을 배제하거나 제한하거나, 사업자의 법률상 해제권 행사의 요건을 완화하는 경우 또는 법률에서 규정하고 있지 아니하는 해제권 또는 해지권을 사업자에게 부여하는 경우, 해제에 따른 고객의 원상회복의 권리를 제한하거나 원상회복의 의무를 가중하는 경우, 해제에 따른 사업자의 원상회복의무를 경감하는 경우, 계속적 계약관계의 존속기간을 부당하게 단기나 장기 혹은 연장하게 하는 조항도 무효이다.

> "민법 제548조 제2항은 계약이 해제된 경우 반환할 금전에 그 받은 날로부터 이자를 가산하여야 한다고 규정하고 있으므로 계약해제로 인하여 사업자가 이미 받은 금전을 반환함에 있어 이자의 반환의무를 배제하는 약관조항은 고객에게 부당하게 불리하여 공정을 잃은 것으로 추정되어 이를 정당화할 합리적인 사유가 없는 한 무효라고 보아야 할 것이다."[2)]

---

1) 대판 2009. 8. 20. 2009다20475.

2) 대판 2008. 12. 24. 2008다75393. 다만 수분양자가 이미 납부한 대금에 대한 이자를 반

4) 기타

사업자의 급부 내용을 일방적으로 변경하거나 중지할 수 있도록 하는 경우(약관규제법 제10조), 고객의 항변권, 기한의 이익 등을 박탈하는 경우(약관규제법 제11조), 고객의 의사표시를 부당하게 의제하거나 제한하는 경우(약관규제법 제12조), 고객에게 부당하게 소 제기를 금지하거나 입증책임을 지우는 경우(약관규제법 제14조) 등도 효력을 갖지 못한다.

5. 무효의 효과

일부 약관 조항이 약관규제법에 따라 무효가 되는 경우 민법상 일부무효의 법리(제137조)는 적용되지 않아 나머지 약관 조항은 효력을 유지한다(약관규제법 제16조 전문). 하지만 유효한 부분만으로는 계약의 목적 달성이 불가능하거나 그 유효한 부분이 일방 당사자에게 부당하게 불리한 경우에는 그 계약은 무효로 한다(동조 후문).

무효인 약관 조항은 절대적 무효이므로 유효를 전제로 하는 조항을 적용하지 못한다. 예를 들어 예정된 손해배상액이 부당하게 과다하여 무효가 된 경우 손해배상액의 예정에 관한 민법 제398조 제2항에 따라 법원이 금액을 감액할 수는 없다.[1] 무효인 약관 조항은 그 이후 추인이 이루어지더라도 약관 조항의 효력이 인정되는 것은 아

환하지 않는다고 정한 경우라도 "위약금으로 몰취되는 계약금의 경우 상대방에게 반환한 후 다시 이를 돌려받아 몰취하는 것이 아니라 반환하지 아니한 상태에서 몰취하는 것이 일반적인 거래실정으로 당사자의 인식 역시 마찬가지인 점 등에 비추어, 이자 반환 면책 조항 중 위약금에 해당하는 부분은 사업자의 원상회복의무를 부당하게 경감하는 결과가 된다고 볼 수 없어 무효가 아니다."(대판 2014. 12. 11. 2014다51015)

1) "약관 조항이 무효인 이상 그것이 유효함을 전제로 민법 제398조 제2항을 적용하여 적당한 한도로 손해배상예정액을 감액하거나, 과중한 손해배상의무를 부담시키는 부분을 감액한 나머지 부분만으로 그 효력을 유지시킬 수는 없다."(대판 1996. 9. 10. 96다19758)

니다.

"무효인 약관 조항에 의거하여 계약이 체결되었다면 그 후 상대방이 계약의 이행을 지체하는 과정에서 약관작성자로부터 채무의 이행을 독촉받고 종전 약관에 따른 계약 내용의 이행 및 약정 내용을 재차 확인하는 취지의 각서를 작성하여 교부하였다 하여 무효인 약관의 조항이 유효한 것으로 된다거나 위 각서의 내용을 새로운 개별약정으로 보아 약관의 유·무효와는 상관없이 위 각서에 따라 채무의 이행 및 원상회복의 범위 등이 정하여진다고 할 수 없다."[1)]

1) 대판 2000. 1. 18. 98다18506.

제3장
계약체결상의 과실책임

I. 서설

1. 의의

계약체결상의 과실책임이란 계약체결의 과정에서 발생한 손해에 대하여 과실 있는 상대방이 부담해야 하는 책임을 말한다. 계약이 체결될 것이라고 신뢰하고 여러 가지 비용을 지출하였으나 계약체결이 좌절된 경우, 계약을 체결하였으나 일방의 과실로 계약이 효력을 갖지 못하게 된 경우 및 계약을 체결하는 과정에서 신체나 건강, 물건이 훼손되는 등으로 인한 손해가 발생한 경우 등에서 귀책사유가 있는 자는 일정한 책임을 부담하여야 한다는 것을 말한다.

그런데 우리 민법은 손해배상책임과 관련하여 민법 제390조 이하에서 규율하는 계약책임과 민법 제750조 이하에서 규율하는 불법행위책임의 이원적 구조를 기반으로 책임의 요건 및 배상의 내용을 달리 규율하고 있다. 계약책임의 경우 귀책사유에 대한 입증책임을 채무자에게 부담시키고 있으며(제390조), 이행보조자에 대하여 채무자에게 무과실책임을 지우고 있다. 이에 반해 불법행위책임은 귀책사유에 대한 입증책임을 피해자인 채권자에게 부담시키고 있고(제750조), 사용자책임에 대하여서도 선임 및 감독의 책임만을 묻고 있다. 손해배상채권의 소멸시효와 관련하여서도 계약책임은 원칙적으로 10년의 소멸시효 기간이 적용되나(제162조), 불법행위책임은 3년의 단기소멸시효가 적용된다(제766조 제1항). 이러한 상황에서 계약체결상의 과실책임을 계약책임과 불법행위책임의 두 영역 중 어디에서 규율하여야 하는지의 문제가 발생한다.

2. 계약체결상의 과실책임의 본질

(1) 학설과 판례의 입장

우리나라의 학설은 계약책임설[1)]과 불법행위책임설[2)], 계약책임과 불법행위책임의 어디에도 속하지 않는다는 법정책임설[3)]로 나뉘어 주장된다. 이러한 견해의 대립은 계약체결상 과실책임의 본질뿐만 아니라 계약체결상 과실책임의 한 부분으로 다루어지는 원시적 불능에 대한 민법 제535조의 확장 여부에 대한 견해의 차이에서 기인한다.

우리 민법의 입법자는 계약체결상의 과실책임을 계약상 책임으로 구성하려는 의도가 있었다. 이 조항에 대한 민법안 의견서는 "이 책임을 묻는데 불법행위의 이론을 적용할 수도 있을 것이다. (…) 그러

1) 곽윤직, 채권각론(2014), 53면; 송덕수, 채권법각론(2019), 64면.

2) 최식, 신채권법각론(1963) 52면. 대판 2004. 5. 28. 2002다32301은 계약체결의 거부를 불법행위책임이라고 하면서 그 배상의 범위를 제535조의 신뢰이익배상이라고 하고 있다.

3) 김형배, 채권각론(1997), 122면; 이은영, 채권각론(2007), 122면.

나 신의성실의 원칙을 이유로 하는 계약상의 책임으로 하여, 그 거증책임, 이행보조자의 책임 등에 관하여도, 일반의 불법행위보다 무거운 책임을 지우는 것이 훨씬 더 적절하리라고 생각된다."라고 하여, 계약책임의 법리가 적용되어야 함을 명확히 하였다.[1] 제535조의 규정의 위치를 불법행위의 영역이 아닌 계약 총칙의 부분에 두고 있는 것도 입법자의 그러한 의사가 반영된 결과라고 추측된다. 나아가 원시적 불능에 대한 책임이 그 본질에 있어서 불법행위책임보다는 계약책임의 영역에 가까운 것도 부정할 수 없을 것이다.[2] 여기서 민법 제535조를 포함한 계약체결상의 과실책임의 전 영역을 모두 불법행위책임으로 구성하려는 입장은 민법의 입법 태도에 반하는 것이어서 받아들일 수 없다고 할 것이다.

가장 문제가 되는 영역은 계약체결 과정에서 상대방의 과실로 신체나 건강, 절대권 등이 훼손되어 손해가 발생한 경우이다. 법정책임설을 따르는 입장에서는 이러한 경우는 그 본질에 비추어 불법행위책임으로 구성하는 것이 타당하다고 주장한다.[3]

(2) 계약책임으로서 계약체결상의 과실책임

계약책임과 불법행위책임은 위법행위로 인한 손해의 배상이라는 점에 있어서는 그 본질을 달리하지 않는다. 두 책임은 보호법익의 범위에서도 원칙적으로 차이를 갖지 않는다. 따라서 신체나 건강 혹은 절대권을 침해한 경우에 이를 불법행위책임으로 법리구성하고 단순

---

1) 양창수, 민법연구 III(1995), 74면 이하 참조.

2) 김형배, 채권각론(1997), 122면; 이은영, 채권각론(2007), 122면 모두 계약책임에 관한 규정의 적용을 긍정한다.

3) 김형배, 채권각론(1997), 123면; 이은영, 채권각론(2007), 132면 이하.

한 재산상의 손해에 대하여는 계약책임으로 구성하려는 태도도 타당하지 않다.

오히려 두 책임을 구별하여 이원적으로 규정하는 이유는 계약 당사자 사이의 계약상 의무 위반으로 인한 손해의 배상과 그러한 관계에 있지 않은 타인 사이의 일반적인 침해금지의무의 위반으로 인한 손해의 배상이라는 차이점에 착안한 것이다. 즉 침해의 상대방에 대한 예견 가능성이 있는가와 침해가 없었을 상황을 가정한 회복의 범위에서 차이를 보일 뿐이다.

즉, 채무불이행의 책임은 잠재적 침해의 상대방이 이미 결정되어 있고, 채무의 불이행이 없었더라면 있었을 상황을 가정하여 이행이익의 배상을 명하고 있다. 이에 반해 불법행위책임은 잠재적 침해의 상대방이 결정되어 있지 않으며, 배상의 범위는 그러한 침해가 없었을 상황을 가정한 손해의 회복을 내용으로 한다. 나아가 전자에 대하여는 채권자의 이익에 대한 기대 가능성과 채무자의 그에 대응하는 침해 가능성이 큰 관계로 입증책임이나 이행보조자책임 등을 채권자를 위하여 강화할 필요가 있다. 반면 후자는 가해자의 피해자에 대한 특정 가능성이나 피해자의 그에 대한 예견 가능성이 낮기 때문에 입증책임이나 사용자책임을 강화한다면 개인의 행동의 자유에 대한 과도한 침해가 있게 된다.

이러한 두 책임의 특성에 착안하여 보면 계약체결의 과정에서 발생하는 신체나 건강 혹은 절대권의 침해와 계약의 이행 과정에서 발생하는 동일한 법익의 침해는 잠재적 침해의 상대방이 일정 부분 확정되어 있고 제한적 의미의 보호의무 위반이라는 점에서 계약상 책임과 유사하다고 할 수 있다. 더욱이 이러한 제한된 인적 범위 내에서 발생하는 보호의무는 계약이 체결되었느냐의 여부에 크게 좌우되지 않는다. 계약체결 과정에서 발생하는 신체나 건강, 절대권의 침해에 대한 보호의무는 계약체결을 위하여 접촉하는 단계에서 발생하지만, 계약이 성립된 이후 이를 이행하는 과정을 거쳐 계약관계가 종료된 후에도 유지되어야 하기 때문이다.[1] 이러한 점을 감안하면 계약을 이행하는 과정에서 계약 상대방의 신체나 재산상 손해를 가한 경우에 이는 불완전이행으로 인한 계약상 손해배상책임을 부담하고, 계약을 체결하는 과정에서 발생하는 손해에 대하여는 불법행위책임이 발생한다고 하는 법정책임설의 태도[2]는 피해자의 보호뿐만 아니라 책임 구성의 통일적 측면에서 타당하지 않다.

민법 제535조 및 이 규정이 유추적용되는 계약좌절이나 계약의 무효, 취소의 경우는 물론 계약체결 과정에서 이루어지는 사고의 경우도 그 본질을 계약책임으로 구성하는 계약체결상의 과실책임의 유형으로 인정하는 것이 옳다.[3]

Ⅱ. 계약체결상의 과실책임의 유형

1. 정당한 이유 없이 계약의 체결을 거부한 경우

계약자유의 원칙에 비추어 계약교섭의 당사자는 언제든지 계약이 체결되기 이전에 계약의 교섭을 중단하거나 그 체결을 거절할 수 있다. 하지만 계약의 교섭 단계에서 상대방에 대하여 계약의 체결에 대한 정당한 신뢰를 부여하였음에도 상당한 이유 없이 계약의 체결을 거부하는 경우는 계약자유의 원칙을 넘어서 신의성실의 원칙을 위반한 경우로 손해배상책임이 발생한다.

---

1) 김형배, 채권총론(1999), 36면 이하도 이 점을 인정한다.

2) 김형배, 채권각론(1997), 123면; 이은영, 채권각론(2007), 133면.

3) 박희호, "계약체결상의 과실책임과 위법성", 외법논집(2005.2.), 249면 이하.

2. 계약의 무효와 취소의 경우

계약의 무효와 관련하여 민법 제535조는 원시적 불능의 경우 그 사실을 알았거나 알 수 있었을 자는 선의, 무과실의 상대방에 대하여 배상할 것을 규정하고 있다. 이러한 제535조의 규정은 계약체결상 과실책임의 예시적 규정(pars pro toto)으로 계약의 무효나 취소로 인하여 상대방에게 손해를 끼친 경우에도 동일하게 적용되어야 할 것이다. 따라서 일방의 과실로 인한 착오로 인하여 계약이 취소되었다면 착오자는 의사표시의 상대방에 대하여 신뢰이익을 배상하여야 한다. 하지만 대법원은 착오로 인한 취소와 관련하여 착오자의 계약책임은 물론 불법행위책임도 부정하고 있다.[1] 착오에 과실이 있더라도 중대한 과실이 없는 한 취소를 허용하므로 위법성이 인정되지 않는다는 논리이다. 하지만 이는 손해배상책임의 발생요건인 과실의 요건과 취소권 행사에 필요한 중과실 부재의 요건을 혼동한 것으로 타당하지 않다.[2]

이에 반해 의사무능력을 이유로 계약이 효력을 갖지 못하거나 제한능력을 이유로 법률행위를 취소하는 경우는 설사 상대방이 능력자임을 믿음으로써 손해를 입었다고 하더라도 의사능력이나 제한능력

---

1) "불법행위로 인한 손해배상책임이 성립하기 위하여는 가해자의 고의 또는 과실 이외에 행위의 위법성이 요구되므로, 전문건설공제조합이 계약보증서를 발급하면서 조합원이 수급할 공사의 실제 도급금액을 확인하지 아니한 과실이 있다고 하더라도 민법 제109조에서 중과실이 없는 착오자의 착오를 이유로 한 의사표시의 취소를 허용하고 있는 이상, 전문건설공제조합이 과실로 인하여 착오에 빠져 계약보증서를 발급한 것이나 그 착오를 이유로 보증계약을 취소한 것이 위법하다고 할 수는 없다."(대판 1997. 8. 22. 97다13023)

2) 민법은 권리의 행사를 위한 중과실의 요건과 손해배상책임의 과실요건을 엄격하게 분리하고 있다. 예를 들어 상속인은 중대한 과실 없이 채무의 초과사실을 알지 못하고 단순승인 한 후 채무초과사실을 알게 된 때로부터 3개월 내에 다시 한정승인을 할 수 있다(제1019조 제3항). 하지만 이 경우에도 과실로 인하여 발생한 상속채무자의 손해에 대하여는 배상책임을 부담하여야 한다(제1038조 제1항 후문).

제도의 취지에 비추어 손해배상책임이 부정된다.

민법 제535조의 규정은 원시적 전부불능의 경우에만 적용된다. 목적물의 수량이 처음부터 부족하거나 일부 멸실된 경우와 같은 원시적 일부 불능의 경우에 대하여 민법은 하자담보책임에 관한 특별규정(제574조 이하 등)을 두고 있다. 따라서 채권자는 이 경우 제535조의 규정을 적용하여 손해배상을 구할 수 없다.

> "부동산매매계약에 있어서 실제면적이 계약면적에 미달하는 경우에는 그 매매가 수량지정매매에 해당할 때에 한하여 민법 제574조, 제572조에 의한 대금감액청구권을 행사함은 별론으로 하고, 그 매매계약이 그 미달 부분만큼 일부 무효임을 들어 이와 별도로 일반 부당이득반환청구를 하거나 그 부분의 원시적 불능을 이유로 민법 제535조가 규정하는 계약체결상의 과실에 따른 책임의 이행을 구할 수 없다."[1)]

3. 계약체결의 과정에서 사고가 발생한 경우

계약을 체결하는 과정에서 생명이나 건강, 신체 및 절대권 등을 침해하는 손해가 발생한 경우로 쇼핑 과정에서 바나나껍질에 넘어져 다친 경우[2)] 등에 발생하는 책임이다. 이 경우는 당사자의 계약교섭을 위한 접촉과 동시에 발생하는 당사자 사이의 보호의무를 전제로 한다. 즉 쇼핑센터는 고객이 안전하게 쇼핑할 수 있도록 매장을 관리하려할 의무를 부담하므로, 이 보호의무를 위반하여 고객에게 손해가 발

1) 대판 2002. 4. 9. 99다47396.

2) 대전지판 2009. 5. 1. 2007가단73106. 법원은 관련 사안에서 쇼핑매장에 대하여 70%의 배상책임을 인정하였다.

생하였다면 계약체결상의 과실에 따른 손해를 배상하여야 한다. 계약의 체결을 위한 접촉으로 발생한 보호의무는 계약이 유효하게 체결되어 급부의무가 발생한 경우는 물론 급부의무가 이행된 그 이후에도 유지될 수 있다.

Ⅲ. 배상책임의 내용

1. 신뢰이익의 배상

계약체결상의 과실책임을 부담하는 자는 상대방에 대하여 신뢰이익을 배상하여야 한다(제535조 참조). 여기서 신뢰이익이란 계약 당사자가 계약이 유효하다고 믿음으로써 발생한 손해를 말하는 것으로, 계약이 무효라는 것을 알았다면 발생하지 않았을 손해를 말한다. 해당 계약을 체결하기 위하여 허비한 비용과 계약의 이행을 준비하면서 지출한 비용, 해당 계약의 유효를 믿어서 상실하게 된 다른 계약체결의 기회, 해당 계약에 연계하여 추가로 맺은 계약 등으로 발생한 손실 등이 여기에 해당할 것이다. 다만 신뢰이익으로 인한 배상책임은 이행이익을 초과하지 못한다(제535조 제1항 단서).

> "계약교섭의 부당한 중도파기가 불법행위를 구성하는 경우 그러한 불법행위로 인한 손해는 일방이 신의에 반하여 상당한 이유 없이 계약교섭을 파기함으로써 계약체결을 신뢰한 상대방이 입게 된 상당인과 관계 있는 손해로서 계약이 유효하게 체결된다고 믿었던 것에 의하여 입었던 손해 즉 신뢰손해에 한정된다고 할 것이고, 이러한 신뢰손해란 예컨대, 그 계약의 성립을 기대하고 지출한 계약 준비 비용과 같이 그러한 신뢰가 없었더라면 통

상 지출하지 아니하였을 비용상당의 손해라고 할 것이며, 아직 계약체결에 관한 확고한 신뢰가 부여되기 이전 상태에서 계약교섭의 당사자가 계약체결이 좌절되더라도 어쩔 수 없다고 생각하고 지출한 비용, 예컨대 경쟁입찰에 참가하기 위하여 지출한 제안서, 견적서 작성비용 등은 여기에 포함되지 아니한다. 침해행위와 피해법익의 유형에 따라서는 계약교섭의 파기로 인한 불법행위가 인격적 법익을 침해함으로써 상대방에게 정신적 고통을 초래하였다고 인정되는 경우라면 그러한 정신적 고통에 대한 손해에 대하여는 별도로 배상을 구할 수 있다."[1]

2. 완전성이익의 배상

보호의무를 통하여 보호되는 상대방의 법익은 민법 제535조 및 그 유추적용이 인정되는 계약상 무효, 취소의 신뢰이익과 달리 현상이익 또는 완전성이익을 내용으로 한다.[2] 완전성이익은 침해된 권리나 손해의 회복을 위한 배상을 그 내용으로 한다.

1) 대판 2003. 4. 11. 2001다53059.

2) 김형배, 채권각론(1997), 37면

제4장
계약의 효력

I. 계약의 효력 일반

계약은 당사자 사이의 합의로 성립한다. 하지만 계약이 성립하였다고 하여 효력을 갖는 것은 아니다. 합의로 성립한 계약이 그 효력을 가지기 위해서는 효력요건을 갖추어야 한다. 계약이 효력을 갖기 위한 일반적인 요건으로는 당사자의 의사능력과 행위능력(제5조 이하)이 있어야 하고, 계약의 내용이 실현 가능하며(제535조), 사회적으로 타당하여야 한다(제103조). 이러한 일반적인 요건 이외에도 민법은 보증계약의 경우(제492조의2)와 같이 개별 규정들을 통하여 계약의 효력요건을 규정하고 있다. 이러한 효력요건을 모두 충족시키는 경우 계약은 비로소 효력을 발생한다.

계약의 체결로 인한 기본적인 효력은 채권과 채무를 매개로 하는 당사자 사이의 채권관계의 형성이다. 하지만 민법은 그 외에도 계약에 따른 채권관계의 성질을 반영한 다양한 효력을 부여하고 있다. 쌍무계약의 특성을 반영하여 제536조에서는 당사자에게 동시이행의 항변권을 부여하고 있고, 제537조에서는 당사자의 귀책사유 없이 발생한 후발적인 이행불능에 대한 위험부담의 문제를 다루고 있다. 제539조 이하에서는 계약 당사자 이외의 제3자에 대한 효력을 규정한 제3자를 위한 계약을 규정하고 있다.

Ⅱ. 쌍무계약의 효력으로서 채무의 견련성

1. 의의

쌍무계약이란 계약의 체결로 당사자 사이에 대가적인 의미를 갖는 채무를 발생시키는 계약을 말한다. 쌍무계약을 통하여 발생한 채무는 상대방 채무에 대하여 상호의존적이라는 특성을 갖는다. 예를 들어 매매목적물이나 임대목적물이 멸실되어 매도인이나 임대인이 목적물을 인도할 수 없는 경우에도 그 멸실에 아무런 책임이 없는 매수인이나 임차인에게 대금 및 임대료를 지급하라고 할 수는 없을 것이다. 매수인이나 임차인은 상대방의 채무이행이나 그 가능성을 전제(causa)로 자신의 채무를 이행하려고 하기 때문이다. 이러한 쌍무계약상 채무의 상호의존적 특성을 채무의 견련성이라고 한다. 채무의 견련성은 채무의 발생이나 존속 및 소멸은 물론 그 이행의 과정에서도 나타난다.

2. 성립상의 견련성

쌍무계약상 하나의 채무가 불능이나 불법 등을 이유로 성립하지 않으면 그 대가적 의미를 갖는 타방의 채무도 성립하지 않는다. 급부와 반대급부는 법률상의 원인, 즉 유인관계에 있기 때문이다. 전술한 민법 제535조의 원시적 불능의 규정은 이러한 성립상의 견련성을 보여주는 대표적인 예이다.

3. 이행상의 견련성

쌍무계약의 각 채무는 상대방의 채무이행이 있을 때까지 그 이행을 거절할 수 있다. 자기의 채무를 이행하지 않고 상대방의 채무이행을 구하는 것은 공평에 반하기 때문이다. 민법 제536조는 쌍무계약의 당사자에게 동시이행의 항변권을 부여함으로써 이행상의 견련성을 채용하고 있다.

4. 존속상의 견련성

쌍무계약상 당사자 일방의 채무가 당사자의 책임 없는 사유로 이행불능이 되어 채무가 소멸하게 되는 경우 상대방의 채무도 함께 소멸한다. 이에 따라 후발적 이행불능의 채무자는 자신의 채무를 이행할 필요도 없게 되지만 상대방에게도 그 이행을 청구하지 못한다. 이를 채무자위험부담주의라고 한다(제537조).

Ⅲ. 동시이행의 항변권

1. 의의

(1) 개념

쌍무계약의 당사자 일방은 상대방이 채무를 이행하거나 이행의 제공을 할 때까지 자기 채무의 이행을 거절할 수 있다(제536조 제1항). 이를 동시이행의 항변권이라고 한다.

(2) 법적 성격 및 기능

1) 청구권 행사에 대한 저지적 기능

채무자는 동시이행의 항변권을 행사함으로써 상대방의 이행청구를 적법하게 저지하여 이행지체를 면할 수 있도록 하는 저지적 기능을 수행한다. 다만 동시이행의 항변권은 소멸시효의 항변과 같이 청구권의 행사를 영구적으로 저지할 수 있는 영구적 항변권과 달리 상대방의 자신의 채무의 이행 시까지만 일시적으로 그 행사를 저지할 수 있다는 점에서 연기적 항변권에 해당한다.

2) 자신의 채권에 대한 담보적 기능

동시이행의 항변권은 자신의 이행거절을 통하여 상대방의 채무이행을 담보하는 기능을 수행한다. 동시이행의 항변권의 이러한 담보적 기능은 피담보채권의 담보를 내용으로 하는 유치권과 유사하다. 실제로 부동산의 인도청구에 대하여 유치권이 행사되었으면 법원은 동시이행의 항변권이 행사된 경우와 마찬가지로 상환이행판결을 내리고 있다.[1] 하지만 유치권은 물권으로서 유치물과 채권 사이의 견련성을 요건으로 하며 그 효과도 대세적, 절대적 효력을 갖는다는 점에서 채권적 권능에 불과하여 채권자에 대한 상대적 효력만을 갖는 동시이행의 항변권과 구별된다.

예를 들어 임차인은 임대차의 종료 후에도 보증금의 반환이 있을

1) 대판 1969. 11. 25. 69다1592.

때까지 동시이행의 항변권을 행사하여 임대인에 대하여 임차목적물의 반환을 거절할 수 있지만,[1] 임차목적물의 소유권을 이전 받은 제3자의 소유물반환청구권에 대하여는 원칙적으로 동시이행의 항변권을 행사하지 못한다.[2] 이 경우 보증금반환채권과 임차목적물 사이에 견련성도 인정되지 않아 임차인은 제3자인 소유자에 대하여 유치권도 행사하지 못한다.[3] 따라서 임차인은 보증금을 반환받지 못하더라도 임차목적물을 제3자인 소유자에게 반환하여야 한다. 하지만 임차인이 필요비나 유익비를 지출하여 그에 대한 반환청구권을 보유하고 있는 상황이라면 상환청구권과 임차목적물 사이에 민법 제320조의 견련성이 인정되고, 따라서 임차인은 임대차 종료 후라도 그 상환이 이루어질 때까지 임대인과 제3자에 대하여 유치권을 행사할 수 있다.

2. 동시이행의 항변권의 성립요건

(1) 대가적 의미의 채무의 존재

1) 동일한 쌍무계약으로부터 발생한 채무

동시이행의 항변권은 상대방의 청구권 행사에 대하여 자신의 대가적 채권의 존재를 근거로 그 이행을 거절하는 권능이다. 따라서 동시이행의 항변권이 발생하기 위하여서는 대가적 의미에 있는 두 채무의 존재가 전제되어야 한다. 이러한 대가적 의미의 채무는 원칙적으로 쌍무계약의 체결로 발생한다(제536조). 매도인의 소유권이전의무

1) 대판 1990. 12. 21. 90다카24076.

2) 다만 부동산임대차를 등기한 경우(제621조)나 주택임대차보호법 제3조 제1항의 요건을 갖춘 경우 등에 임차인은 제3자에 대하여도 대항력을 취득한다.

3) 대판 1976. 5. 11. 75다1305.

와 매수인의 대금지급의무, 수급인의 목적물인도의무와 도급인의 보수지급의무는 동시이행의 관계에 있다(제665조 제1항). 대법원은 쌍무계약에 의하여 발생한 일방의 채무가 책임 있는 사유로 이행불능이 되어 손해배상채권이 발생한 경우, 본래 채무에 대한 손해배상채권의 본질적 동일성의 측면에서 동시이행의 항변권을 인정한다.[1]

당사자 각각의 상대방에 대한 별개의 계약으로 발생하면 동시이행의 항변권이 인정되지 않는다.[2]

2) 주된 채무와 부수적 채무

하나의 쌍무계약에서 발생한 상대방에 대한 채무이더라도 동시이행의 관계로 인정되는 채무는 당사자 사이의 주된 채무 사이로 제한된다. 하지만 부수적 채무이더라도 계약 당사자 사이에 특약이 있으면 상대방의 주된 채무에 대하여 동시이행의 항변권을 행사할 수 있다. 판례는 부동산의 매도인이 부담할 양도소득세를 매수인이 부담하기로 합의한 경우, 매수인의 양도소득세액 제공이나 그 실현을 위한 담보의 제공이 있기 전까지 매도인은 부동산에 대한 소유권의 이전을 거절할 수 있다는 입장이다.[3] 부수적 의무가 상대방에 대하여 대가적 의미의 주된 채무와 같은 정도로 중요한 의미를 갖는 경우에도 동시이행의 관계가 인정된다. 근저당권이 설정된 부동산에 대한 매매계약에서 매도인의 근저당권말소의무는 매매계약의 주된 채무라고 할 수 없지만, 매수인이 부동산에 대한 소유권의 완전한 취득을 위하여 중요한 사항이므로, 대금지급채무와 동시이행의 관계에 있다.[4]

---

1) 대판 2000. 2. 25. 97다30066.
2) 대판 1990. 4. 13. 89다카23794.
3) 대판 1993. 8. 24. 92다56490.
4) 대판 1991. 11. 26. 91다23103.

3) 동일한 법률요건에 의하여 발생하는 대가적 채무

통설[1)]과 판례[2)]는 동시이행의 항변권이 공평과 신의성실의 원칙에 기초하고 있다는 점에 착안하여, 양 채무가 하나의 쌍무계약에 의하여 발생한 경우가 아니더라도 동일한 법률요건으로부터 발생하여 대가적 의미가 있거나, 공평의 관점에서 보아 견련적으로 이행시킴이 마땅하다고 인정되는 경우에도 동시이행의 항변권을 유추적용하고 있다. 계약이 무효나 취소된 경우 당사자 사이의 부당이득반환의무,[3)] 임대차의 종료로 발생하는 임차목적물의 반환의무와 보증금의 반환의무,[4)] 토지 임차인이 건물매수청구권을 행사한 경우 토지 임차인의 건물명도 및 소유권이전등기의무와 토지 임대인의 건물대금지급의무,[5)] 부동산의 매매계약에서 이행인수가 이루어졌으나 인수된 채무를 매도인이 변제하여 발생한 손해배상채무 또는 구상금채무와 소유권이전등기의무[6)] 사이에서 동시이행관계가 인정된다.

반면 이행의 상대방을 달리하거나, 동일한 법률요건이 아닌 별개의 원인을 근거로 하여 발생한 두 채무 사이에는 동시이행의 항변권이 부정된다.

> "근저당권 실행을 위한 경매가 무효로 되어 채권자(=근저당권자)가 채무자를 대위하여 낙찰자에 대한 소유권이전등기 말소청구권을 행사하는 경우, 낙찰자가 부담하는 소유권이전등기 말소의무는 채무자에 대한 것인 반면, 낙찰자의 배당금 반환청구권은 실제

1) 곽윤직, 채권각론(2014), 61면; 송덕수, 채권법각론(2019), 84면 이하 등.
2) 대판 2018. 7. 24. 2017다291593.
3) 대판 2007. 12. 28. 2005다38843.
4) 대판 1977. 9. 28. 77다1241.
5) 대판 1998. 5. 8. 98다2389.
6) 대판 2007. 6. 14. 2007다3285.

배당금을 수령한 채권자(=근저당권자)에 대한 채권인바, 채권자(=근저당권자)가 낙찰자에 대하여 부담하는 배당금 반환채무와 낙찰자가 채무자에 대하여 부담하는 소유권이전등기 말소의무는 서로 이행의 상대방을 달리하는 것으로서, 채권자(=근저당권자)의 배당금 반환채무가 동시이행의 항변권이 부착된 채 채무자로부터 승계된 채무도 아니므로, 위 두 채무는 동시에 이행되어야 할 관계에 있지 아니하다."[1]

"임차인의 임차목적물 반환의무는 임대차계약의 종료에 의하여 발생하나, 임대인의 권리금 회수 방해로 인한 손해배상의무는 상가건물 임대차보호법에서 정한 권리금 회수기회 보호의무 위반을 원인으로 하고 있으므로 양 채무는 동일한 법률요건이 아닌 별개의 원인에 기하여 발생한 것일 뿐 아니라 공평의 관점에서 보더라도 그 사이에 이행상 견련관계를 인정하기 어렵다."[2]

4) 법률의 규정에 의한 경우

매도인의 하자 없는 물건의 인도 및 손해배상채무와 매수인의 대금지급채무, 매매계약의 해제로 발생하는 매수인의 매매목적물 반환의무와 매도인의 매매대금 반환의무는 모두 동시이행의 관계를 갖는다(제583조).[3] 또한 수급인도 목적물에 대한 하자담보책임과 관련하여 수임료채무 등과 동시이행의 관계를 갖는다(제667조 제3항). 판례는 도

1) 대판 2006. 9. 22. 2006다24049. 반면 매각대금이 부동산의 소유자에게 배당된 경우 발생하는 매수인의 소유권이전등기말소의무와 소유자의 배당금반환의무는 동일인 사이에 이행이 이루어지는 대가적 채무이므로 동시이행의 관계에 있다(대판1995. 9. 15. 94다55071).

2) 대판 2019. 7. 10. 2018다242727.

3) 대판 1993. 4. 9. 92다25946.

급인의 하자로 인한 확대손해의 배상청구권과 수급인의 공사대금채권 사이[1], 도급인의 지체상금채권과 수급인의 공사대금채권 사이에서도 동시이행의 관계를 인정한다.[2]

(2) 상대방 채무의 변제기의 도래

1) 원칙

동시이행의 항변권은 상대방의 채무가 변제기에 도달한 경우에 한하여 발생한다. 따라서 자신의 채무가 선이행되어야 한다면 원칙적으로 동시이행의 항변권이 허용되지 않는다(제536조 제1항 단서). 소비대차계약에 있어서 채무의 담보 목적으로 저당권설정등기가 경료된 경우에 채무자의 채무변제는 저당권설정등기 말소등기에 앞서는 선이행의무이며,[3] 임대인의 임대차보증금 반환도 주택임대차보호법 제3조의3에 의한 임차권등기 말소보다 선이행되어야 한다.[4] 변제자는 변제수령자에 대한 영수증에 대하여 동시이행의 항변권을 주장할 수 있는 반면(제474조), 채권증서는 변제자가 변제한 이후에 비로소 청구할 수 있다(제475조).[5]

선이행의무를 부담하더라도 그 의무를 이행하지 않는 중에 상대방의 채무가 이행기에 도달하였으면 그때부터 동시이행의 항변권이 인정된다. 예를 들어 부동산의 매수인이 중도금을 지체하고 있는 동안에 잔대금의 지급과 동시이행의 관계에 있는 소유권이전등기 소요 서류의 제공을 위한 기일이 도과한 경우, 중도금의 지급도 소유권등기 소요 서

1) 대판 2005. 11. 10. 2004다37676.
2) 대판 2015. 8. 27. 2013다81224.
3) 대판 1969. 9. 30. 69다1173.
4) 대판 2005. 6. 9. 2005다4529.
5) 대판 2005. 8. 19. 2003다22042.

류의 제공과 동시이행의 관계에 놓이게 되어 더 이상 지체책임을 부담하지 않는다.[1)]

2) 불안의 항변권

선이행의무를 부담하는 채무자이더라도 상대방의 채무가 이행되기 어려운 현저한 사유가 존재하는 경우 그 선이행의무를 거절할 수 있다(제536조 제2항). 이를 불안의 항변권이라고 한다. 여기서 '상대방의 이행이 곤란할 현저한 사유'란 선이행채무를 지게 된 채무자가 계약성립 후 채권자의 신용불안이나 재산 상태의 악화 등의 사정으로 반대급부를 이행 받을 수 없는 사정변경이 생기고 이에 따라 당초의 계약내용에 따른 선이행의무를 이행하게 하는 것이 공평과 신의칙에 반하게 되는 경우를 말한다.[2)] 이 경우 선이행의무의 채무자는 상대방의 채무가 이행기에 이행될 것인지가 확실하게 될 때까지 선이행의무의 이행을 거절할 수 있다.[3)]

"민법 제536조 제2항의 이른바 불안의 항변권을 발생시키는 사유에 관하여 신용불안이나 재산상태 악화와 같이 채권자 측에 발생한 객관적·일반적 사정만이 이에 해당한다고 제한적으로 해석할 이유는 없다. 특히 상당한 기간에 걸쳐 공사를 수행하는 도급계약에서 일정 기간마다 이미 행하여진 공사 부분에 대하여 기성공사금 등의 이름으로 그 대가를 지급하기로 약정되어 있는 경우에는, 수급인의 일회적인 급부가 통상 선이행되어야 하는 일반적인 도급계약에서와는 달리 위와 같은 공사대금의 축차적

1) 대판 2002. 3. 29. 2000다577.

2) 대판 2012. 3. 29. 2011다93025.

3) 대판 2022. 5. 13. 2019다215791.

인 지급이 수급인의 장래의 원만한 이행을 보장하는 것으로 전제된 측면도 있다고 할 것이어서, 도급인이 계약체결 후에 위와 같은 약정을 위반하여 정당한 이유 없이 기성 공사금을 지급하지 아니하고 이로 인하여 수급인이 공사를 계속해서 진행하더라도 그 공사 내용에 따르는 공사금의 상당 부분을 약정대로 지급받을 것을 합리적으로 기대할 수 없게 되어서 수급인으로 하여금 당초의 계약 내용에 따른 선이행의무의 이행을 요구하는 것이 공평에 반하게 되었다면, 비록 도급인에게 신용불안 등과 같은 사정이 없다고 하여도 수급인은 민법 제536조 제2항에 의하여 계속공사의무의 이행을 거절할 수 있다."[1]

(3) 상대방의 이행 또는 이행의 제공이 없는 이행의 청구

1) 원칙

동시이행의 항변권은 상대방이 대가적 채무에 대한 이행이나 이행제공이 없는 경우에만 허용된다. 상대방이 자신의 채무를 이행하거나 그 이행을 제공하였다면 동시이행의 항변권은 효력을 발생하지 않고 채무자는 이행지체에 빠지게 된다.

2) 일회적 이행의 제공

일방이 일회의 이행제공으로 채무자를 수령지체에 빠뜨렸다 하더라도 그 이후 이행제공이 더 이상 이루어지지 않았다면 채무자는 이행의 제공이 중단된 때로부터 지체책임을 부담하지 않는다. 즉 동시이행의 항변권은 그 이후에 여전히 존속하고 있는 것으로 보아야 한

---

1) 대판 2012. 3. 29. 2011다93025.

다. 따라서 상대방이 이행의 제공없이 다시 채무자에게 청구하는 경우 채무자는 여전히 동시이행의 항변권을 행사할 수 있으며, 법원은 그 경우 상환이행판결을 하여야 한다.[1)]

3) 상대방의 일부 이행 또는 불완전이행의 경우

채무자의 채무가 가분인 상황에서 상대방이 일부만을 이행하거나 불완전한 이행을 한 경우 채무자는 자신의 채무 전부에 대하여 동시이행의 항변권을 행사하지 못한다. 즉 채무자는 이행이 이루어진 부분에 대응하는 채무를 제외한 나머지의 부분에 대하여서만 동시이행의 항변권을 행사할 수 있다. 예를 들어 도급인이 하자의 보수에 갈음하여 손해배상을 청구하는 경우 이는 도급인의 불완전한 이행으로 볼 수 있으므로 수급인은 그로 인한 손해배상청구에 관하여 그 손해배상의 액에 상응하는 보수액에 관해서만 자기의 채무이행을 거절할 수 있다.[2)] 따라서 그 이외의 부분에 대응하는 채무 부분에 대하여는 이행기의 경과로 지체책임이 발생한다.

반면에 채무자가 불가분채무를 부담하는 경우에는 상대방의 일부 이행에도 불구하고 불가분채무의 특성상 채무 전부에 대하여 이행거절을 할 수 있다. 다만 이 경우에도 상대방의 불이행이 사소하여 동시이행의 항변권을 인정하는 것이 오히려 공평의 관념에 반한다면 그 행사는 허용되지 않을 것이다.[3)]

---

1) 대판 1999. 7. 9. 98다13754.

2) 대판 1991. 12. 10. 91다33056.

3) "일반적으로 동시이행의 관계가 인정되는 경우에는 그러한 항변권을 행사하는 자의 상대방이 그 동시이행의 의무를 이행하기 위하여 과다한 비용이 소요되거나, 또는 그 의무의 이행이 실제적으로 어려운 반면 그 의무의 이행으로 인하여 항변권자가 얻는 이득은 별달리 크지 아니하여 동시이행의 항변권의 행사가 주로 자기 채무의 이행만을 회피하기 위한 수단이라고 보여지는 경우에는 그 항변권의 행사는 권리남용으로서 배척되어야 한다."(대판 1992. 4. 28. 91다29972)

3. 효과

(1) 항변권 행사의 효력

동시이행의 항변권의 발생요건이 충족되면 채무자는 상대방의 이행이 있을 때까지 이행을 거절할 수 있다. 동시이행의 항변권자는 선이행의무를 부담하는 등으로 이를 미리 포기할 수 있으며 이행청구에 대하여 항변권을 행사하지 않는 채무자에 대하여 법원은 항변권의 존재를 고려할 수 없다. 따라서 동시이행의 항변권이 적법하게 행사되면 법원은 상환이행판결을 하여야 하는 반면, 항변권의 존재를 채무자가 주장하지 않는 경우에는 원고 전부 인용의 판결을 하여야 한다.[1)]

상환이행판결에 따라 강제집행이 이루어지는 경우 원고의 반대급부는 집행문 부여의 요건이 아니라 집행개시의 요건(민사집행법 제41조 참조)이다. 따라서 집행기관은 반대급부가 이행되었는지를 심사한 후 집행을 개시하여야 한다.

(2) 항변권 존재의 효력

동시이행의 항변권은 청구권의 행사에 대하여 원용을 함으로써 비로소 법원에 의해 인용되는 반면 상대방의 청구권 행사가 없는 경우에는 동시이행의 항변권은 그 존재만으로도 자신의 채무에 대한 이행지체의 책임을 면하게 된다. 즉 채무자가 채권자에 대하여 동시이행의 항변권을 가지고 있는 동안에 자신의 채무의 기한이 도래하였다면 채무자는 항변권의 원용이 없더라도 지체책임을 지지 않는다. 따

1) 대판 2006. 2. 23. 2005다53187.

라서 채권자는 채무자에 대하여 이행지체로 인한 손해배상은 물론 계약의 해제도 하지 못한다. 채권자가 채무자에게 이행지체의 책임을 물을 수 있는 것은 자신의 채무를 이행하거나, 또는 이행의 제공을 했을 때이다. 이를 '동시이행의 항변권의 당연효'라고 한다.

Ⅳ. 위험부담

1. 의의

쌍무계약의 당사자 일방의 채무가 당사자의 책임 없는 사유로 후발적으로 불능이 된 경우에도 상대방의 대가적 채무는 여전히 존속하는 것으로 볼 것인가의 문제를 위험부담이라고 한다. 즉 당사자의 책임 없는 사유로 발생한 당사자 일방 채무의 사후적 소멸의 위험을 그 채무자가 부담할지 혹은 상대방이 부담할지를 정하는 것이 위험부담이다.

예를 들어 매매목적물의 사후적 멸실로 매도인이 매수인에 대하여 대금지급을 청구하지 못한다고 한다면 그 소멸로 인한 손해는 채무자가 부담하게 될 것이다. 반대로 목적물의 멸실에도 불구하고 여전히 매도인이 대금지급을 청구할 수 있다고 한다면 멸실의 손해는 매수인에게 전가되는 것이 된다. 전자의 입법주의를 채무자위험부담주의라고 하고, 후자를 채권자위험부담주의라고 한다.

2. 원칙

(1) 채무자위험부담주의

민법은 "쌍무계약의 당사자 일방의 채무가 당사자 쌍방의 책임 없는 사유로 이행할 수 없게 된 때에는 채무자는 상대방의 이행을 청구하지 못한다"라고 하여 채무자위험부담주의를 기본원칙으로 하고 있다(제537조).

(2) 적용요건

1) 쌍무계약

민법 제537조에서 정한 채무자위험부담주의는 쌍무계약의 효력에 의하여 발생하므로 당사자 사이에는 대가적 관계의 채무가 발생하는 쌍무계약이 체결되어야 한다. 따라서 증여계약의 경우와 같은 편무계약의 경우에는 이 규정이 적용될 여지가 없다. 즉 증여의 목적물이 이행 전에 멸실하였으면 귀책사유 없는 증여자는 일반 채무불이행의 원칙(제390조)에 따라 자신의 채무를 면할 뿐이다. 증여목적물의 멸실로 인한 손해는 수증자인 채권자가 부담하게 된다.

2) 후발적 불능

위험부담의 문제는 쌍무계약이 체결된 이후에 목적물의 멸실 등으로 채무의 이행이 후발적으로 불능이 된 경우에 적용된다. 계약이 체결된 후라면 정지조건이 성취되기 이전이라도 후발적 불능으로 보아야 할 것이다. 계약이 체결되기 전에 발생한 원시적 불능에 대하여는 제535조 또는 담보책임에 관한 규정(제580조 등)이 적용될 뿐이다.

3) 당사자의 책임 없는 사유

쌍무계약으로 인한 일방의 채무가 당사자의 책임 없는 사유로 인하여 후발적 불능이 되어야 한다. 반면 채무자의 책임 있는 사유로 인하여 후발적 불능이 있게 되면 채권자는 계약의 유효를 주장하며 전보배상[1]을 청구하거나 계약의 해제(제546조)와 함께 손해배상을 청구할 수 있다(제551조).

(3) 효과

1) 원칙

채무자는 이행불능으로 자신의 채무를 면제받는 한편 상대방에 대한 이행청구권도 상실한다. 채무자가 이미 상대방으로부터 이행을 받았으면 그 급부를 부당이득으로 반환하여야 한다.[2]

채무의 후발적 일부 불능의 경우 상대방도 그 한도에서 채무를 면하게 된다.[3] 다만 일부 불능으로 계약의 목적을 달성할 수 없는 경우에는 전부에 대하여 채무를 면하게 될 것이다. 민법은 동일한 취지에서 임차물 일부가 임차인의 과실 없이 멸실 기타의 사유로 사용·수익할 수 없게 된 경우에 임차인에게 그 부분의 비율에 따른 차임 감액을 청구할 수 있도록 하고 있으며(제627조 제1항), 잔존 부분으로 임차 목적을 달성할 수 없는 때에는 계약을 해지할 수 있다(제627조 제2항)고 명시하고 있다.

2) 대상청구권

이행불능을 야기한 동일한 원인에 의하여 채무자가 대상을 취득하였으면, 채권자는 대상청구권을 행사할 수 있다. 대상청구권은 본래의 급부에 갈음하는 대상에 대한 이행청구권이므로 이는 계약의 유효

---

1) 대법원은 전보배상책임으로 목적물의 멸실로 인한 이행불능에 대하여 이행불능 당시의 시가를 배상하도록 하고 있다(대판 1993. 5. 27. 92다20163).

2) 대판 2021. 5. 27. 2017다254228.

3) 대결 2004. 12. 24. 2003마1665

를 전제로 하며, 따라서 채권자도 계약에 따라 자신의 채무자에 대한 채무를 이행하여야 한다.[1]

3. 채권자의 귀책사유로 인한 이행불능

(1) 채권자의 위험부담

채무의 후발적 불능이 채권자의 귀책사유로 발생하면 그 손해는 채권자가 부담한다. 따라서 채무자는 채무의 이행불능에도 불구하고 채권자에 대하여 이행을 청구할 수 있다(제538조 제1항 전문). 채권자의 수령지체 중에 당사자 쌍방의 책임 없는 사유로 이행불능이 된 경우에도 동일하다(동항 후문).

(2) 택일적 요건

1) 채권자의 책임 있는 사유로 인한 이행불능

채무가 채권자의 책임 있는 사유로 이행불능에 이르러야 한다. '채권자의 책임 있는 사유'란 채권자의 어떤 작위나 부작위가 채무자의 채무이행 실현을 방해하고 그 원인이 되는 작위나 부작위를 채권자가 피할 수 있었다는 점에서 신의칙상 비난받을 수 있는 경우를 말한다.[2] 부동산 매수인이 매매목적물에 설정된 근저당권의 피담보채무에 관하여 이행을 인수하였음에도 변제하지 않아 근저당권이 실행된 경우, 그로 인한 매도인의 소유권 상실은 매수인의 책임 있는 사유에 기인

1) 대판 1996. 6. 25. 95다6601.

2) 대판 2014. 11. 27. 2013다94701.

한 것이다.[1] 사용자의 무효인 부당해고로 근로자가 근로를 제공할 수 없게 된 경우에도 근로자는 계속 근로하였다면 받을 수 있는 임금 전부의 지급을 청구할 수 있다.[2]

2) 수령지체 중 당사자의 책임 없는 사유로 인한 이행불능

채권자의 수령지체 중에 당사자의 책임 없는 사유로 채무가 이행불능된 경우에도 채무자는 채무의 이행을 청구할 수 있다(제538조 제1항 후문). 동시이행의 항변권의 당연효에 따라 채권자를 수령지체에 빠뜨리기 위해서는 채무자는 자신의 채무에 대한 이행이나 이행의 제공이 있어야 함은 물론이다.

채권자에게 수령을 넘어서 적극적인 협력의무가 인정되는 경우에 그 협력의무에 위반하여 채무자가 이행할 수 없는 경우에도 채권자의 귀책사유 있는 이행불능으로 보아야 한다.

"영상물 제작공급계약상 수급인의 채무가 도급인과 협력하여 그 지시 감독을 받으면서 영상물을 제작하여야 하므로 도급인의 협력 없이는 완전한 이행이 불가능한 채무이고, 한편 그 계약의 성질상 수급인이 일정한 기간 내에 채무를 이행하지 아니하면 계약의 목적을 달성할 수 없는 정기행위인 사안에서, 도급인의 영상물 제작에 대한 협력의 거부로 수급인이 독자적으로 성의껏 제작하여 납품한 영상물이 도급인의 의도에 부합되지 아니하게 됨으로써 결과적으로 도급인의 의도에 부합하는 영상물을 기한 내에 제작하여 납품하여야 할 수급인의 채무가 이행불능케 된 경우, 이는 계약상의 협력의무의 이행을 거부한 도급인의 귀책사유로 인한

1) 대판 2008. 8. 21. 2007다8464.

2) 대판 2002. 5. 31. 2000다18127.

> 것이므로 수급인은 약정대금 전부의 지급을 청구할 수 있다."[1)]

대법원은 채권자의 변제 불수령의 의사가 확실한 경우라도 채무불이행의 경우와는 달리 채무자는 최소한 구두 제공을 하여야 채권자에게 위험을 부담시킬 수 있다는 입장이다.

> "민법 제400조 소정의 채권자지체가 성립하기 위해서는 민법 제460조 소정의 채무자의 변제 제공이 있어야 하고, 변제 제공은 원칙적으로 현실 제공으로 하여야 하며 다만, 채권자가 미리 변제받기를 거절하거나 채무의 이행에 채권자의 행위를 요하는 경우에는 구두의 제공으로 하더라도 무방하고, 채권자가 변제를 받지 아니할 의사가 확고한 경우(이른바, 채권자의 영구적 불수령)에는 구두의 제공을 한다는 것조차 무의미하므로 그러한 경우에는 구두의 제공조차 필요 없다고 할 것이지만, 그러한 구두의 제공조차 필요 없는 경우라고 하더라도, 이는 그로써 채무자가 채무불이행책임을 면한다는 것에 불과하고, 민법 제538조 제1항 제2문 소정의 '채권자의 수령지체 중에 당사자 쌍방의 책임 없는 사유로 이행할 수 없게 된 때'에 해당하기 위해서는 현실 제공이나 구두 제공이 필요하다고 할 것이므로 (…) 채무자인 피고는 원고를 수령지체에 빠지게 하기 위하여 소유권이전등기에 필요한 서류 등을 준비하여 두고 원고에게 그 서류들을 수령하여 갈 것을 최고하는 구두 제공을 하였어야 한다."[2)]

민법 제401조는 "채권자지체 중에는 채무자는 고의 또는 중과실이

1) 대판 1996. 7. 9. 96다14364.

2) 대판 2004. 3. 12. 2001다79013.

없으면 불이행으로 인한 모든 책임이 없다"라고 규정하고 있다. 따라서 수령지체 중에 채무자의 경과실에 의하여 목적물이 멸실되는 등의 이행불능이 발생한 경우에도 채무자는 채권자에 대하여 이행청구권을 행사할 수 있다고 보아야 할 것이다.

(3) 효과

1) 채무자의 이행청구권

채권자의 귀책사유로 이행불능이 되거나 수령지체 중에 채무자의 고의나 중과실 없이 이행불능이 된 경우에 채무자는 여전히 채권자에 대하여 이행청구권을 행사할 수 있다(제538조 제1항).

2) 이득상환의무

채무자가 자기 채무를 면함으로써 이익을 얻은 때에는 이를 채권자에게 상환하여야 한다(제538조 제2항). 채권자에게 상환하여야 할 이익은 이행불능을 야기한 사유와 상당인과관계에 있는 것에 제한된다.[1] 근로자가 해고 기간 중에 노동조합기금으로부터 지급받은 금원은 그가 노무 제공을 면한 것과 상당인과관계에 있는 이익이라고는 볼 수 없다.[2] 또한 이전부터 부업 삼아 아내의 주도로 경영하던 과수원으로부터 발생한 수입은 해고가 없었더라도 취득할 이익이므로 상환의 대상에 해당하지 않는다.[3]

반면 부당해고된 근로자가 해고 기간 중에 다른 직장에 종사하여 얻은 이익은 해고와 상당인과관계 있는 수입(중간 수입)으로 임금액에

1) 대판 1991. 6. 28. 90다카25277.
2) 대판 1991. 5. 14. 91다2656.
3) 대판 1993. 5. 25. 92다31125.

서 공제할 수 있다. 다만 대법원은 그 경우에도 근로기준법 제46조의 휴업수당에 관한 규정을 유추하여 휴업수당에 해당하는 평균임금의 70%를 초과하는 범위에서만 공제할 수 있다는 입장이다.[1)]

"근로기준법 제38조는 근로자의 최저 생활을 보장하려는 취지에서 사용자의 귀책사유로 인하여 휴업하는 경우에는 사용자는 휴업 기간 중 당해 근로자에게 그 평균임금의 100분의 70 이상의 수당을 지급하여야 한다고 규정하고 있고, 여기서의 휴업에는 개개의 근로자가 근로계약에 따라 근로를 제공할 의사가 있음에도 불구하고 그 의사에 반하여 취업이 거부되거나 또는 불가능하게 된 경우도 포함되므로 근로자가 사용자의 귀책사유로 인하여 해고된 경우에도 위 휴업수당에 관한 근로기준법이 적용될 수 있으며 이 경우에 근로자가 지급받을 수 있는 해고 기간중의 임금액 중 위 휴업수당의 한도에서는 이를 위 '다'항의 중간 수입 공제의 대상으로 삼을 수 없고, 그 휴업수당을 초과하는 금액범위에서만 공제하여야 할 것이다."[2)]

"무효의 해고 기간 중 근로자가 징역형을 선고받아 상당 기간 구속된 경우 해고가 무효라고 하더라도 구속 기간 동안에는 근로자가 근로의 제공을 할 수 없는 처지였다고 할 것이므로 구속 기간 동안의 임금을 청구할 수 없다."[3)]

1) 대판 1991. 12. 13. 90다18999.
2) 대판 1991. 12. 13. 90다18999.
3) 대판 1994. 9. 13. 93다50017.

V. 제3자를 위한 계약

1. 서설

(1) 의의

제3자를 위한 계약이란 계약상 이행청구권을 당사자 이외의 제3자가 직접 취득하는 계약을 말한다(제539조 제1항). 예를 들어 제3자를 위한 계약의 일종인 타인을 위한 보험계약[1]이 보험자와 보험계약자 사이에 체결되고 이후 보험사고가 발생하면 보험 수익자인 타인은 보험자에 대하여 직접 보험금을 청구할 권리를 갖게 된다. 당사자가 제3자에 대하여 가진 채권에 관하여 그 채무를 면제하는 계약도 제3자를 위한 계약에 준하는 것으로 유효하다.[2]

(2) 제3자를 위한 계약과 구별되는 제도

1) 이행인수

이행인수란 인수인과 채무자 사이의 약정에 따라 채권자에 대한 채무를 인수인이 이행하기로 하는 약정을 말한다. 이행인수의 인수인은 채무를 이행할 의무를 채권자가 아니라 약정의 상대방인 채무자에 대하여만 부담한다는 점에서 제3자가 채권을 직접 취득하는 제3자를 위한 계약과 구별된다. 제3자를 위한 계약인지 혹은 이행인수인지를 판별하는 기준은 제3자로 하여금 계약 당사자 일방에 대하여 직접 채권을 취득하게 할 의사가 계약 당사자에게 있는지에 달려있다 할 것

1) 대판 2015. 10. 15. 2014다204178.

2) 대판 2004. 9. 3. 2002다37405.

이고, 이는 의사해석의 문제로 계약체결의 동기, 거래 관행 등을 종합적으로 고려하여 판단해야 할 것이다.[1]

"부동산의 매수인이 매매목적물에 관한 근저당권의 피담보채무를 인수하는 한편, 그 채무액을 매매대금에서 공제하기로 약정한 경우, 다른 특별한 약정이 없는 이상 이는 매도인을 면책시키는 채무인수가 아니라 이행인수로 보아야 하고, 매수인이 위 채무를 현실적으로 변제할 의무를 부담한다고 해석할 수 없으며, 특별한 사정이 없는 한 매수인은 매매대금에서 그 채무액을 공제한 나머지를 지급함으로써 잔금지급의무를 다하였다고 할 것이다."[2]

2) 채무인수

채무인수란 채무의 동일성이 유지되면서 채무가 채무자로부터 인수인에게 이전되는 것을 말한다. 채무인수는 인수인이 채무를 인수하여 원채무자가 채무에서 벗어나는 면책적 채무인수와 인수인의 채무인수에도 불구하고 원채무자가 여전히 채무를 부담하는 병존적 채무인수로 구별된다. 면책적 채무인수는 채무의 동일성이 유지되면서 인수인에게 이전될 뿐 채권자가 인수인에 대하여 새로운 채권을 취득하는 것이 아니므로 제3자를 위한 계약에 해당하지 않는다. 하지만 후자의 경우에는 채권자가 채무자 이외에 인수인에 대하여 새로운 채권을 취득하게 되므로 제3자를 위한 계약에 해당한다.[3]

1) 대판 1997. 10. 24. 97다28698.
2) 대판 2004. 7. 9. 2004다13083.
3) 대판 1997. 10. 24. 97다28698.

3) 제3자 보호효 있는 계약

제3자 보호효 있는 계약이란 계약체결에 직접 참여하지 않은 제3자도 계약의 보호 영역에 편입되어 채무자의 보호의무 위반으로 제3자에게 손해가 발생하면 계약 당사자가 아닌 제3자도 계약상 손해배상을 청구할 수 있도록 하는 계약책임확장이론을 말한다.[1] 예를 들어 임대인의 임대목적물 보존 및 유지의무는 임차인의 사용 및 수익뿐만 아니라 임차인의 안전도 함께 도모해야 하는데, 이러한 의무를 위반하여 임차인의 가족 중 일부가 상해를 입으면 그 가족은 임대차계약을 체결한 당사자는 아니지만, 임대인의 보호의무의 적용 대상에 해당하고 따라서 임대인에게 불법행위가 아닌 채무불이행책임을 물을 수 있다.[2]

제3자 보호효 있는 계약은 당사자 사이에 별도의 합의 없이 당사자 사이에 체결된 계약의 성질이나 내용에 비추어 일정한 범위의 제3자에게 당연히 보호효력이 발생하며 제3자에게 채무자에 대한 이행청구권이 부여되는 것이 아니라는 점에서 제3자를 위한 계약과 구별된다.[3]

2. 제3자를 위한 계약의 성립

(1) 제3자의 권리취득에 대한 합의

제3자를 위한 계약이 성립하기 위해서는 제3자가 권리를 취득하기로 하는 당사자 사이의 합의가 있어야 한다.

---

1) 김형배, 채권각론(1997), 176면; 송덕수, 채권법각론(2019), 108면. 이론의 형성 및 구체적인 내용에 대하여는 박희호, 제3자에 대한 책임, 민사법학(2005.12.), 385면 이하 참조.

2) 보다 자세한 내용은 채권총론에서 다룬다.

3) 김형배, 채권각론(1997), 176면.

제3자를 위한 계약에 조건이 부가될 수 있으며[1] 계약에 따른 수익자가 현존할 필요도 없다. 따라서 장래에 태어날 아이 또는 설립될 법인을 위한 계약[2]도 가능하다. 또한 제3자가 권리를 취득함과 동시에 채무를 부담하도록 하는 것도 가능하다. 예를 들어 제3자를 위한 매매의 예약도 유효하여 제3자가 이를 승낙하고 수익의 의사표시를 하면 제3자는 직접 동 예약상의 권리를 취득한다.[3]

(2) 제3자의 수익의 의사표시

제3자는 이익을 받을 의사를 표시한 때에 낙약자에 대하여 권리를 취득한다(제539조 제2항). 권리의 발생에 수익의 의사표시를 필요로 하지 않는다는 견해[4]도 있으나 다른 법률에 특별한 규정(상법 제639조 제1항 등)이 없는 한 낙약자에 대한 수익의 의사표시를 하여야 권리를 취득한다고 보는 것이 민법의 규정에 비추어 타당하다.[5]

수익의 의사표시는 일종의 형성권으로서 양도나 상속의 대상이 되며, 채권자대위권의 목적이 될 수도 있다.[6]

채무자인 낙약자는 상당한 기간을 정하여 계약상 이익의 향수 여부에 대한 확답을 제3자에게 최고할 수 있다. 채무자가 그 기간 내에 확답을 받지 못한 때에는 제3자가 계약상 이익의 향수를 거절한 것으로 본다(제540조).

---

1) 대판 1996. 12. 20. 96다34863.
2) 대판 1960. 7. 21. 4292민상773.
3) 대판 1957. 3. 16. 4289민상536.
4) 곽윤직, 채권각론(2014), 76면.
5) 송덕수, 채권법각론(2019), 102면; 이은영, 채권각론(2007), 102면.
6) 곽윤직, 채권각론(2014), 77면; 송덕수, 채권법각론(2019), 103면.

3. 제3자를 위한 계약을 통한 3자 간 법률관계

(1) 기본관계(보상관계)

1) 의의

제3자를 위한 계약을 체결하는 당사자, 즉 요약자와 낙약자 사이의 관계로 기본관계라고 한다. 낙약자의 제3자에 대한 급부를 요약자가 보상한다는 의미에서 보상관계라고도 한다. 예를 들어 매도인이 매수인에 대하여 잔금 지급을 자신의 채권자에게 직접 지급하도록 요청하여 매수인이 승낙한 경우, 매도인은 요약자로서, 매수인은 낙약자로서 제3자를 위한 계약의 기본관계를 형성한다.

2) 당사자의 권리관계

요약자는 제3자를 위한 계약의 당사자로서 의사표시의 하자 등을 원인으로 취소권을 행사할 수 있다. 또한 낙약자에 대하여 제3자에 대한 이행을 청구할 수 있으며, 제3자의 동의 없이 계약을 해제할 수도 있다.[1] 다만 낙약자의 채무불이행으로 인한 이행이익의 배상청구권은 원칙적으로 이행을 받을 수익자가 갖는다. 이 경우 요약자도 수익자에게 손해배상을 청구할 수 있다고 보아야 할 것이다.[2] 그 이외의 사정으로 인하여 발생한 요약자 자신의 손해는 낙약자가 그러한 사정을 알았거나 알 수 있었을 경우에 한하여(제393조 제2항) 배상을 청구할 수 있다.

1) 대판 1970. 2. 24. 69다1410.

2) 곽윤직, 채권각론(2014), 79면; 송덕수, 채권법각론(2019), 105면.

3) 기본관계의 효력 부재로 인한 급부정산관계

요약자와 낙약자 사이의 계약이 취소나 해제되면 그 정산은 원칙적으로 계약의 당사자인 낙약자와 요약자 사이에서 이루어져야 한다. 따라서 낙약자가 제3자를 위한 계약에 따라 수익자에게 이미 이행한 것이 있는 경우 낙약자는 요약자에 대하여서만 계약의 무효나 취소 또는 해제를 이유로 하여 원상회복을 청구할 수 있다. 예를 들어 매수인이 매매대금을 제3자를 위한 계약에 따라 매도인이 아닌 제3자에게 지급한 상황에서 이행불능으로 계약이 해제되었다면, 매수인은 제3자에 대하여 매매대금의 반환을 청구할 수 없고 매도인에 대하여 반환을 청구할 수 있을 뿐이다.[1] 매수인의 매매대금 지급은 매도인에 대한 급부의무를 이행한 것에 불과하기 때문이다.

반면 제3자를 위한 계약의 일종인 타인을 수익자로 한 생명보험이나 상해보험계약이 무효가 되어 발생하는 보험자에 대한 부당이득반환의무는 보험계약자가 아니라 수익자가 부담한다. 이 경우 보험자의 수익자에 대한 보험금 지급은 보험계약자에 대한 보험자의 채무이행이 아니라 보험자 자신의 수익자에 대한 고유한 채무의 이행으로 이해되기 때문이다.[2]

대금이 아닌 물건이 제3자를 위한 계약에 따라 제3자에게 양도되었는데 그 계약이 채무불이행으로 해제된 경우, 그 물건의 소유자는 해제의 소급효에 근거하여 소유물반환청구권을 행사할 수 있을 것이지만 제548조 제1항 단서는 제3자의 권리를 해하지 못한다고 하여 소유물반환청구권에 제한을 두고 있다. 여기서 학설은 일치하여 제3자를 위한 계약의 수익자는 직접 낙약자에 대하여 직접 채권을 취득하

---

1) 대판 2005. 7. 22. 2005다7566.

2) 대판 2018. 9. 13. 2016다255125.

므로 이 규정의 제3자에 해당하지 않는다고 보고 있다.[1] 이러한 학설을 따르면 물건의 매도인은 수익자에 대하여 소유물반환청구권을 행사할 수 있게 된다.

그러나 수익자가 요약자와 낙약자 사이의 계약을 기초로 새로운 이해관계를 맺는 자로서 낙약자의 수익자에 대한 급부가 낙약자의 요약자에 대한 급부이며 동시에 요약자의 수익자에 대한 급부를 내용으로 하는 단축된 급부인 경우는 드물지 않다. 즉 이러한 경우 수익자는 민법 제548조 제1항의 제3자의 요건을 충족하게 되는 것이다. 따라서 제3자를 위한 계약의 수익자는 무조건적으로 제548조 제1항의 제3자에 해당하지 않는다고 볼 것은 아니며 사안에 따라 개별적인 판단이 요구된다. 대법원도 동일한 입장이다.

> "제3자를 위한 계약에서도 낙약자와 요약자 사이의 법률관계(기본관계)에 기초하여 수익자가 요약자와 원인관계(대가관계)를 맺음으로써 해제 전에 새로운 이해관계를 갖고 그에 따라 등기, 인도 등을 마쳐 권리를 취득하였다면, 수익자는 민법 제548조 제1항 단서에서 말하는 계약해제의 소급효가 제한되는 제3자에 해당할 수 있다고 봄이 타당하다."[2]

---

1) 곽윤직, 채권총론(2014), 103면; 김형배, 채권각론(1997), 239면; 송덕수, 채권법각론(2019), 102면; 이은영, 채권각론(2007), 257면 등. "제3자를 위한 계약에서의 제3자가 계약해제 시 보호되는 민법 제548조 제1항 단서의 제3자에 해당하지 않음은 물론 (…)"이라고 하여 학설과 동일한 입장을 보인 판결도 있다(대판 2005. 7. 22. 2005다7566).

2) 대판 2021. 8. 19. 2018다244976. 이 판결은 에스티엑스조선이 방위사업청과 맺은 함포의 현물배상계약상 급부채무를 이행하기 위하여 에스티엑스조선이 현대위아로부터 함포를 매수하는 계약을 체결하고 그 이행을 직접 방위사업청에 하도록 하는 제3자를 위한 계약이 체결되어 현대위아가 방위사업청에 함포의 인도를 마친 사안을 다룬 것이다.

(2) 급부관계(수익관계)

1) 의의

제3자를 위한 계약과 수익자의 수익에 대한 의사표시가 있게 되면 낙약자는 제3자에 대하여 급부의무를 부담하게 되고 그에 대응하여 제3자는 낙약자에 대하여 권리를 취득하게 된다. 이러한 상황은 낙약자로서는 급부관계가 될 것이고, 제3자인 수익자로서는 수익관계에 해당한다.

2) 당사자의 권리관계

낙약자가 수익의 의사표시를 한 수익자에 대하여 채무를 불이행하면 수익자는 낙약자에 대하여 채무불이행책임을 물어 손해배상을 청구할 수 있다. 하지만 제3자를 위한 계약의 직접적인 당사자는 아니므로 수익자는 취소권이나 해제권을 행사하지는 못한다.

3) 급부관계에 대한 기본관계 및 원인관계의 영향

낙약자와 수익자 사이의 급부관계는 요약자와 낙약자 사이의 기본관계를 기초로 형성되었기 때문에 기본관계는 원칙적으로 급부관계에 영향을 미친다. 즉 낙약자는 기본관계에 있는 요약자에 대한 항변으로 급부관계의 수익자에게 대항할 수 있다(제542조). 예를 들어 기본관계의 계약이 취소되거나 해제되면 낙약자는 채무의 부존재를 주장할 수 있으며, 요약자에 대한 동시이행의 항변권을 근거로 수익자에 대한 이행을 거절할 수도 있다.

수익의 의사표시로 제3자의 권리가 생긴 후에는 제3자의 동의나 추인이 있지 않은 한 기본관계의 당사자는 약정 등을 통하여 임의로 제3자의 권리를 변경 또는 소멸시키지 못한다(제541조).[1] 예를 들어 낙약자는 요약자와 합의하여 해제하였다는 사정으로 수익자에게 대항하지 못한다. 반면 제3자를 위한 계약으로 낙약자의 지위가 약화될 이유는 없으므로 낙약자는 수익의 의사표시 이후에도 수익자의 채무불이행을 이유로 계약을 해제할 수 있고, 이를 근거로 수익자에게 대항할 수 있다고 보아야 한다.

원인관계는 급부관계에 아무런 영향을 미치지 못한다. 원인관계가 무효나 해제된 경우에도 요약자는 원인관계의 효력 없음을 이유로 낙약자에 대하여 채무이행을 거절하지 못한다. 반면 급부관계의 급부가 동시에 원인관계의 급부가 될 수 있기에 급부관계는 원인관계에 영향을 미칠 수 있다. 예를 들어 낙약자의 채무가 수익자에게 불이행되는 경우 이는 동시에 원인관계에 있는 요약자의 수익자에 대한 채무불이행이 되는 것이다. 이 경우 낙약자는 요약자의 이행보조자가 된다(제391조).

(3) 원인관계(대가관계)

1) 의의

요약자가 제3자를 위한 계약을 체결하여 낙약자로 제3자에게 이행하도록 하는 것은 통상 요약자와 제3자 사이의 법률관계에 기인한다. 이러한 측면에서 요약자와 제3자 사이의 법률관계는 제3자를 위한 계약의 원인관계라고 할 수 있고 제3자의 측면에서는 제3자를 위한 계약을 체결하는 대가를 부담한다는 점에서 대가관계로 볼 수 있다.

1) 대판 2002. 1. 25. 2001다30285.

2) 당사자의 권리관계

요약자와 수익자 사이의 법률관계는 요약자의 급부가 낙약자의 급부로 실현된다는 점 이외에는 일반적 채권관계와 동일한 내용을 갖는다. 따라서 낙약자의 급부가 없는 기간 동안 수익자는 요약자에 대하여 동시이행의 항변권을 행사할 수 있으며, 낙약자의 급부가 있음에도 불구하고 수익자가 요약자에게 채무를 이행하지 않으면 요약자는 수익자에 대하여 손해배상청구권이나 해제권을 행사할 수 있다. 원인관계가 해제권의 행사로 소멸하게 되면 수익자는 기이행된 것을 급부자인 낙약자가 아니라 요약자에게 반환하여야 한다.

3) 원인관계에 대한 기본관계의 영향

요약자와 낙약자 사이의 기본관계는 원칙적으로 수익자와 요약자 사이의 원인관계에 영향을 주지 못한다. 기본관계가 효력이 없는 경우 수익자는 낙약자의 항변에 대항할 수 없지만, 그로 인하여 요약자의 급부가 이행불능이 되지 않는 한 수익자는 여전히 요약자에 대하여 권리를 보유하고 수익자도 요약자에 대하여 권리를 갖는다. 낙약자로부터 수익자에게 기이행된 것도 요약자와의 계약에 기초하여 수령한 것이므로 그 후 기본관계가 무효로 밝혀진 경우에도 불구하고 부당이득이 되지 않아 반환하지 않아도 된다.

원인관계도 기본관계에 대하여 아무런 영향을 미치지 못한다. 원인관계가 효력을 상실하더라도 요약자는 이를 이유로 낙약자에 대한 채무의 이행을 거절하지 못한다.

제5장

계약의 해제와 해지

I. 서설

1. 개념

당사자 일방의 의사표시에 의하여 유효하게 성립한 당사자 사이의 계약관계를 해소하고, 계약이 체결되지 않았던 것과 동일한 상태로 회복시키는 것을 해제라고 한다(제548조 제1항). 반면 계속적 계약관계의 당사자 일방의 의사표시에 의하여 계약을 장래에 향하여 해소하는 것을 해지라고 한다(제550조).

2. 해제와 구별되는 제도

(1) 합의해제

합의해제는 계약을 체결한 당사자의 합의로 계약을 체결하지 않았던 것과 동일한 상태로 회복하는 것을 내용으로 하는 계약이다. 이에 반해 해제는 해제권이라는 형성권의 행사로 원상회복의무가 발생한다. 합의해제는 묵시적으로도 가능하다. 매도인이 계약해제를 주장하면서 지급받은 계약금과 중도금을 반환하는 공탁을 하였는데 매수인이 아무런 이의없이 이를 수령하였다면 당사자 사이에 묵시적인 해제의 합의가 있었다고 볼 것이다.[1)]

합의해제의 경우 해제권의 발생을 위한 제543조 이하의 규정은 적용되지 않으나 그 효력 및 제3자 보호의 규정은 해제권이 행사된 경우와 동일하게 적용된다.

> "계약의 합의해제에 있어서도 민법 제548조의 계약해제의 경우와 같이 이로써 제3자의 권리를 해할 수 없다. 계약해제 시 계약은 소급하여 소멸하게 되어 해약 당사자는 각 원상회복의 의무를 부담하게 되나 이 경우 계약해제로 인한 원상회복등기 등이 이루어지기 이전에 해약 당사자와 양립되지 아니하는 법률관계를 가지게 되었고 계약해제 사실을 몰랐던 제3자에 대하여는 계약해제를 주장할 수 없고, 이 경우 제3자가 악의라는 사실의 주장·입증책임은 계약해제를 주장하는 자에게 있다."[2)]

(2) 취소

취소는 당사자 일방의 의사표시에 의하여 계약을 포함한 법률행위의 효력을 소급적으로 상실케 한다는 점(제141조 제1항)에서 해제와 유사하다. 하지만 취소는 행위능력의 제한이나 의사표시의 하자 등

1) 대판 2002. 1. 25. 2001다63575.

2) 대판 2005. 6. 9. 2005다6341.

법률행위의 효력에 필요한 요건의 흠결 문제로 법률행위의 효력을 소멸시킨다는 점에서 효력요건을 완전하게 갖춘 계약을 통하여 발생한 당사자 사이의 법률관계를 일정한 사유를 원인으로 해소한다는 점에서 중요한 차이를 갖는다. 취소권의 행사가 있기 이전에는 당사자 사이의 법률관계가 유효한 것으로 다루어지므로 취소권과 해제권은 동시에 발생할 수 있다.

> "매도인이 매수인의 중도금 지급채무 불이행을 이유로 매매계약을 적법하게 해제한 후라도 매수인으로서는 상대방이 한 계약해제의 효과로서 발생하는 손해배상책임을 지거나 매매계약에 따른 계약금의 반환을 받을 수 없는 불이익을 면하기 위하여 착오를 이유로 한 취소권을 행사하여 매매계약 전체를 무효로 돌리게 할 수 있다."[1)]

(3) 해제조건 및 실권약관

해제조건은 조건의 성취로 계약의 효력이 장래를 향하여 소멸하는 경우를 말한다(제147조 제2항). 해제의 의사표시를 요건으로 하는 해제와 달리 해제조건은 그러한 의사표시를 요구하지 않고 조건의 성취로 당연히 계약이 효력을 상실한다.

채무자의 채무불이행이 있으면 채권자가 해제의 의사표시를 하지 않더라도 계약관계가 해소되는 것으로 약관에 정하는 경우가 있는데 이를 특히 실권약관이라고 한다. 실권약관은 약관규제법이 적용되어 사업자는 이 내용에 대한 설명의무를 부담하며 이를 위반한 경우 계

1) 대판 1996. 12. 6. 95다24982.

약의 내용으로 주장할 수 없다(약관규제법 제3조 제4항). 또한 이 약관을 통하여 부당하게 고객에게 불이익을 주는 경우 해당 약관은 불공정 조항에 해당하여 효력이 발생하지 않는다(약관규제법 제9조 참조).

판례는 동시이행의 항변관계에 있는 채무의 불이행에 대하여 실권약관이 있는 경우 이를 해제조건이 아닌 해제권 유보의 조항으로 이해한다. 따라서 채무불이행이 발생한 경우라도 채권자가 해제의 의사표시를 하여야 계약관계가 해소된다. 예를 들어 '매도인이 위약 시에는 계약금의 배액을 배상하고 매수인이 위약 시에는 지급한 계약금을 매도인이 취득하고 계약은 자동적으로 해제된다'는 조항[1]이나 '부동산매매계약에서 매수인이 잔대금 지급 기일까지 그 대금을 지급하지 못하면 그 계약이 자동적으로 해제된다'는 취지의 약정[2] 등에 대하여 쌍무계약에 따른 동시이행의 관계를 근거로 해제조건이 아닌 해제권 유보 조항으로 해석한다.

반면에 선이행의무를 부담하는 중도금의 지급과 같이 동시이행의 관계를 인정할 수 없는 채무의 불이행에 따른 실권의 조항은 해제조건으로 이해한다.[3]

> "계약 당사자의 일방이 계약을 해제하였을 때에는 계약은 소급하여 소멸하고 각 당사자는 원상회복의 의무를 지게 되나, 이 경우 계약해제로 인한 원상회복등기 등이 이루어지기 전에는 계약의 해제를 주장하는 자와 양립되지 아니하는 법률관계를 가지게 되었고 계약해제 사실을 몰랐던 제3자에 대하여는 계약해제를 주장할 수 없으며, 이러한 법리는 실권특약부 매매계약이 그 특약

1) 대판 1979. 12. 26. 79다1595.
2) 대판 1989. 7. 25. 88다카28891.
3) 대판 1992. 2. 11. 91다21954.

에 의하여 소급적으로 실효되는 경우에도 마찬가지로 적용된다. 실권특약부 매매계약에 기하여 매수인 앞으로 소유권이전등기가 경료되어 매수인의 책임 재산이 된 토지를 체납처분의 일환으로 압류하고 그 등기까지 마친 자는 위 토지를 환가하여 그 대금으로 채권의 만족을 얻을 수 있는 별개의 새로운 권리를 취득하였으므로 민법 제548조 제1항 단서 소정의 제3자에 포함되고, 따라서 매도인은 실권특약에 의한 계약의 실효나 계약해제의 효과 등으로써 위 압류 채권자에게 대항할 수 없다."[1]

(4) 철회

의사표시의 철회는 자신의 의사표시를 거두어들이는 것을 말한다. 의사표시의 표의자는 상대방에게 도달하여 효력이 발생한 의사표시를(제111조) 임의로 철회하지 못한다(제529조 참조). 이를 허용하면 거래의 안전을 해치기 때문이다. 철회는 의사표시가 도달되기 이전이나 당사자의 약정 또는 법률의 규정에 따르더라도 이행이 아직 이루어지지 않아 거래의 안전을 해치지 않는 한도에서 예외적으로 허용된다(제555조[2] 참조). 의사표시의 철회가 있게 되면 그 의사표시는 표시되지 않은 것으로 되어 계약은 효력을 발생하지 않거나 상실하게 된다.[3]

반면 해제는 상대방의 귀책에 따른 채무불이행 등을 요건으로 자신이 부담하는 채무의 구속력에서 벗어날 수 있는 권리로 계약의 이행 이후에도 행사될 수 있다.

---

1) 대판 2000. 4. 21. 2000다584.

2) 제555조는 "증여의 의사가 서면으로 표시되지 아니한 경우에는 각 당사자는 이를 해제할 수 있다"고 하는데 대법원(대판 2003. 4. 11. 2003다1755)은 이 규정의 해제를 철회로 해석한다.

3) 증여의 의사가 철회된 경우라도 이미 이행한 부분에는 영향을 미치지 못한다(제558조).

Ⅱ. 해제권의 발생

1. 약정해제권

약정해제권은 당사자가 계약의 내용으로 해제권을 유보하는 것을 합의한 경우에 발생한다(제543조 제1항 참조). 계약 당시에 금전 등을 계약금의 명목으로 상대방에게 교부한 때에는 다른 사정이 없는 한 당사자의 일방이 이행에 착수할 때까지 교부자는 이를 포기하고 수령자는 그 배액을 상환하여 계약을 해제할 수 있는 약정해제권에 대한 합의가 있는 것으로 본다(제565조 제1항).

법정해제권을 포기하거나 배제하기로 하지 않은 이상 약정해제권이 존재한다는 것이 법정해제권의 성립에 영향이 미치지는 않는다.[1] 약정해제권이 행사된 경우 해제의 효력에 관한 제548조 및 제549조의 규정이 법정해제의 경우와 동일하게 적용된다. 하지만 약정해제권은 당사자가 합의한 일정한 사유가 있는 경우에 발생하는 것으로 당사자의 고의나 과실을 요건으로 하지 않는 이상 손해배상청구권을 발생시키지 않는다.[2]

2. 법정해제권

(1) 의의

민법은 매매(제570조 이하)나 소비대차(제601조), 도급(제668조 이하) 등의 개별 계약 규정에서 해제권을 규정하고 있으며, 이외에도 모든

1) 대결 1990. 3. 27. 89다카14110.
2) 대판 2016. 4. 15. 2015다59115.

계약에 공통으로 적용되는 법정해제권에 관하여 이행지체 및 이행불능을 요건으로 민법 제543조 이하에서 통일적으로 규정하고 있다. 나아가 학설과 판례는 불완전이행으로 인한 해제권의 발생도 긍정한다. 채권자지체를 채무불이행으로 보는 학설은 그 경우에도 해제권을 허용하여야 한다고 본다. 끝으로 학설과 판례는 사정변경의 원칙에 따른 해제도 인정하고 있다.

(2) 이행지체

이행지체를 이유로 채권자가 해제권을 행사하려면 ① 채무자의 귀책사유와 ② 상당한 기간을 정한 이행의 최고 및 ③ 최고 기간 내에 채무자의 이행이나 이행의 제공이 없어야 한다.

1) 귀책사유 있는 위법한 이행지체

제544조는 이행지체로 인한 해제권을 규정하면서 채무자의 귀책사유가 요구되는지는 명시하지 않고 있다. 하지만 해제권과 관련하여 손해배상을 발생시키는 이행지체와 달리 볼 이유는 없으며, 귀책사유를 명시적으로 요구하는 이행불능의 규정(제546조)과 비교하였을 때 이행지체에 의한 해제권에 채무자의 귀책사유는 필요하다고 보아야 할 것이다.

나아가 손해배상과 마찬가지로 해제권의 발생을 위하여서는 이행지체가 위법하여야 한다. 따라서 쌍무계약의 당사자는 자신의 이행이나 이행의 제공을 하여야 해제권이 발생한다.[1)]

---

1) 대판 2022. 10. 27. 2022다238053.

"부동산의 매수인이 매매목적물에 관한 채무를 인수하는 한편 그 채무액을 매매대금에서 공제하기로 약정한 경우, 그 인수는 특별한 사정이 없는 한 매도인을 면책시키는 채무인수가 아니라 이행인수로 보아야 하고, 매수인은 매매계약 시 인수한 채무를 현실적으로 변제할 의무를 부담하는 것은 아니며, 특별한 사정이 없는 한 매수인이 매매대금에서 그 채무액을 공제한 나머지를 지급함으로써 잔금 지급의 의무를 다하였다 할 것이므로, 설사 매수인이 위 채무를 현실적으로 변제하지 아니하였다 하더라도 그와 같은 사정만으로는 매도인은 매매계약을 해제할 수 없는 것이지만, 매수인이 인수채무를 이행하지 아니함으로써 매매대금의 일부를 지급하지 아니한 것과 동일하다고 평가할 수 있는 특별한 사유가 있을 때에는 계약해제권이 발생한다."[1)]

"매매목적물에 관한 근저당권의 피담보채무를 인수한 매수인이 인수채무의 일부인 근저당권의 피담보채무의 변제를 게을리함으로써 매매목적물에 관하여 근저당권의 실행으로 임의 경매 절차가 개시되고 매도인이 경매 절차의 진행을 막기 위하여 피담보채무를 변제하였다면, 매도인은 채무인수인에 대하여 손해배상채권을 취득하는 이외에 이 사유를 들어 매매계약을 해제할 수 있다."[2)]

2) 상당한 기간을 정한 이행의 최고

채권자는 상당한 기간을 정하여 이행을 최고하여야 한다. 상당한 기간은 채무자가 이행을 준비하여 이행하는데 필요한 기간으로, 상당

1) 대판 2013. 9. 12. 2012다20703.
2) 대판 2004. 7. 9. 2004다13083.

한 기간보다 짧은 기간을 정한 경우 또는 기간의 정함이 전혀 없는 경우에도[1] 이행의 최고가 있으면 상당한 기간이 경과한 후에 해제권이 발생한다.

이행의 최고와 더불어 상당한 기간이 경과하면 계약을 해제할 것이라는 사실을 알릴 필요는 없다. 기간 내에 이행하지 아니하면 계약은 당연히 해제된 것으로 한다는 이행의 최고를 한 경우, 기간 내 이행이 없는 것을 정지조건으로 하여 미리 해제의 의사표시를 한 것으로 볼 것이어서 기간의 경과로 해제의 효과가 발생하게 된다.[2] 기한이 없는 채무라도 미리 이행청구를 하여 채무자를 이행지체에 빠지게 할 필요는 없고, 상당한 기간을 정하여 이행청구를 하는 경우 그 기간 내에 이행이 없으면 채권자는 계약을 해제할 수 있다. 채무자의 급부 불이행 사정을 들어 계약을 해제하겠다는 통지를 하였다면, 특별히 그 급부의 수령을 거부하는 취지가 포함되어 있지 아니하는 한 그로써 이행의 최고가 있었다고 볼 수 있어서, 그로부터 상당한 기간이 경과하도록 이행되지 아니하였다면 채권자는 계약을 해제할 수 있다.[3]

> "채권자의 이행 최고가 본래 이행하여야 할 채무액을 초과하는 경우에도 본래 급부하여야 할 수량과의 차이가 비교적 적거나 채권자가 급부의 수량을 잘못 알고 과다한 최고를 한 것으로서 과다하게 최고한 진의가 본래의 급부를 청구하는 취지라면, 그 최고는 본래 급부하여야 할 수량의 범위 내에서 유효하다고 할 것이나, 그 과다한 정도가 현저하고 채권자가 청구한 금액을 제공하지 않으면 그것을 수령하지 않을 것이라는 의사가 분명한

1) 대결 1990. 3. 27. 89다카14110.

2) 대판 1981. 4. 14. 80다2381.

3) 대판 2017. 9. 21. 2013다58668.

경우에는 그 최고는 부적법하고 이러한 최고에 터잡은 계약의 해제는 그 효력이 없다."[1]

채무자가 미리 이행하지 아니할 의사를 표시한 경우에는 최고를 하지 않고 계약을 해제할 수 있다(제544조 단서). 쌍무계약의 당사자 일방이 미리 이행하지 아니할 것을 명백히 표시하였다면 상대방은 자신의 이행을 제공하지 않더라도 이행지체가 되고 상대방은 최고없이 계약을 해제할 수 있다.[2] 예를 들어 부동산 매매계약에 있어 매수인이 이행 기일을 도과한 후에 매도인에 대하여 계약상 의무 없는 과다한 채무의 이행을 요구하고 있다면 매수인은 이미 자신의 채무를 이행할 의사가 없음을 표시한 것이므로 매도인은 자기 채무의 이행제공이나 최고 없이도 계약을 해제할 수 있다.[3] 반면 매수인이 잔대금 지급의 연기를 수 차례 요청한 사정[4]이나 잔대금의 최고에 아무런 회답을 하지 않았다는 사정[5]만으로는 이행거절의 의사가 명백히 표시되었다고 볼 수는 없다.

이행거절의 의사표시는 해제가 있기 이전에 철회할 수 있으며, 이 경우 쌍무계약의 상대방은 자기 채무의 이행을 제공한 상황에서 상당한 기간을 정하여 최고한 후 채무불이행을 이유로 계약을 해제할 수 있다.[6]

---

1) 대판 2004. 7. 9. 2004다13083.
2) 대판 1993. 8. 24. 93다7204.
3) 대판 1992. 9. 14. 92다9463.
4) 대판 1990. 11. 13. 90다카23882.
5) 대판 1991. 7. 12. 90다8343.
6) 대판 2003. 2. 26. 2000다40995.

3) 최고 기간 내에 이행 또는 이행의 제공이 없을 것

최고 기간 내에 이행이나 이행의 제공이 없어야 한다. 이행이나 이행의 제공이 이루어지지 않은 것은 채무자의 귀책사유에 기인하여야 한다.[1]

동시이행관계에 있는 의무자 일방이 상대방의 이행지체를 이유로 한 해제권을 적법하게 취득하기 위해서는 이행청구에 표시된 이행기가 '일정한 기간 내'로 정하여진 경우라면 이행을 청구한 자가 원칙으로 그 기간 중 이행제공을 계속하여야 할 것이고, '일정한 일시' 등과 같이 기일로 정해졌으면 그 기일에 이행제공이 있어야 한다.[2] 여기서 이행의 제공은 단순히 이행의 준비 태세를 갖추고 있는 것만으로는 부족하고, 상대방이 요구하는 경우에는 언제든지 현실로 이행할 수 있는 준비를 하고 그 수령을 통지하는 방법으로 이루어져야 한다.[3]

4) 정기행위

정기행위란 계약의 성질 또는 당사자의 의사표시에 따라 일정한 시일 또는 일정한 기간 내에 이행하지 아니하면 계약의 목적을 달성할 수 없는 경우를 말한다(제545조). 특정한 날을 위한 요리의 주문, 결혼식을 위한 꽃 장식의 주문과 같이 이행기가 지난 이행이 채권자에게 의미가 없어지는 경우를 말한다. 정기행위에 대한 이행지체는 목적 달성이 불가능한 상황으로 이행불능과 마찬가지로 다루어진다. 따라서 채권자는 자신의 이행이나 이행의 제공은 물론 최고 없이도 계약을 해제할 수 있다(제545조).

---

1) 대판 2003. 2. 26. 2000다40995.

2) 대판 1992. 12. 22. 92다28549.

3) 대판 1987. 1. 20. 85다카2197.

(3) 이행불능

1) 사회 관념상 이행불능

객관적으로 채무의 이행이 불가능하여야 한다. 채무의 이행이 불능이라는 것은 단순히 절대적·물리적으로 불능인 경우가 아니고, 사회생활에 있어서 경험 법칙 또는 거래상 관념에 비추어 볼 때 채권자가 채무자의 이행을 기대할 수 없는 경우를 말한다.[1] 매매목적물에 대하여 가압류 집행이 되었다고 하여 매매에 따른 소유권이전등기가 불가능한 것은 아니므로, 매수인으로서는 신의칙 등에 의해 대금지급채무의 이행을 거절할 수 있음은 별론으로 하고, 매매목적물이 가압류되었다는 사유만으로 매매계약을 해제할 수는 없다.[2] 하지만 매도인이 무자력이어서 매매부동산에 설정된 저당권설정등기 및 수 개의 가압류등기를 말소할 수 없어서 실질적으로 소유권이전등기를 하는 것이 매수인에게 무의미한 경우 매매부동산의 소유권이전은 이행불능이라고 보아야 할 것이다.[3]

2) 채무자의 책임 있는 사유

해제권을 발생을 위한 이행불능은 채무자의 귀책사유를 요건으로 한다. 당사자의 책임 없는 사유로 후발적 불능이 된 경우 위험부담의 문제가 발생할 뿐 해제권은 행사하지 못한다.[4] 매수인이 매매목적물에 관한 근저당권의 피담보채무에 관하여 그 이행을 인수하였는데 매수인이 그 변제를 게을리하여 근저당권이 실행됨으로써 매도인의 소

1) 대판 1995. 2. 28. 94다42020.
2) 대판 1999. 6. 11. 99다11045.
3) 대판 2003. 1. 24. 2000다22850.
4) 대판 1977. 12. 27. 76다1472.

유권이전의무가 이행불능이 된 경우에도 채무자인 매도인의 귀책사유가 인정되지 않아 매수인은 계약을 해제하지 못한다.[1] 따라서 매도인은 매수인에 대하여 계약에 따른 매매대금의 지급을 청구할 수 있다(제538조 제1항 전문).

3) 최고나 이행제공의 불필요

채무자의 책임 있는 사유로 이행이 불능하게 된 때에 채권자는 최고 없이 계약을 해제할 수 있다(제546조). 나아가 쌍무계약으로 발생한 채무가 불능이 되면 상대방은 이행이나 이행의 제공도 할 필요가 없다. 따라서 부동산매매계약의 매도인이 이행불능에 빠지면 매수인은 동시이행의 관계에 있는 잔대금 지급에 대한 이행의 제공없이 계약을 해제할 수 있다.[2]

(4) 불완전이행

민법은 이행지체와 이행불능의 경우와 달리 불완전이행에 관한 규정을 두고 있지 않으며, 불완전이행으로 인한 해제권도 규정하고 있지 않다. 하지만 학설과 판례는 일치하여 채무불이행의 유형으로 이행지체와 이행불능에 해당하지 않는 불완전이행의 유형을 인정하고 있으며 그 효과로서 손해배상은 물론 해제권도 허용하고 있다. 즉 불완전한 이행이 있더라도 완전한 이행이 사후적으로 가능한 경우에는 이행지체의 규정(제544조)을 적용하여 채권자는 상당한 기간을 정하여 이행의 보완을 청구할 수 있고 그럼에도 이행이 이루어지지 않는 경우에는 계약을 해제할 수 있으며, 불완전한 이행의 보완이 불가

1) 대판 2009. 5. 14. 2009다5193.
2) 대판 2003. 1. 24. 2000다22850.

능한 경우에는 이행불능의 규정(제546조)을 적용하여 최고 없이 계약을 해제할 수 있다고 할 것이다.[1)]

하지만 두 경우 모두 불완전한 이행의 정도가 사소하다면 손해배상청구를 할 수 있을지언정 해제권을 행사할 수 없다고 할 것이다. 불완전한 이행만으로는 계약의 목적을 달성할 수 없는 경우에 한하여 해제권을 행사할 수 있다고 보아야 한다.[2)] 이러한 측면에서 부수적 채무의 불이행은 통상 계약의 목적 달성에 필수적인 채무가 아니므로 원칙적으로 그 위반에 대하여는 해제권을 행사할 수 없다.

"수임인이 위임계약상의 채무를 제대로 이행하지 아니하였다 하여 위임인이 언제나 최고 없이 바로 그 채무불이행을 이유로 하여 위임계약을 해제할 수 있는 것은 아니고, 아직도 수임인이 위임계약상의 채무를 이행하는 것이 가능하다면 위임인은 수임인에 대하여 상당한 기간을 정하여 그 이행을 최고하고, 수임인이 그 기간 내에 이를 이행하지 아니할 때에 한하여 계약을 해제할 수 있다."[3)]

"'일의 완성'이라는 도급계약의 성질과 피고가 종래 수동으로 해오던 오일쿨러 용접공정 전체를 자동화하기 위하여 원고로부터 탱크자동용접기와 평판자동용접기 각 1식을 발주한 계약목적에 비추어 볼 때, 평판자동용접기의 제작 공급만으로는 당초 피고가 이루려고 하였던 계약 목적은 달성될 수 없는 것이라고 보아야 할 것이므로, 결국 위 탱크자동용접기에 관한 원고의 채무불이행

1) 곽윤직, 채권각론(2014), 90면 이하; 김형배, 채권각론(1997), 220면.
2) 김형배, 채권각론(1997), 220면; 이은영, 채권각론(2007), 237면.
3) 대판 1996. 11. 26. 96다27148.

(불완전이행)만으로도 피고는 위 계약 전체를 해제할 수 있다."[1]

"민법 제544조에 의하여 채무불이행을 이유로 계약을 해제하려면, 당해 채무가 계약의 목적 달성에 있어 필요불가결하고 이를 이행하지 아니하면 계약의 목적이 달성되지 아니하여 채권자가 그 계약을 체결하지 아니하였을 것이라고 여겨질 정도의 주된 채무이어야 하고 그렇지 아니한 부수적 채무를 불이행한 데에 지나지 아니한 경우에는 계약을 해제할 수 없다.

전대차계약을 체결한 후 중도금 수수 시에 비로소 전차보증금의 반환을 담보하기 위하여 전대인이 그 소유 부동산에 근저당권을 설정하여 주기로 약정한 경우, 근저당권설정약정이 이미 전대차계약이 체결된 후에 이루어진 점에서 전대인의 근저당권설정약정이 없었더라면 전차인이 전대인과 사이에 전대차계약을 체결하지 않았으리라고 보기 어려울 뿐 아니라, 전대인의 근저당권설정등기의무가 전대차계약의 목적 달성에 필요불가결하다거나 그 의무의 이행이 없으면 전대차계약이 목적을 달성할 수 없다고 볼 만한 사정을 찾아볼 수 없으므로 전대인의 근저당권설정등기의무가 전대차계약에서의 주된 의무라고 보기 어렵고, 따라서 전차인은 전대인이 약정대로 근저당권을 설정하여 주지 않았음을 이유로 전대차계약을 해지할 수 없다."[2]

1) 대판 1994. 4. 12. 93다45480.

2) 대판 2001. 11. 13. 2001다20394.

(5) 채권자지체

채권자지체에 대하여 법정책임설을 취하는 입장은 채권자지체에 관한 민법 제400조 이하의 책임 이외에는 다른 책임을 인정하지 않으므로 채권자지체로 인한 채무자의 손해배상청구권은 물론 일반적인 해제권도 인정하지 않는다.[1] 이에 반하여 채권자지체를 채무불이행의 일종으로 보는 입장은 채권자의 수령지체의 경우에도 수령의무나 협력의무 위반으로 인한 해제권이 인정될 수 있다는 입장이다.[2]

채권관계는 당사자의 일방적인 채무의 이행만 있으면 변제로 소멸의 효과를 가져올 수 있는 반면, 많은 경우 채권자의 협조가 있어야 비로소 변제가 이루어지는 경우가 많다. 예를 들어 주문자의 초상화를 그려야 하는 화가의 채무의 경우 채권자인 주문자는 그가 원하는 그림을 화가가 그릴 수 있도록 협조해야 할 의무를 부담하는 것이다. 그러한 협조의무를 위반함에도 채무자가 주문자와의 도급계약에 기한 없이 얽매이는 것은 부당하다. 협조의무나 수령의무가 통상 부수적 의무에 해당하는 것이지만 그러한 부수적 의무도 계약의 실행을 위하여서는 반드시 있어야 하는 주된 의무가 될 수 있다. 채권자지체로 인한 계약의 해제를 인정하는 것이 타당하다.

(6) 사정변경

1) 의의

사정변경의 원칙이란 법률행위의 기초가 되는 사정이 크게 변경되어 법률행위의 효력을 종전대로 유지하는 것이 오히려 당사자 사이

1) 김형배. 채권각론(1997), 222면; 이은영, 채권각론(2007), 239면.

2) 곽윤직, 채권각론(2014), 91면.

에 부당한 결과를 야기하게 되는 경우 그 효력을 변경하거나 소멸하도록 하는 것을 말한다.[1] 학설과 판례는 일치하여 사정변경의 원칙으로 인한 계약의 해제권을 긍정한다.

2) 요건

사정변경으로 인한 계약해제권이 발생하기 위해서는 ① 계약성립의 기초가 된 사정이 현저히 변경되고 ② 당사자가 계약의 성립 당시 이를 예견할 수 없었으며, ③ 그로 인하여 계약을 그대로 유지하는 것이 당사자의 이해에 중대한 불균형을 초래하거나 계약을 체결한 목적을 달성할 수 없어야 한다.[2]

a. 계약성립의 기초가 된 사정이란 계약의 기초가 되었던 객관적인 사정으로서, 일방 당사자의 주관적 또는 개인적인 사정을 의미하는 것은 아니며[3] 어느 일방 당사자가 변경에 따른 불이익이나 위험을 떠안기로 한 사정은 포함되지 않는다.[4] 예를 들어 대법원은 한 지방자치단체가 공개 매각 절차를 거쳐 토지를 개인에게 매도한 사안에서 '매매계약을 해제할 만한 사정변경에 해당하지 않는다'라고 보았다.

> "이 사건 매매계약은 일반 매수 예상자들을 대상으로 한 피고의 공개매각절차를 거쳐 이루어진 것으로서, 공개매각조건에는 이 사건 토지가 개발제한구역에 속해 있고, 이 사건 토지의 매각 후 행정상의 제한 등이 있을 경우 피고가 이에 대하여 책임을 지지 아니한다는 내용이 명시되어 있으며, 이 사건 매매계약에서도

1) 박희호/심우영, 민법총칙(2021), 39면.
2) 대판 2021. 6. 30. 2019다276338.
3) 대판 2007. 3. 29. 2004다31302.
4) 대판 2017. 6. 8. 2016다249557.

피고는 이 사건 토지의 인도 후에 발생한 일체의 위험부담에 대하여 책임지지 않는다는 내용이 명시되어 있을 뿐 당시 이 사건 토지상의 건축가능 여부에 관하여 논의가 이루어졌다고 볼 만한 자료를 찾아볼 수 없다. 그렇다면 이 사건 토지상의 건축 가능 여부는 원고가 이 사건 토지를 매수하게 된 주관적인 목적에 불과할 뿐 이 사건 매매계약의 성립에 있어 기초가 되었다고 보기 어렵다 할 것이므로, 이 사건 매매계약 후 이 사건 토지가 공공 공지에 편입됨으로써 원고가 의도한 음식점 등의 건축이 불가능하게 되었다 하더라도 이러한 사정변경은 이 사건 매매계약을 해제할 만한 사정변경에 해당한다고 할 수 없다."[1]

b. 당사자에게 예견 가능성이 있었는지는 추상적·일반적으로 판단할 것이 아니라, 구체적인 사안에서 계약의 유형과 내용, 당사자의 지위, 거래 경험과 인식 가능성, 사정변경의 위험이 크고 구체적인지 등 여러 사정을 종합적으로 고려하여 개별적으로 판단하여야 한다.[2] 경제 상황 등의 변동으로 당사자에게 손해가 생기더라도 합리적인 사람으로 사정변경을 예견할 수 있었다면, 사정변경을 이유로 계약을 해제할 수 없다.[3]

"갑 등이 해외 이주 알선 업체인 을 주식회사와 미국 비숙련 취업이민을 위한 알선업무계약을 체결한 후 이민 허가를 받고 이에 따라 을 회사에 국외 알선 수수료를 모두 지급하였는데, 주한 미국대사관이 갑 등에 대한 이민 비자 인터뷰에서 추가 행정 검토

1) 대판 2007. 3. 29. 2004다31302.
2) 대판 2021. 6. 30. 2019다276338.
3) 대판 2020. 5. 14. 2017다220058.

(Administrative Processing) 및 이민국 이송(Transfer in Progress) 결정을 하여 비자 발급 절차가 진행되지 않고 중단된 사안에서, 위 계약은 성립의 기초가 되었던 비자 발급 절차나 기간에 관한 사정이 현저히 변경되었고, 당사자가 계약의 성립 당시 이를 전혀 예견할 수 없었으며, 계약을 유지해도 체결한 목적을 달성할 수 없거나 당사자의 이해에 중대한 불균형을 초래하는 경우에 해당하므로, 갑 등은 사정변경을 이유로 위 계약을 해지할 수 있다."[1]

c. 계약의 해제권이나 해지권은 계약을 그대로 유지하는 것이 당사자의 이해에 중대한 불균형을 초래하거나 계약을 체결한 목적을 달성할 수 없는 경우에 인정된다.

"갑이 주택 건설 사업을 위한 견본 주택 건설을 목적으로 임대인 을과 토지에 관하여 임대차계약을 체결하면서 임대차계약서에 특약 사항으로 위 목적을 명시하였는데, 지방자치단체장으로부터 가설건축물 축조 신고 반려 통보 등을 받고 위 토지에 견본주택을 건축할 수 없게 되자, 갑이 을을 상대로 임대차계약의 해지 및 임차보증금 반환을 구한 사안에서, 견본주택 건축은 위 임대차계약성립의 기초가 된 사정인데, 견본 주택을 건축할 수 없어 갑이 임대차계약을 체결한 목적을 달성할 수 없게 되었고, 위 임대차계약을 그대로 유지하는 것은 갑과 을 사이에 중대한 불균형을 초래하는 경우에 해당하므로, 위 임대차계약은 갑의 해지 통보로 적법하게 해지되었고, 을이 갑에게 임대차보증금을 반환할 의무가 있다."[2]

1) 대판 2021. 6. 30. 2019다276338.

2) 대판 2020. 12. 10. 2020다254846.

Ⅲ. 해제권의 행사와 소멸

1. 해제권의 행사

(1) 행사의 방법

해제권은 상대방에 대한 해제의 의사표시로 행사된다(제541조 제1항). 격지자 간의 경우에는 해제의 의사표시가 상대방에게 도달한 때에 효력을 발생한다(제111조 제1항).

해제의 의사표시는 재판 외는 물론 재판상으로도 청구할 수 있다. 해지권자가 해지의 의사표시를 담은 소장 부본을 피고에게 송달함으로서 재판상 해지권을 행사하는 경우에는 그 소장 부본이 피고에게 도달한 때에 비로소 해지권 행사의 효력이 발생한다.[1)]

해제권은 형성권이므로 계약의 존속과 양립할 수 없는 계약금 반환 청구 소송을 제기함으로써 해제권을 행사한 것으로 보아야 하는 경우 그 소송을 취하하였다고 하더라도 해제권 행사의 효력이 소멸하거나 계약관계가 부활하는 것은 아니다.[2)]

(2) 조건부 해제의 의사표시

해제권의 행사는 단독행위로서 원칙적으로 행사에 조건과 기한을 붙이지 못한다. 이 점에서 당사자의 합의에 따른 조건의 성취로 해제의 효력이 발생하는 해제조건이나 실권약관과 구별된다. 다만 이행지체와 관련하여 소정의 기일 내에 이행하지 아니하면 계약은 당연히

1) 대판 2000. 1. 28. 99다50712.
2) 대판 1982. 5. 11. 80다916.

해제된 것으로 한다는 이행청구는 그 이행청구와 동시에 기간 또는 기일 내에 이행이 없는 것을 정지조건으로 하여 미리 해제의 의사표시를 한 것으로 인정하여 그 효력을 인정한다. 다만 이 경우에도 쌍무계약의 당사자는 일정한 기간 동안 이행청구에 표시된 이행기가 일정한 기간 내로 정하여진 경우라면 이행을 청구한 자가 원칙으로 그 기간 중에, 일정한 일시 등과 같이 기일로 정하여진 경우에는 그 기일에 이행제공이 있어야 한다.[1)]

(3) 해제권 행사의 불가분성

당사자의 일방 또는 쌍방이 수인인 경우에 계약의 해지나 해제는 그 전원으로부터 또는 전원에 대하여 하여야 한다(제547조 제1항). 수인의 당사자가 하나의 법률관계를 형성하고 있음에도 그 계약관계에서 각자 별도로 해제권을 행사할 수 있도록 하면 복잡한 법률문제를 야기하게 되므로 이를 방지하려는 취지이다.

따라서 하나의 부동산을 수인이 공유하는 경우 각 공유자는 각 그 소유의 지분을 자유로이 처분할 수 있으므로, 공유자 전원이 공유물에 대한 각 그 소유 지분 전부를 형식상 하나의 매매계약으로 동일한 매수인에게 매도하는 경우라도, 일부 공유자가 매수인의 매매대금지급의무 불이행을 원인으로 한 그 공유 지분에 대한 매매계약을 해제하는 것은 가능하다고 할 것이지만, 당사자들의 의사표시에 의하여 각 지분에 관한 소유권이전의무, 대금지급의무를 불가분으로 하는 실질상으로도 하나의 매매계약이라고 보아야 하는 경우에는 매도인 중 공유자 1인이 그의 지분비율에 상응하는 매매대금 중 일부를 매수인

1) 대판 1981. 4. 14. 80다2381.

으로부터 지급받지 못하였다고 할지라도 이를 이유로 자신의 지분에 관한 매매계약 부분만을 해제할 수는 없다.[1)]

또한 주택공급을 신청할 권리와 분리될 수 없는 청약저축의 가입자가 사망하였고 그에게 여러 명의 상속인이 있는 경우에 그 상속인들이 청약저축 예금계약을 해지하려면, 금융 기관과 사이에 다른 내용의 특약이 있다는 등의 특별한 사정이 없는 한 상속인들 전원이 해지의 의사표시를 하여야 한다.[2)]

2. 해제권의 소멸

(1) 제척기간

해제권은 형성권으로서 특별한 규정이 없는 경우 10년의 제척기간의 경과로 소멸한다.

(2) 해제권의 포기

해제권은 그 행사로 인하여 효력을 발생하며, 그 행사를 명시적 또는 묵시적으로 포기하는 것도 가능하다.

> "상가분양계약에 있어서 약정해제사유의 발생에 의해 계약해제권을 갖게 된 후에도 계약해제의 의사표시를 하지 아니하고 그 잔대금과 약정 연체료까지 지급받으면서 소유권이전등기 절차를 이행할 뜻을 통고까지 하였다면 위 분양계약을 이행할 의사

1) 대판 1995. 3. 28. 94다59745.

2) 대판 2022. 7. 14. 2021다294674.

로 그 전에 발생한 약정해제사유에 의하여 갖게 된 해제권을 포기하기로 한 것으로 보아야 하고, 위 해제권을 그대로 유보하기로 하였다거나 새로이 해제권이 발생하였다는 등의 특별한 사정이 인정되지 아니하는 이상 그 후의 계약해제 통고는 아무런 효력이 없다."[1]

(3) 최고에 의한 해제권의 소멸

해제권의 행사 기간을 정하지 아니한 때에는 상대방은 상당한 기간을 정하여 해제권 행사 여부의 확답을 해제권자에게 최고할 수 있고, 그 기간 내에 해제의 통지를 받지 못한 때에 해제권은 소멸한다(제552조).

(4) 목적물의 훼손 등으로 인한 해제권의 소멸

해제권자의 고의나 과실로 인하여 계약의 목적물이 현저히 훼손되거나 이를 반환할 수 없게 된 때 또는 가공이나 개조로 인하여 다른 종류의 물건으로 변경된 때에는 해제권은 소멸한다. 이 규정은 계약의 목적물이 해제권자의 고의나 과실 혹은 가공, 개조로 원상회복의무를 면하게 될 것임에도 해제권자가 해제권을 행사하여 상대방으로 하여금 원상회복의무를 부담시키는 것은 부당하기 때문이다.

1) 대판 1991. 5. 14. 91다8005.

Ⅳ. 해제권 행사의 효과

1. 의의

(1) 민법의 규정

당사자 일방이 계약을 해제한 때에는 각 당사자는 그 상대방에 대하여 원상회복의 의무가 있다. 다만 제3자의 권리는 해하지 못한다(제548조 제1항). 해제권의 행사는 손해배상의 청구에 영향을 미치지 않는다(제551조). 이 규정들에 따른 구체적 법리 구성과 관련하여 직접효과설과 청산관계설이 주장된다.

(2) 학설과 판례

1) 직접효과설

해제로 인하여 계약은 마치 처음부터 존재하지 않았던 것과 같은 상태로 되고, 따라서 계약을 기초로 한 모든 효력은 소급적으로 소멸한다고 보는 이론이다.[1] 이 이론에 따르면 아직 이행되지 않은 채무는 당연히 소멸하고, 이미 이행된 채무는 법률상 원인 없는 부당이익으로 반환되어야 한다. 또한 계약관계의 소급적 소멸과 물권행위의 유인성에 따른 효과로 인도된 동산이나 등기 이전된 부동산의 소유권도 당연히 양도인에게 귀속되어, 양도인은 인도된 동산이나 부동산에 대하여 소유물반환청구권을 행사할 수 있다. 제548조 제1항의 규정은 반환의 범위와 관련한 제748조의 특칙으로 당사자는 그 규정에 따라

---

1) 곽윤직, 채권각론(2014), 98면; 송덕수, 채권법각론(2019), 139면.

현존이익을 넘어서 모든 이익을 반환하여야 한다. 제551조의 손해배상의 규정은 직접효과설에 따를 경우에 해제권자의 보호를 위하여 특별히 둔 규정이 된다. 판례도 직접효과설의 입장을 따르고 있다.[1)]

2) 청산관계설

해제의 효과를 비소급적으로 구성하여 그때까지 존속하였던 채권채무관계가 청산관계로 변형된다는 이론이다. 이에 따르면 이행하지 않은 채무는 해제로 소멸하게 되고, 이행된 채무는 청산을 위하여 반환되어야 한다.[2)] 당사자 사이의 청산관계는 기존의 계약관계를 기초로 한 것으로 부당이득반환의 관계가 아니므로 양도된 물권이 계약의 해제로 당연히 반환되는 것은 아니며, 반환의 범위도 제748조의 규정과 상관없이 제548조의 규정에 따를 뿐이다. 청산관계설에 따르면 해제에 따른 제3자의 보호(제548조 제1항 단서)나 당사자 사이의 동시이행의 항변권(제549조)이나 제551조의 손해배상책임(제551조)은 당연한 규정이 된다.

3) 검토

민법 규정에 대한 법리 구성의 측면에서 제548조 제1항 단서로 제3자 권리를 보호하거나 제551조에 따른 해제권과 손해배상의 병존을 인정하는 것을 보면 청산관계설의 내용은 매우 설득력이 있다. 반면 장래의 효력상실을 내용으로 하는 해지(제550조)와 그렇지 않은 해제를 구별하고 있는 점, 제3자 보호나 동시이행의 항변, 손해배상과의 병존의 규정을 굳이 둔 이유가 계약관계의 소급적 소멸을 염두에 둔 규정이라는 해석도 가능하다는 점에서 직접효과설의 내용이 부당하

1) 대판 1977. 5. 24. 75다1394.

2) 김형배, 채권각론(1997), 231면 이하.

다고 볼 수 없다. 이하에서는 판례가 따르는 직접효과설의 입장에서 해제권의 효과를 설명한다.

2. 계약관계의 소급적 소멸

(1) 의의

해제권이 행사되면 계약이 체결되지 않은 것처럼 되어 계약관계는 처음부터 발생하지 않은 상태가 된다. 따라서 계약으로부터 발생한 채권채무는 모두 소멸하게 되고 당사자는 상호 계약의 구속력에서 벗어나게 된다. 이러한 해제의 효과는 해제권을 행사한 사람뿐만 아니라 계약위반으로 해제권의 상대방이 된 자도 원용할 수 있으므로 해제권을 행사한 자가 계약이 존속함을 전제로 계약상 의무의 이행을 구하는 경우 계약을 위반한 당사자도 당해 계약이 상대방의 해제로 소멸하였음을 들어 그 이행을 거절할 수 있다.[1)]

(2) 물권관계의 회복

계약에 따른 채무의 이행으로 상대방에게 등기나 인도가 이루어져 물권변동의 효력이 발생한 후에 그 원인행위인 채권계약이 해제되면 물권행위의 유인성에 따라 물권은 당사자에게 당연히 복귀하게 된다.

"민법 548조 1항 본문에 의하면 계약이 해제되면 각 당사자는 상

1) 대판 2001. 6. 29. 2001다21441.

대방을 계약이 없었던 것과 같은 상태에 복귀케 할 의무를 부담한다는 뜻을 규정하고 있는바 계약에 따른 채무의 이행으로 이미 등기나 인도를 하고 있는 경우에 그 원인행위인 채권계약이 해제됨으로써 원상회복된다고 할 때 그 이론 구성에 관하여 소위 채권적 효과설과 물권적 효과설이 대립되어 있으나 우리의 법제가 물권행위의 독자성과 무인성을 인정하고 있지 않은 점과 민법 548조 1항 단서가 거래 안정을 위한 특별규정이란 점을 생각할 때 계약이 해제되면 그 계약의 이행으로 변동이 생겼던 물권은 당연히 그 계약이 없었던 원상태로 복귀한다 할 것이다."[1]

(3) 제3자의 보호

1) 의의

해제는 제3자의 권리를 해하지 못한다(제548조 제1항 단서). 이 규정에 따라 해제의 의사표시가 있기 전에 해제된 계약을 기초로 새로운 권리를 취득한 자는 해제에도 불구하고 자신의 권리를 상실하지 않게 된다. 해제 이전의 정당한 권리자로부터 권리를 승계한 자나 그 권리에 기초하여 새로운 권리를 취득한 자의 권리를 해제의 소급효를 통하여 침해하는 것은 거래관계의 안전을 크게 침해할 수 있기 때문이다. 여기서 해제로부터 보호되는 제3자에 해당하는지에 대하여 구체적인 검토가 필요하다.

2) 완전한 권리를 취득한 자

제548조 제1항 단서에 의하여 보호되는 제3자는 해제된 계약에

1) 대판 1977. 5. 24. 75다1394.

기초하여 새로운 법률관계를 맺는 모든 이해관계인이 아니라 그에 더하여 등기, 인도 등으로 완전한 권리를 취득한 자에 한정된다. 매매계약의 체결 후 등기나 인도를 통하여 매매목적물의 소유권을 취득한 매수인,[1] 임대차계약 체결 후 대항력을 취득한 임차인,[2] 해제된 매매계약으로 취득한 매수인의 매매목적물에 가압류[3]나 가등기[4]를 마친 자 등은 해제로부터 보호받는 제3자에 해당한다.

반면 매매계약을 체결하여 부동산을 이전받은 매수인과 다시 매매계약을 체결하거나 임대차계약을 체결한 채권자는 해제로부터 보호받는 제3자에 해당하지 않는다. 나아가 판례는 채권을 양도받은 자로부터 다시 그 채권을 다시 양도받거나 압류 및 전부 명령을 받은 자도 양도계약의 해제로부터 보호받는 제3자에 해당하지 않는다는 입장이다.[5] 그 외에 채권이 양도된 후 그 채권의 기초가 된 계약이 해제된 경우에 채권의 양수인도 완전한 권리를 취득한 자에 해당하지 않는다.[6]

3) 해제가 있은 후 권리를 취득한 제3자

민법 제548조 제1항 단서 규정의 제3자는 원칙적으로 해제가 있기 이전에 해제된 계약을 기초로 새로운 권리를 취득한 자를 말한다. 따라서 해제의 의사표시가 도달한 이후에 권리를 취득한 자에 대하여는 해제로 대항할 수 있다. 반면 해제 이후에도 정당한 권리자라고 믿을 만한 사유가 있는 상황에서 해제의 사실을 알지 못한 선의의 제3자도

1) 대판 1999. 9. 7. 99다14877.
2) 대판 2003. 8. 22. 2003다12717.
3) 대판 2005. 1. 14. 2003다33004.
4) 대판 2014. 12. 11. 2013다14569.
5) 대판 2000. 4. 11. 99다51685.
6) 대판 1996. 4. 12. 95다49882.

동 규정의 취지에 비추어 해제로부터 보호받는 것이 타당하다. 따라서 계약이 해제된 후 원상회복등기 등이 이루어지기 이전에 계약의 해제를 주장하는 자와 양립되지 아니하는 법률관계를 가지게 되었고 선의의 제3자에 대하여는 계약해제를 주장할 수 없다.[1]

3. 원상회복의무

(1) 의의

계약이 해제되면 당사자에게는 원상회복의무가 발생한다(제548조 제1항). 당사자 사이의 원상회복의무에 대하여 직접효과설에서는 이를 부당이득반환청구의 성질을 갖는 것으로 이해한다. 계약의 해제로 그 효력이 소급적으로 소멸하게 되면 계약상 의무를 근거로 하여 이행된 급부는 법률상 원인을 상실한 것이 되어 부당이득으로 반환하여야 하는 것이 바로 원상회복의무라는 것이다.[2]

(2) 원상회복의 당사자

원상회복의 당사자는 계약을 해제한 자뿐만 아니라 해제의 상대방도 포함되며 이들이 부담하는 의무는 동시이행의 관계에 있다(제549조, 제536조). 계약이 대리인에 의하여 체결되면 계약의 법률효과는 본인에게 귀속되므로 계약위반으로 인한 해제의 경우에 원상회복의 당사자는 대리인이 아니라 본인이 된다.[3] 이러한 사정은 대리인이 상대

---

1) 대판 1985. 4. 9. 84다카130.

2) 대판 2008. 2. 14. 2006다37892.

3) 대판 1990. 5. 22. 89다카1121.

방으로부터 수령한 급부를 인도받지 못하였다거나 채무불이행의 귀책사유가 대리인에게 있다고 하여도 마찬가지이다.[1)]

보증인의 출연행위 당시에는 주 채무가 유효하게 존속하고 있었다 하더라도 그 후 주계약이 해제되어 소급적으로 소멸하면 보증인은 변제를 수령한 채권자를 상대로 이미 이행한 급부를 부당이득으로 반환청구할 수 있다.[2)]

(3) 원상회복의 내용

1) 원물반환의 원칙

원상회복의무는 원물반환을 원칙으로 한다.[3)] 특정물이 급부된 경우 그 특정물이 반환되어야 하며, 종류물인 경우 동종·동질·동량의 물건으로 반환되어야 한다.

2) 가액반환

a. 원물반환이 불가능하거나 현저히 곤란할 경우에는 가액반환이 이루어진다. 이행불능의 경우 판례는 이행불능 당시 목적물의 가액을 반환액으로 본다. 예를 들어 매매계약의 목적물이 된 과수원에 식재되어 있던 단감나무가 매수인에 의하여 베어져 버리고 같은 수령의 단감나무를 이식하여도 생존할 가능성이 전혀 없어서 과수원 본래의 상태대로의 원상회복이 불가능한 경우에 매수인의 원상회복의무는 매수인에 의하여 베어질 당시 과수원의 가액이 된다.[4)]

---

1) 대판 2011. 8. 18. 2011다30871.

2) 대판 2004. 12. 24. 2004다20265.

3) 대판 1990. 3. 9. 88다카31866.

4) 대판 1994. 9. 13. 94다7942.

채무자의 책임 없는 사유로 수령한 급부의 목적물이 멸실·훼손된 경우에도 가액반환을 하여야 하는지에 대하여 학설은 부정설[1]과 긍정설[2] 및 위험부담설[3]이 대립하나, 판례는 제548조의 규정 취지를 근거로 긍정설을 따른다.

> "계약이 해제된 경우에 각 당사자는 민법 제548조에 따라 상대방에 대하여 원상회복의 의무를 지며, 원상회복의무로서 반환할 금전에는 그 받은 날부터 이자를 가산하여 지급하여야 한다. 이와 같이 계약해제의 효과로서 원상회복의무를 규정한 민법 제548조는 부당이득에 관한 특별규정의 성격을 가진 것이므로, 그 이익 반환의 범위는 이익의 현존 여부나 선의, 악의에 불문하고 특단의 사유가 없는 한 받은 이익의 전부이다. 따라서 매도인으로부터 매매목적물의 소유권을 이전받은 매수인이 매도인의 계약해제 이전에 제3자에게 목적물을 처분하여 계약해제에 따른 원물반환이 불가능하게 된 경우에 매수인은 원상회복의무로서 가액을 반환하여야 하며, 이때에 반환할 금액은 특별한 사정이 없는 한 그 처분 당시의 목적물의 대가 또는 그 시가 상당액과 처분으로 얻은 이익에 대하여 그 이득일부터의 법정이자를 가산한 금액이다."[4]

b. 과실과 사용이익도 원상회복으로 인한 반환의 대상이 된다. 예를 들어 부동산을 점유·사용함으로써 받은 이익은 특별한 사정이 없

1) 곽윤직, 채권각론(2014), 105면.
2) 김형배, 채권각론(1997), 242면; 이은영, 채권각론(2007), 261면
3) 송덕수, 채권법각론(2019), 146면.
4) 대판 2013. 12. 12. 2013다14675.

는 한 임료 상당액이 될 것이다. 매수인이 부동산을 인도받아 그 용도대로 사용한 이상 가사 그 부동산을 사용하여 영위한 영업이 전체적으로 적자였다고 하더라도 사용으로 인한 임료 상당의 이익 자체를 부정할 수는 없다.[1] 이 경우 사용으로 인하여 발생하는 감가 또는 소모의 요인은 그것을 훼손으로 볼 수 없는 한 원상회복의무의 대상이 아니다.[2]

"과실상계는 본래 채무불이행 또는 불법행위로 인한 손해배상책임에 대하여 인정되는 것이고, 매매계약이 해제되어 소급적으로 효력을 잃은 결과 매매 당사자에게 당해 계약에 기한 급부가 없었던 것과 동일한 재산 상태를 회복시키기 위한 원상회복의무의 이행으로서 이미 지급한 매매대금 기타의 급부의 반환을 구하는 경우에는 적용되지 아니한다.
계약의 해제로 인한 원상회복청구권에 대하여 해제자가 해제의 원인이 된 채무불이행에 관하여 '원인'의 일부를 제공하였다는 등의 사유를 내세워 신의칙 또는 공평의 원칙에 기하여 일반적으로 손해배상에 있어서의 과실상계에 준하여 권리의 내용이 제한될 수 있다고 하는 것은 허용되어서는 아니 된다."[3]

c. 채무의 이행으로 금전이 지급된 경우 받은 날로부터 이자를 붙여서 반환하여야 한다(제548조 제2항). 이자의 반환의무는 부당이득반환의 성질을 갖는 것으로 이행지체에 따른 지연손해금이 아니므로 동시이행관계에 있는지 여부와 관계없이 받은 날로부터 법정이자율에

1) 대판 1997. 12. 9. 96다47586.
2) 대판 1991. 8. 9. 91다13267.
3) 대판 2014. 3. 13. 2013다34143.

따른 금액을 부가하여 지급하여야 한다. 다만 당사자 사이에 이자에 관한 약정이 있는 경우에는 약정이율에 따른다.

> "당사자 일방이 계약을 해제한 때에는 각 당사자는 상대방에 대하여 원상회복의무가 있고, 이 경우 반환할 금전에는 받은 날로부터 이자를 가산하여 지급하여야 한다. 여기서 가산되는 이자는 원상회복의 범위에 속하는 것으로서 일종의 부당이득반환의 성질을 가지는 것이고 반환의무의 이행지체로 인한 지연손해금이 아니다. 따라서 당사자 사이에 그 이자에 관하여 특별한 약정이 있으면 그 약정이율이 우선 적용되고 약정이율이 없으면 민사 또는 상사 법정이율이 적용된다. 반면 원상회복의무가 이행지체에 빠진 이후의 기간에 대해서는 부당이득반환의무로서의 이자가 아니라 반환채무에 대한 지연손해금이 발생하게 되므로 거기에는 지연손해금률이 적용되어야 한다. 그 지연손해금률에 관하여도 당사자 사이에 별도의 약정이 있으면 그에 따라야 할 것이고, 설사 그것이 법정이율보다 낮다 하더라도 마찬가지이다.
> 계약해제 시 반환할 금전에 가산할 이자에 관하여 당사자 사이에 약정이 있는 경우에는 특별한 사정이 없는 한 이행지체로 인한 지연손해금도 그 약정이율에 의하기로 하였다고 보는 것이 당사자의 의사에 부합한다. 다만 그 약정이율이 법정이율보다 낮은 경우에는 약정이율에 의하지 아니하고 법정이율에 의한 지연손해금을 청구할 수 있다고 봄이 타당하다. 계약해제로 인한 원상회복 시 반환할 금전에 받은 날로부터 가산할 이자의 지급의무를 면제하는 약정이 있는 때에도 그 금전반환의무가 이행지체 상태에 빠진 경우에는 법정이율에 의한 지연손해금을 청구할 수 있는 점과 비교해 볼 때

그렇게 보는 것이 논리와 형평의 원리에 맞기 때문이다."[1)]

"민법 제548조 제2항은 계약해제로 인한 원상회복의무의 이행으로 반환하는 금전에는 그 받은 날로부터 이자를 가산하여야 한다고 하고 있는바, 위 이자의 반환은 원상회복의무의 범위에 속하는 것으로 일종의 부당이득반환의 성질을 가지는 것이지 반환의무의 이행지체로 인한 손해배상은 아니라고 할 것이고, 소송촉진등에관한특례법 제3조 제1항은 금전채무의 전부 또는 일부의 이행을 명하는 판결을 선고할 경우에 있어서 금전채무불이행으로 인한 손해배상액 산정의 기준이 되는 법정이율에 관한 특별규정이므로, 위 이자에는 소송촉진등에관한특례법 제3조 제1항에 의한 이율을 적용할 수 없지만 (대법원 2000. 6. 23. 선고 2000다16275, 16282 판결 참조), 원상회복의무의 이행으로 금전의 반환을 구하는 소송이 제기된 경우 채무자는 그 소장을 송달받은 다음날부터 반환의무의 이행지체로 인한 지체책임을 지게 되므로 그와 같이 원상회복의무의 이행으로 금전의 반환을 명하는 판결을 선고할 경우에는 금전채무불이행으로 인한 손해배상액 산정의 기준이 되는 법정이율에 관한 특별규정인 소송촉진등에관한특례법 제3조 제1항에 의한 이율을 적용하여야 할 것이다."[2)]

d. 과실상계는 채무불이행이나 불법행위로 인한 손해배상책임에 관하여 인정되는 것이므로 비록 해제의 원인이 되는 채무불이행에 채권자가 원인의 일부를 제공한 경우에도 과실상계에 관한 규정이 적용

1) 대판 2013. 4. 26. 2011다50509.

2) 대판 2003. 7. 22. 2001다76298.

되어 원상회복의무가 제한되지는 않는다.[1]

e. 해제로 발생하는 원상회복청구권은 부당이득반환청구권의 성질을 갖는 것이므로 청구권이 발생한 때, 즉 해제가 있게 된 때로부터 소멸시효가 기산된다.[2] 민사상의 계약이 해제된 때에는 10년, 상사계약인 경우에는 5년의 시효가 적용된다.[3]

4. 해제와 손해배상

(1) 민법의 규정

해제는 손해배상의 청구에 영향을 미치지 아니한다(제551조). 따라서 채권자는 채무불이행의 계약 당사자에게 계약의 해제와 함께 손해배상도 청구할 수 있다.

(2) 손해배상의 요건

해제와 함께 청구되는 손해배상도 해제와 동일하게 채무불이행으로 인한 손해배상이다. 따라서 채무불이행의 요건이 충족되어야 한다. 따라서 이행지체나 이행불능 및 불완전이행의 객관적 요건뿐만 아니라 주관적 요건으로 채무자의 귀책사유가 인정되어야 한다(제390조).[4]

---

1) 대판 2014. 3. 13. 2013다34143.
2) 대판 2009. 12. 24. 2009다63267.
3) 대판 1993. 9. 14. 93다21569.
4) 대판 2016. 4. 15. 2015다59115.

(3) 손해배상의 내용

계약의 해제는 취소의 경우와 같이 계약관계의 소급적 소멸의 효과를 발생시키는 관계로 해제로 인한 손해배상의 내용에 대하여는 논란의 여지가 많다. 판례는 원칙적으로 채무불이행의 효과라는 점에서 이행이익을 인정한다. 원상회복과 함께 인정되는 손해배상의 청구도 채무불이행으로 인한 손해배상과 다를 것이 없으므로 전보배상으로서 원칙적으로 그 계약의 이행으로 인하여 채권자가 얻을 이익, 즉 소위 이행이익을 손해로서 청구해야 한다는 입장이다.[1] 그럼에도 판례는 이행이익에 갈음하여 그 계약이 이행되리라고 믿고 채권자가 지출한 비용 즉 신뢰이익의 배상을 구할 수도 있다는 입장이다. 구체적으로 그 신뢰이익 중 계약의 체결과 이행을 위하여 통상적으로 지출되는 비용은 통상의 손해로서 상대방이 알았거나 알 수 있었는지의 여부와는 관계없이 그 배상을 구할 수 있고, 이를 초과하여 지출되는 비용은 특별한 사정으로 인한 손해로서 상대방이 이를 알았거나 알 수 있었던 경우에 한하여 그 배상을 구할 수 있다고 보았다.[2] 다만 신뢰이익은 이행이익을 초과할 수 없으므로 이행이익이 인정되지 않는 경우에는 신뢰이익의 배상도 청구할 수 없다.[3]

원상회복의무에 대한 동시이행의 규정은 손해배상의 경우에도 유추적용되어야 한다. 따라서 손해배상청구에 대하여 원상회복인 원물반환의무에 대한 동시이행의 항변을 주장할 수 있다.[4]

---

1) 대판 1983. 5. 24. 82다카1667.

2) 대판 2003. 10. 23. 2001다75295.

3) 대판 2017. 2. 15. 2015다235766.

4) 대판 1996. 7. 26. 95다25138.

V. 해지권

1. 의의

(1) 개념

계약의 해지란 계속적 계약관계를 장래에 향하여 소멸시키는 단독행위를 말한다. 계속적 계약관계에 대하여서도 개념적으로 소급적 효력상실의 해제가 불가능한 것은 아니지만 이미 발생한 법률관계를 원상으로 회복시킨다는 것은 사실상 불가능하다고 볼 것이므로 계속적 계약관계의 당사자 사이에 대하여서는 원칙적으로 해지만 가능한 것으로 보아야 한다.

> "임차인이 임대차계약에 따라 임대인으로부터 임차목적물을 명도받아 점유를 계속하여 온 경우에는, 임차목적물에 있는 법률적 제한으로 말미암아 임차의 목적을 달할 수 없게 되어 임대인의 담보책임을 묻는다 하더라도 계약의 효력을 장래에 향하여 소멸하게 하는 해지를 할 수는 있으나, 그 효력을 소급적으로 소멸시키는 해제를 할 수는 없다."[1]

(2) 해지의 통고

의사표시의 도달로 즉시 효력이 발생하는 해지의 경우와 달리 민법은 의사표시의 도달 이후 일정한 기간이 경과한 때에 효력이 생기

1) 대판 1994. 11. 22. 93다61321.

는 해지의 통고에 관하여도 규정하고 있다(제635조, 제660조, 제662조 등). 계약관계의 기간의 정함이 없는 경우에 특별한 사유가 없더라도 당사자의 일방적인 의사에 의하여 계약관계를 종료할 수 있도록 하는 규정으로, 상대방의 이익을 고려하여 해지의 통고 이후 법률이 정한 기간이 경과한 때에 해지의 효력이 발생한다.

2. 해지권의 발생

해지권은 해제권과 마찬가지로 당사자의 약정과 법률의 규정으로 발생한다.

(1) 약정해지권

계약관계를 형성하는 당사자의 합의로 계약관계를 장래를 향하여 소멸하도록 하는 해지권을 당사자가 유보할 수 있다. 이러한 약정해지권은 계속적 채권관계에 한하여 유보될 수 있다.[1)]

(2) 법정해지권

민법은 각종의 계속적 계약관계에 대하여 해지권(제625조, 제661조, 제689조 등)을 규정하고 있다. 반면 계약의 해지에 관한 일반적인 요건을 두고 있지는 않다.

우선 계약성립의 기초가 된 사정이 현저히 변경되고 당사자가 계약의 성립 당시 이를 예견할 수 없었으며, 그로 인하여 계약을 그대로

1) 대판 2015. 5. 29. 2012다87751.

유지하는 것이 당사자의 이해에 중대한 불균형을 초래하거나 계약을 체결한 목적을 달성할 수 없는 경우에는 사정변경을 이유로 계약을 해제하거나 해지할 수 있을 것이다.[1)]

그 외에도 계속적 계약관계에서 일방의 계약위반으로 당사자 사이의 신뢰가 파괴되어 계약관계를 그대로 유지하는 것이 어렵게 된 경우 계약을 해지할 수 있는 일반적인 권리가 인정되어야 한다고 보아야 할 것이다.[2)]

3. 해지권의 행사

해지권은 상대방에 대해 의사표시로서 한다(제543조 제1항). 해지의 불가분성(제547조 제1항)에 따라 계약의 해지도 다수의 계약 당사자가 그 전원으로부터 그 전원에 대하여 행사되어야 한다.

> "여러 사람이 공동 임대인으로서 임차인과 하나의 임대차계약을 체결한 경우에는 민법 제547조 제1항의 적용을 배제하는 특약이 있다는 등의 특별한 사정이 없는 한 공동 임대인 전원의 해지의 의사표시에 따라 임대차계약 전부를 해지하여야 한다. 이러한 법리는 임대차계약의 체결 당시부터 공동 임대인이었던 경우뿐만 아니라 임대차목적물 중 일부가 양도되어 그에 관한 임대인의 지위가 승계됨으로써 공동 임대인으로 되는 경우에도 마찬가지로 적용된다."[3)]

1) 대판 2021. 6. 30. 2019다276338.
2) 대판 1995. 3. 24. 94다17826.
3) 대판 2015. 10. 29. 2012다5537.

4. 해지의 효과

(1) 장래효

해지권이 행사되면 채권관계는 장래를 향하여 소멸한다(제550조). 따라서 해지권이 행사되기 이전에 발생한 채권은 해지권이 행사된 이후에도 소멸하지 않는다. 예를 들어, 해지 이전까지 미지급된 차임채무나 임료 등은 해지 이후에도 소멸하지 않고 존속한다.

(2) 청산의무

계속적 계약이 해지되면 계약관계는 청산 과정을 거치게 된다. 예를 들어 임차인은 임대목적물을 반환하여야 하고 임대인은 연체 차임 등을 공제한 보증금을 반환하여야 한다. 이러한 청산의무는 소급효가 인정되는 해제의 원상회복의무와 구별된다. 다만 민법은 이 경우에도 원상회복의무를 부담하는 것으로 규정하고 있다(제615조, 제654조).

(3) 손해배상

채무불이행으로 계약이 해지되는 경우 해제의 경우와 마찬가지로 손해배상청구권을 함께 행사할 수 있다. 따라서 채무불이행과 상관없이 일정한 사유의 발생으로 계약을 해지할 수 있도록 당사자가 합의한 경우, 그 사유의 발생이 상대방의 귀책사유에 기인한 것이 아닌 한 계약의 해지와 함께 손해배상을 청구할 수는 없다.[1)]

1) 대판 2016. 4. 15. 2015다59115.

제2편

계약 각론

제1장

증여

Ⅰ. 증여의 의의

1. 개념

증여란 당사자 일방이 무상으로 재산을 수여하기로 하는 계약을 말한다(제554조).

2. 법적 성질

증여계약은 낙성, 불요식, 무상, 편무의 계약이다.

(1) 계약

증여는 당사자의 합의, 통상 청약과 승낙을 요하는 계약이다. 따라서 무상으로 재산을 수여하겠다는 당사자 일방의 의사표시만으로는 그 효력이 발생하지 않는다. 형성되지도 아니한 종중 또는 친족 공동체에 대한 증여의 의사표시는 아무런 효력이 없다.[1] 이 점에서 일방적인 의사표시만으로 효력이 발생하는 단독행위인 유증과 구별된다. 태아의 경우 권리능력을 인정하는 민법 규정이 없어 모(母)를 법정대리인으로 하여 증여 또는 사인 증여의 계약을 체결할 수 없다(개별적 보호주의).[2] 반면 태아에 대한 유증은 가능하다(제1064조, 제1000조 제3항).

(2) 낙성, 불요식 계약

증여계약은 당사자 사이의 합의만으로 성립하는 낙성계약이며, 그 체결에 있어서 어떠한 방식을 요구하지 않는 불요식계약이다. 따라서 당사자 사이에 증여에 대한 구두합의가 있었다면 그것만으로도 증여계약은 성립한다.

(3) 무상, 편무계약

증여계약은 대가 없이 당사자 일방만이 재산권 수여의 채무를 부담하는 무상의 편무계약이다. 따라서 미성년자도 원칙적으로 법정대리인의 동의 없이 증여계약을 체결할 수 있다(제5조 제1항 단서). 하지만 재산권을 수여하면서 수증자에게 대가관계에 있지 않은 일정한 부담을 지우는 것은 가능하므로(제561조), 이러한 부담부 증여의 수증자로서 미성년자는 법정대리인의 동의를 받아 증여계약을 체결하여야 한다.

무상으로 수여되는 재산권은 물건에 대한 소유권뿐만 아니라 금

1) 대판 1992. 2. 25. 91다28344.

2) 박희호/심우영, 민법총칙(2021), 52면 참조.

전채권 또는 지상권이나 지역권과 같은 무상의 용익물권도 가능하며, 무상의 노무를 제공하는 것도 문제 되지 않는다. 다만 물건의 무상 사용 또는 금전의 무이자 대여에 대하여 민법은 사용대차(제609조 이하) 및 소비대차(제598조 이하)에서 특별규정을 두고 있다.

> "부모가 생전에 자신이 일군 재산을 자식에게 물려준 때에는, 그 후에도 자식의 협조 내지 승낙하에 부모가 여전히 당해 재산에 대한 관리·처분권을 행사하는 경우가 흔히 있을 수 있는 모습이므로, 부모가 자식에게 재산의 명의를 이전하여 준 이후에도 그 재산에 대한 관리·처분권을 계속 행사하였다고 해서 곧바로 이를 증여가 아닌 명의신탁이라고 단정할 수는 없다."[1]

Ⅱ. 증여의 효력

1. 증여자의 재산권 이전의무

증여자는 계약에 따라 약정한 재산권을 상대방에게 이전하여야 한다. 증여의 대상이 물건의 소유권을 이전하는 경우라면 인도나 등기 이전을 하여야 하며, 채권이라면 채권증서를 교부하고 채무자에게 증여에 의한 양도 사실을 통지하여야 한다. 또한 무상의 용익물권을 설정해 주기로 한 경우에는 그 설정등기를 해주어야 한다.

1) 대판 2010. 12. 23. 2007다22859.

2. 증여자의 담보책임

증여자는 증여의 대상이 되는 물건이나 권리의 하자 또는 흠결에 대하여 원칙적으로 책임을 지지 않는다(제559조 제1항 본문). 이는 무상·편무계약의 특성에 비추어 증여자를 보호하려는 의도로 보인다.

그러나 증여자가 증여 대상의 하자나 흠결을 알고 이를 수증자에게 고지하지 아니한 때에는 담보책임을 부담한다(제559조 제1항 단서). 또한 부담부 증여의 경우에는 증여는 그 부담의 한도에서 매도인과 같은 담보책임이 있다(제559조 제2항).

담보책임에 대하여는 구체적으로 민법 제570조 이하에 따른 매도인의 담보책임에 관한 규정이 적용된다(제559조 제2항 참조). 다만 증여계약의 무상성에 비추어 증여자의 손해배상책임은 권리의 하자나 물건의 하자 모두 신뢰이익의 배상으로 제한된다고 보는 것이 타당하다(이설 없음). 반면 학설[1]은 담보책임의 제척기간을 일률적으로 1년이라고 보고 있으나 이럴 경우 증여자의 책임이 매도인의 책임보다 과도하게 된다. 권리의 하자의 경우에는 1년(제575조 제3항), 물건의 하자의 경우에는 6개월(제582조)의 제척기간이 적용되는 것으로 보는 것이 타당하다.

Ⅲ. 증여의 해제

민법은 증여에 특유한 3가지의 해제사유를 규정하고 있다.

1) 곽윤직, 채권각론(2014), 117면, 송덕수, 채권법각론(2019) 160면.

1. 증여가 서면에 의하지 않은 경우

증여의 의사가 서면을 통하여 표시되지 않았다면 당사자는 증여계약을 해제할 수 있다(제555조). 이는 증여자가 경솔하게 증여하는 것을 방지함과 동시에 증여자의 의사를 명확하게 하여 후일의 분쟁을 방지하려는 목적으로 일방이 자기 재산을 상대방에게 증여한다는 의사가 서면을 통하여 확실히 알 수 있는 정도로 나타나 있어야 한다.[1] 따라서 증여의 의사로 증여자가 수증자에게 소유권등기에 필요한 서류를 작성케 하여 사법서사 사무원에게 임치하였다는 것만으로는 서면에 의한 증여라고 할 수 없다.[2] 또한 증여의사가 서면에 의하여 수증자에게 표시되어야 하므로 수증자가 아닌 제3자에게 서면으로 표시되었다면 증여자는 증여계약을 해제할 수 있다.[3]

a. 증여가 서면에 의하여 이루어지지 않은 경우 아직 이행이 이루어지지 않았다면 당사자는 증여계약을 해제할 수 있다. 증여자가 이행하지 않고 사망하였다면 그 상속인도 여전히 증여계약을 해제할 수 있다.[4]

b. 제555조의 해제는 채무불이행으로 인하여 발생하는 해제(제543조 이하)가 아니라 심경의 변화에 따른 의사표시의 철회에 해당한다. 이러한 의미에서 서면에 의하지 않은 증여는 구속력이 인정되지 않으며, 10년의 제척기간도 적용되지 않는다.[5]

---

1) 대판 1988. 9. 27. 86다카2634.
2) 대판 1970. 8. 31. 70다1320.
3) 대판 1998. 9. 25. 98다22543.
4) 대판 2003. 4. 11. 2003다1755.
5) 대판 2003. 4. 11. 2003다1755.

c. 이미 이행한 부분은 해제에 의한 영향을 받지 않는다(제558조). 일부가 이행된 경우 더 이상 해제할 수 없다는 견해[1]가 있으나, 제558조의 규정에 비추어 보았을 때 일부 이행의 경우에도 나머지 부분에 대해서는 해제할 수 있다고 보는 것이 타당하다. 물건의 증여는 원칙적으로 소유권의 이전으로, 채권의 증여는 채무자에 대한 통지가 마쳐진 경우[2]에 이행이 있게 된다. 따라서 동산이라면 인도가 있으면 되고 부동산이라면 등기가 마쳐져야 한다.[3] 하지만 부동산등기에 필요한 서류를 이미 이전하여 수증자가 단독으로 등기를 할 수 있는 경우나 부동산의 인도만을 마친 경우도 이미 전부 이행이 이루어진 것으로 보는 것이 타당하다.[4]

2. 수증자의 망은행위

a. 증여자에 대하여 수증자의 망은행위가 있는 경우 증여자는 계약을 해제할 수 있다(제556조). 무상의 이전의무를 부담하는 증여자에게 수증자의 망은행위가 있는 경우에도 그 의무를 이행하도록 하는 것은 윤리적으로 타당하지 않다는 점을 고려한 규정이다.

b. 구체적으로 ① 증여자 또는 그 배우자나 직계혈족에 대한 범죄행위가 있는 때, ② 증여자에 대하여 부양의무를 부담하고 있으나 이를 이행하지 아니하는 때에 증여자는 해제권을 행사할 수 있다. 여기서 증여자에 대한 부양의무는 제974조의 친족 간의 부양의무를 의미

1) 송덕수, 채권법각론(2019), 161면 이하.
2) 대판 1998. 9. 25. 98다22543.
3) 대판 1991. 8. 13. 90다6729.
4) 곽윤직, 채권각론(2014), 119면.

할 뿐 당사자의 약정에 의한 부양의무를 전제로 하는 부담부 증여의 부양의무는 제974조의 부양의무에 해당하지 않는다.

> "부담부 증여에 있어서는 쌍무계약에 관한 규정이 준용되어 부담의무 있는 상대방이 자신의 의무를 이행하지 아니할 때에는 비록 증여계약이 이행되어 있다 하더라도 그 계약을 해제할 수 있고, 민법 제556조 제1항 제2호에 규정되어 있는 '부양의무'라 함은 민법 제974조에 규정되어 있는 직계혈족 및 그 배우자 또는 생계를 같이하는 친족간의 부양의무를 가리키는 것으로서, 이 사건과 같이 위와 같은 친족 간이 아닌 당사자 사이의 약정에 의한 부양의무는 이에 해당하지 아니하여 이 사건 부담부 증여에는 민법 제556조 제2항이나 민법 제558조가 적용되지 않는다."[1]

c. 망은행위로 인한 해제권은 망은행위가 있음을 안 날로부터 6개월이 경과하거나 증여자가 수증자에 대하여 용서의 의사를 표시한 경우 소멸한다(제556조 제2항). 하지만 해제권이 행사된 경우에도 이미 이행이 이루어진 부분에는 영향을 미치지 않는다(제558조).

3. 증여자의 재산 상태가 악화된 경우

증여계약 후에 증여자의 재산 상태가 현저히 변경되고, 그 이행으로 인하여 생계에 중대한 영향을 미칠 경우에는 증여자는 증여계약을 해제할 수 있다(제557조). 사정변경의 원칙을 규정한 것이다. 이 경우에도 이미 이행한 부분에 대하여는 영향을 미치지 않는다(제558조).

---

1) 대판 1996. 1. 26. 95다43358.

Ⅳ. 특수한 증여

1. 부담부 증여

(1) 의의

부담부 증여란 수증자에게 일정한 부담을 지우는 증여를 말한다(제561조). 예를 들어 부동산을 증여하면서 증여에 따른 세금을 수증자가 부담하도록 하거나,[1] 증여자의 잔여 생애 기간 동안 증여자를 부양하기로 하는 경우에 부담부 증여가 인정된다.[2]

(2) 효과

부담부 증여에서 수증자의 부담은 증여계약의 대가적 급부라고 볼 수 없으므로 부담부 증여는 여전히 무상의 편무계약에 해당한다. 다만 부담부 증여의 경우에는 쌍무계약에 관한 규정(제561조)과 담보책임에 관한 규정이 준용되는 관계로(제559조 제2항) 부담의 불이행에 따른 해제권은 행사할 수 있다.[3]

"민법 제555조는 "증여의 의사가 서면으로 표시되지 아니한 경우에는 각 당사자는 이를 해제할 수 있다."라고 정하고, 민법 제561조는 "상대 부담있는 증여에 대하여는 본절의 규정 외에 쌍무계약에 관한 규정을 적용한다."라고 정한다. 이처럼 부담부 증여에

1) 대판 1997. 7. 8. 97다2177.
2) 대판 1996. 1. 26. 95다43358.
3) 대판 1997. 7. 8. 97다2177.

도 민법 제3편 제2장 제2절(제554조부터 제562조까지)의 증여에 관한 일반 조항들이 그대로 적용되므로, 증여의 의사가 서면으로 표시되지 않은 경우 각 당사자는 원칙적으로 민법 제555조에 따라 부담부증여계약을 해제할 수 있다. 그러나 부담부증여계약에서 증여자의 증여 이행이 완료되지 않았더라도 수증자가 부담의 이행을 완료한 경우에는, 그러한 부담이 의례적·명목적인 것에 그치거나 그 이행에 특별한 노력과 비용이 필요하지 않는 등 실질적으로는 부담 없는 증여가 이루어지는 것과 마찬가지라고 볼 만한 특별한 사정이 없는 한, 각 당사자가 서면에 의하지 않은 증여임을 이유로 증여계약의 전부 또는 일부를 해제할 수는 없다."[1]

2. 정기 증여

정기 증여란 정기적으로 대가 없는 재산권의 수여가 이루어지는 경우로, 계속적 채권관계를 구성한다. 증여의 해제에 관한 제555조 내지 제557조의 규정이 적용되며 그 외에도 사정변경의 원칙이 적용된다. 정기 증여는 증여자 또는 수증자의 사망으로 효력을 상실한다(제560조).

3. 사인 증여

증여의 효력이 증여자의 사망으로 발생하는 경우를 말한다. 사인 증여는 계약으로 단독행위인 유증과는 그 법적 성질을 달리하지만,

1) 대판 2022. 9. 29. 2021다299976.

두 경우 모두 사망으로 효력이 발생한다는 점에서 유사하다. 민법은 사인 증여의 경우 유증의 규정을 준용한다(제562조). 다만 이에 따르더라도 사인 증여에 유언의 방식이나 유언으로 인한 포괄적 승계의 효력 등이 인정되는 것은 아니다.[1] 예를 들어 증여자의 재산을 그의 사망으로 포괄적 수증자에게 수여하기로 하는 포괄적 사인 증여가 있다고 하더라도 포괄적 유증의 경우와 같이(제1078조) 증여자의 부동산 등이 등기 없이 수증자에게 바로 이전되는 것은 아니다. 증여자의 상속인이나 상속 재산 관리인에 대하여 채권을 취득하는 것에 불과하다.

1) 대판 1996. 4. 12. 94다37714.

제2장
매매

Ⅰ. 서설

1. 개념

매매는 당사자 일방이 재산권을 상대방에게 이전하고, 상대방은 그에 대한 대금을 지급할 것을 약정함으로써 그 효력이 생기는 민법상의 전형계약을 말한다(제563조). 매매는 특정 재산권에 대한 대가적 채무로 금전의 지급이 있어야 하므로, 대가적 채무의 내용이 금전이 아니라면 매매계약이 아닌 교환계약이 성립한다.

2. 법적 성질

매매는 유상·쌍무·낙성·불요식의 계약이다.

a. 매매는 유상·쌍무계약의 전형적인 유형으로, 매매의 규정은 해

당 계약의 성질에 반하지 않는 한 다른 유상계약에 준용된다(제567조).

"임차보증금반환채권의 양도는 유상계약으로서 피고의 임차보증금반환채권의 양도에 대하여 임대인인 소외 공사가 동의하지 아니하는 것으로 확정되는 경우 민법 제567조에 의하여 매매에 있어서의 매도인의 담보책임에 관한 규정이 준용된다고 할 것이므로 피고는 자신의 의무가 이행불능으로 확정됨에 귀책사유가 없다 할지라도 담보책임의 법리상 이행불능으로 인한 원고의 손해를 배상하여야 할 것이다."[1)]

b. 매매계약은 낙성, 불요식계약으로 특별한 방식없이 구두의 합의만 있어도 계약이 성립한다. 다만 부동산등기 특별조치법 제3조는 부동산등기를 위하여 계약서를 작성하고 검인을 받아 관할 등기소에 제출할 것을 요구한다. 따라서 부동산매매계약을 체결하고 그 소유권을 이전하기 위해서는 일정한 내용이 담긴 계약서가 작성되어야 한다. 하지만 이를 계약성립이나 효력 발생의 요건으로 볼 것은 아니다. 부동산에 대한 매매계약이라 하더라도 여전히 구두로 합의하는 것은 가능하며, 그로써 매매계약은 완전한 효력을 얻는다. 다만 매매계약을 이행하려면 등기가 필요하고, 등기를 국가에 신청하기 위해서는 계약서가 필요하므로 계약체결 후에 계약서를 작성하면 된다.

1) 대판 1993. 6. 25. 93다13131.

Ⅱ. 매매의 성립

1. 의의

매매계약은 당사자 일방이 재산권을 상대방에게 이전할 것을 약정하고 상대방이 그 대금을 지급할 것을 약정함으로써 성립한다. 채무의 내용을 이루는 재산권 및 대금이 계약체결 당시에 확정되어 있어야 하는 것이 원칙이지만, 이행이 이루어지기 이전에 재산권이나 대금을 확정할 수 있는 방법과 기준이 마련된 경우에는 매매계약이 성립한 것으로 보아야 할 것이다.[1] 매매의 대상이 되는 재산권은 현존하는 것일 필요는 없으며, 장래 발생할 것으로 예상되는 재산권, 예를 들어 장래 계약을 해제할 경우 발생할 원상회복채권을 매매하는 것도 가능하다.[2] 또한 자신의 권리가 아니라 타인의 권리도 매매의 대상이 될 수 있다(제569조 참조).

반면 이행의 시기, 장소 등과 같은 다른 사항에 대한 합의가 없더라도 매매계약의 성립에는 영향을 미치지 않는다. 예를 들어 부동산 매매에 관한 가계약서에 잔금 지급 시기가 기재되지 않았고 후에 정식 계약서가 작성되지 않았다 하더라도, 그 가계약서 작성 당시 매매계약의 중요 사항인 매매목적물과 매매대금 등이 특정되고 중도금 지급 방법에 관한 합의가 있다면 그 매매계약은 유효하게 성립한다.[3]

1) 대판 1986. 2. 11. 84다카2454.
2) 대판 1997. 7. 25. 95다21624.
3) 대판 2006. 11. 24. 2005다39594.

2. 매매예약

(1) 의의

매매예약이란 장래 특정한 내용의 매매계약을 체결할 것을 합의하는 것을 말한다. 매매예약은 흔히 매매계약을 체결할 상황이나 여건이 충분하지 않은 상황에서도 미리 계약의 체결을 예정함으로써 향후 계약체결 및 그로 인한 이행을 확보하려는 경우에 이루어진다. 매매예약의 체결로 예약 당사자는 매매계약을 체결할 의무를 부담하게 된다. 따라서 이러한 의무를 위반하면 상대방에 대하여 채무불이행책임이 발생한다. 특정한 부동산을 매수하려는 사람은 매매계약으로 갖게 될 소유권이전청구권을 보전하기 위하여 가등기하는 경우가 많다.

매매예약은 매매계약의 체결을 그 내용으로 하므로, 만약 매매의 목적이 불능이거나, 사회질서에 반하는 경우에는 무효인 계약을 목적으로 하는 것이기에 매매예약도 무효가 된다.

(2) 유형

1) 편무예약과 쌍무예약

매매예약이 체결되는 것으로 인하여 매매예약의 당사자 일방만이 매매의 청약을 할 수 있고, 다른 일방은 그에 대하여 승낙의무를 부담하는 경우를 편무예약이라고 한다. 반면 당사자 쌍방이 모두 매매의 청약을 할 수 있고, 상대방이 승낙의무를 부담하는 경우를 쌍무예약이라고 한다.

매매예약이 체결되어 예약상의 권리자가 청약하였음에도 상대방이 승낙하지 않았다면 예약자는 법원에 상대방의 승낙의 의사표시에 갈음하는 판결을 구할 수 있고, 채무불이행으로 인한 손해배상도 청구할 수 있다.

2) 일방예약과 쌍방예약

일방예약이란 예약을 체결한 당사자 중 일방이 권리자로서 그 상대방에게 계약을 성립시킨다는 의사표시를 하면, 계약이 체결되는 효과가 발생하는 예약을 말한다. 쌍방예약은 당사자 쌍방이 모두 이러한 권리를 가지고 있는 경우이다. 일방예약과 쌍방예약은 예약완결권이라는 형성권의 행사로 계약체결의 효과가 발생한다는 점에서 상대방의 승낙의 의사표시를 요하는 편무예약이나 쌍무예약과 구별된다.

(3) 예약완결권

1) 의의

민법은 매매예약에 있어서 유일하게 일방예약에 관하여 규정하면서 “매매의 일방예약은 상대방이 매매를 완결할 의사를 표시하는 때에 매매의 효력이 생긴다”라고 규정하고 있다(제564조). 이 규정과 관련하여 학설[1)]은 일치하여 당사자 사이에 매매예약의 유형에 관한 다른 합의가 없는 한 매매의 일방예약으로 추정한다.[2)]

일방예약의 경우 예약상 권리자가 상대방에 대하여 계약성립의 의사표시를 하게 되면 매매계약체결의 효과가 발생한다. 이렇게 예약상 계약성립의 의사표시를 할 수 있는 권리가 바로 예약완결권이다.

---

1) 곽윤직, 채권각론(2014), 128면

2) 일방예약의 법적 성질에 대하여 정지조건부 매매라는 견해와 정지조건부 매매와 같은 효과가 발생하는 특수한 예약이라는 견해가 있다(곽윤직, 채권각론(2014), 128면 참조). 하지만 본계약인 매매계약에 기대어 설명하려고 한다는 점에서 두 견해 모두 타당하지 않다. 일방예약도 당사자 일방에게 예약된 내용의 본계약 완결권을 부여하는 독립한 계약으로 보아야 할 것이다.

2) 법적 성질

매매예약완결권은 일방적인 권리행사로 당사자 사이에 매매계약의 체결 효과가 발생한다는 점에서 형성권에 해당한다.

3) 예약완결권의 행사

매매예약완결권은 예약완결의 의사를 표시하는 것에 의하여 행사된다. 매매예약은 당사자 중 일방이 매매를 완결할 의사를 표시한 때에 매매의 효력이 생기는 것이므로 일방예약이 성립하려면, 그 예약에 터 잡아 맺어질 본계약의 요소가 되는 매매목적물, 그 이전 방법, 매매가액 및 지급 방법 등의 내용이 확정되어 있거나 적어도 확정할 수 있어야 한다.[1] 매매예약이 성립한 이후 상대방의 매매예약완결의 의사표시 전에 목적물이 멸실 기타 사유로 이전할 수 없게 되어 예약완결권의 행사가 이행불능이 된 경우에는 매매예약완결의 의사표시에도 불구하고 매매의 효력은 생기지 않는다.[2]

4) 예약완결권의 양도

예약완결권도 채권으로서 채권 양도의 방법에 따라 양도할 수 있다. 즉 예약완결권의 양도인과 양수인의 합의로 양도할 수 있으며, 양도인은 예약 상대방에게 양도 사실을 통지하거나 예약상대방의 승낙을 받아야 그에게 대항할 수 있다(제450조 제1항). 예약완결권이 가등기된 경우 양도인과 양수인은 그 권리의 이전등기를 부기등기의 형식으로 경료할 수 있다.[3] 예약완결권이 가등기된 후 양도되었는데, 그 사이 매매목적물이 제3자에게 양도되었다면 예약완결권의 양수인은 예

1) 대판 1993. 5. 27. 93다4908.
2) 대판 2015. 8. 27. 2013다28247.
3) 대판(전) 1998. 11. 19. 98다24105.

약상의 의무자에게 예약완결의 의사를 표시한 후, 가등기에 기한 본등기를 하는 것으로 인하여 제3자 명의의 등기는 직권으로 말소된다.[1)]

5) 예약완결권의 행사 기간

예약완결권의 행사 기간에 대하여 합의로 이를 정한 경우에는 그 기간 내에 행사되어야 한다. 행사 기간을 정하지 아니한 때에는 상대방은 상당한 기간을 정하여 매매 완결 여부의 확답을 상대방에게 최고할 수 있고(제564조 제2항), 최고한 기간 내에 확답을 받지 못한 때에는 예약은 그 효력을 상실한다(제564조 제3항).

예약완결권도 형성권이므로 10년의 제척기간으로 소멸한다. 따라서 행사 기간을 정하지 않은 경우에도 예약이 성립한 때부터 10년 이내에 이를 행사하여야 하고, 이 기간을 도과한 때에는 상대방이 예약 목적물인 부동산을 인도받은 경우라도 예약완결권은 소멸한다.[2)] 매매예약완결권의 행사로 매매계약이 체결되고 이를 기초로 발생한 채권은 행사할 수 있는 때로부터 다시 10년의 시효로 소멸한다(제162조 제1항).

> "제척기간은 권리자로 하여금 당해 권리를 신속하게 행사하도록 함으로써 법률관계를 조속히 확정시키려는 데 그 제도의 취지가 있는 것으로서, 소멸시효가 일정한 기간의 경과와 권리의 불행사라는 사정에 의하여 권리 소멸의 효과를 가져오는 것과는 달리 그 기간의 경과 자체만으로 곧 권리 소멸의 효과를 가져오게 하는 것이므로 그 기간 진행의 기산점은 특별한 사정이 없는 한 원칙적으로 권리가 발생한 때이고, 당사자 사이에 매매예약완결

1) 송덕수, 채권법각론(2019), 172면.
2) 대판 1992. 7. 28. 91다44766.

권을 행사할 수 있는 시기를 특별히 약정한 경우에도 그 제척기간은 당초 권리의 발생일로부터 10년간의 기간이 경과되면 만료되는 것이지 그 기간을 넘어서 그 약정에 따라 권리를 행사할 수 있는 때로부터 10년이 되는 날까지로 연장된다고 볼 수 없다."[1]

6) 매매예약완결권의 준공유

하나의 부동산에 대하여 수인의 매수인이 매매예약을 체결하고 소유권이전청구권의 보존을 위한 가등기를 마친 경우, 공유자 각자는 다른 공유자의 동의 없이 공유물을 처분할 수는 없으나 그 지분은 단독으로 처분할 수 있으므로, 특별한 사정이 없는 한 그 권리자 중 한 사람은 자신의 지분에 관하여 단독으로 그 가등기에 기한 본등기를 청구할 수 있다.[2] 이러한 사정은 수인의 채권자가 채권담보를 위해 채무자와 채무자 소유 부동산에 관하여 자신들을 공동 매수인으로 하는 1개의 매매예약을 체결하고 공동 명의로 가등기를 마친 경우에도 마찬가지이다. 예를 들어 갑이 을에게 돈을 대여하면서 담보 목적으로 을 소유의 부동산 지분에 관하여 을의 다른 채권자들과 공동 명의로 매매예약을 체결하고 각자의 채권액 비율에 따라 지분을 특정하여 가등기를 마친 경우, 각 채권자는 자신의 지분에 관한 청산 절차를 거쳐 소유권이전의 본등기절차의 이행을 구할 수 있다.[3]

또한 제척기간의 경과로 인한 가등기 말소 청구 소송도 권리관계의 합일적인 확정을 필요로 하는 필수적 공동소송이 아니라 통상의 공동소송에 해당한다.[4]

---

1) 대판 1995. 11. 10. 94다22682.

2) 대판 2002. 7. 9. 2001다43922.

3) 대판(전) 2012. 2. 16. 2010다82530.

4) 대판 2003. 1. 10. 2000다26425.

3. 계약금

(1) 의의

1) 개념

매매계약을 포함한 유상계약을 체결하면서 일방 당사자가 상대방에 대하여 금전 기타 유가물을 교부하는 경우가 있는데, 이를 계약금이라고 한다. 이러한 계약금은 여러 가지 이유에서 교부된다.

2) 법적 성질

a. 계약금은 계약이 당사자 사이에 완전하게 체결되었다는 것을 증명하는 증약금으로서의 성격이 있다. 증약금으로서의 성격은 모든 계약금이 갖는 가장 기본적인 것이라 할 수 있다.

계약금은 대금의 일부 지급인 선급금의 의미도 갖는다. 따라서 계약금을 지급하면 그 금액도 대금 일부로 계산된다. 다만 계약금이 반드시 유상계약상 대가일 필요는 없으며, 예를 들어 임대차계약을 체결하면서 계약금을 지급하는 경우 이 금액을 보증금계약에 있어서 보증금의 선급금으로 하는 것도 가능하다. 계약이 무효이거나 취소 또는 해제되면 교부된 계약금은 부당이득으로 반환된다.

b. 계약금이 위약금으로 교부되는 경우가 있다. 위약금으로 합의되면 위약자의 상대방은 계약금을 몰수하게 된다. 위약금은 성질에 따라 두 가지의 경우로 나뉜다.

하나는 위약벌로서, 위약자의 상대방은 교부된 위약금을 위약에 대한 제재벌로서 몰수하는 경우이다. 위약벌은 본래채무의 이행을 확보하기 위하여 정한 것이어서, 손해배상액의 예정과는 그 성격을 달리한다. 따라서 제398조 제2항에 따른 법원의 감액이 허용되지 않는다. 다만 약정된 위약벌이 부당하게 과다하다고 인정되면 제103조에 의하여 일부 또는 전부가 무효가 될 수 있다.[1] 채권자는 위약벌과 별도로 채무자에 대하여 손해배상을 청구할 수 있다.

다른 하나는 손해배상액의 예정으로 인정되는 경우이다. 손해배상액의 예정이란 채무불이행 시 손해의 발생과 관계없이 채무자가 배상하기로 약정한 금액을 말한다. 위약금이 약정되었다면 손해배상액의 예정으로 추정된다(제398조 제4항).

c. 끝으로 계약금은 해약금으로 교부될 수 있다. 즉 해약금을 교부한 자는 교부된 금액을 포기하고, 해약금을 수수한 자는 수수한 금액의 배액을 제공하여 각자 해당 계약을 해제할 수 있는 것으로 합의할 수 있다. 민법은 계약금이 수수된 경우 해약금이 교부된 것으로 추정한다(제565조 제1항).

매매 당사자 사이에 수수된 계약금에 대하여 위약금의 성격을 갖는 것으로 합의하더라도 해약금의 성질을 가지는 것으로 이해한다.[2] 반면 당사자 사이에 계약금을 위약금으로 하는 특약을 하지 않은 이상 계약금은 해약금으로서의 성격만을 가질 뿐이므로 상대방은 계약불이행으로 입은 경우에도 계약금의 당연한 귀속을 주장하지 못한다.[3] 실제 손해만을 배상받을 수 있을 뿐이다.

1) 대판(전) 2022. 7. 21. 2018다248855.
2) 대판 1992. 5. 12. 91다2151.
3) 대판 1996. 6. 14. 95다54693.

(2) 해약금의 추정

1) 의의

민법은 계약금을 교부하면서 당사자 사이에 그 효과에 대하여 구체적인 합의가 없거나 불명확한 경우에는 이를 해약금으로 추정한다(제565조 제1항). 하지만 당사자 사이에 계약금의 교부에도 불구하고 해약금으로서의 성질을 부인하기로 합의한 경우에는 해제권을 행사하지 못한다.[1)]

> "계약이 일단 성립한 후에는 당사자의 일방이 이를 마음대로 해제할 수 없는 것이 원칙이고, 다만 주된 계약과 더불어 계약금계약을 한 경우에는 민법 제565조 제1항의 규정에 따라 임의 해제를 할 수 있기는 하나, 계약금계약은 금전 기타 유가물의 교부를 요건으로 하므로 단지 계약금을 지급하기로 약정만 한 단계에서는 아직 계약금으로서의 효력, 즉 위 민법 규정에 의해 계약해제를 할 수 있는 권리는 발생하지 않는다고 할 것이다. 따라서 당사자가 계약금의 일부만을 먼저 지급하고 잔액은 나중에 지급하기로 약정하거나 계약금 전부를 나중에 지급하기로 약정한 경우, 교부자가 계약금의 잔금이나 전부를 약정대로 지급하지 않으면 상대방은 계약금 지급의무의 이행을 청구하거나 채무불이행을 이유로 계약금약정을 해제할 수 있고, 나아가 위 약정이 없었더라면 주계약을 체결하지 않았을 것이라는 사정이 인정된다면 주계약도 해제할 수도 있을 것이나, 교부자가 계약금의 잔금 또는 전부를 지급하지 아니하는 한 계약금계약은 성립하지 아니하므로 당사자가

1) 대판 2009. 4. 23. 2008다50615.

임의로 주계약을 해제할 수는 없다 할 것이다."[1]

2) 해제권 행사의 요건

해약금으로서 계약금이 지급되면 다른 사정이 없는 한 이행의 착수가 있기 전까지 교부자는 이를 포기하고, 수령자는 그 배액을 상환하여 매매계약을 해제할 수 있다(제565조 제1항).

토지거래 허가구역 내의 토지에 대한 매매계약을 체결하면서 계약금을 지급한 경우, 토지거래에 대한 허가가 없어 유동적 무효인 상태에 있는 한 계약금은 부당이득으로 반환청구 할 수 없고,[2] 따라서 이행의 착수 전에 계약금 교부자는 계약금을 포기하고, 상대방은 계약금의 배액을 상환하는 것으로 유동적 무효의 상태에 있는 계약을 해제할 수 있다.[3]

① 이행의 착수 이전

a. 해약금에 따른 해제권의 행사는 '이행의 착수가 있기 전'까지만 가능하다. 해제권 행사의 시기를 '당사자 일방이 이행에 착수할 때까지'로 제한한 것은 당사자의 일방이 이미 이행에 착수한 때에는 그 당사자는 그에 필요한 비용을 지출하였을 것이고, 또 그 당사자는 계약이 이행될 것으로 기대하고 있는데 만일 이러한 단계에서 상대방으로부터 계약이 해제된다면 예측하지 못한 손해를 입게 될 우려가 있으므로 이를 방지하기 위함이다.[4] 민법 제565조 제1항에서 말하는 당사자의 일방은 매매 쌍방 중 어느 일방을 지칭하는 것이고 상대방이라 국한하여 해석할 것이 아니므로, 비록 상대방인 매도인이 매매계약의

1) 대판 2008. 3. 13. 2007다73611.
2) 대판 1996. 6. 28. 95다54501.
3) 대판 1997. 6. 27. 97다9369.
4) 대판 1997. 6. 27. 97다9369.

이행에는 전혀 착수한 바가 없다 하더라도 매수인이 중도금을 지급하여 이미 이행에 착수한 이상 매수인은 민법 제565조에 의하여 계약금을 포기하고 매매계약을 해제할 수 없다.[1)]

b. '이행의 착수'란 객관적으로 외부에서 인식할 수 있는 정도로 채무 일부를 이행하거나, 이행하는데 필요한 전제행위를 하는 경우를 말하는 것으로서, 단순히 이행의 준비를 하는 것만으로는 부족하다. 하지만 반드시 계약 내용에 들어맞는 이행을 제공하는 정도에까지 이르러야 하는 것은 아니다.[2)] 대표적으로 중도금이 지급되었거나 매매부동산을 인도하였다면 이행의 착수가 인정된다. 매도인이 매매계약 체결 시 중도금 지급 기일에 그 소유의 다른 부동산에 대하여 매수인 앞으로 근저당권을 설정하면서 중도금을 지급받기로 약정하였고, 매수인의 대리인이 약정된 중도금 지급 기일에 그 지급을 위하여 중도금을 마련하여 가지고 갔으나 매도인 측에서 중도금 지급만을 요구하자 중도금을 지급하지 아니한 채 돌아온 것이라면, 매수인은 위 매매계약에 따른 중도금 지급의 이행에 착수한 것이라고 보아야 한다.[3)] 매매계약의 체결 이후 시가 상승이 예상되자 매도인이 구두로 구체적인 금액의 제시 없이 매매대금의 증액 요청을 하였고, 매수인은 이에 대하여 확답하지 않은 상태에서 중도금을 이행기 전에 제공한 경우에도 이행의 착수가 인정된다.[4)]

c. 계약상 중도금의 지급 기일을 정한 경우에도 매수인이 그 이전

1) 대판 2000. 2. 11. 99다62074.
2) 대판 1993. 5. 25. 93다1114.
3) 대판 1994. 5. 13. 93다56954.
4) 대판 2006. 2. 10. 2004다11599.

에 중도금을 지급할 수 있다면 이 경우 특별한 사정이 없는 한 이행의 착수가 인정된다. 기한의 이익은 원칙적으로 채무자를 위한 것으로 추정되기 때문이다(제153조 제1항). 하지만 매도인이 민법 제565조에 의하여 계약을 해제한다는 의사표시를 하고 일정한 기한까지 해약금의 수령을 최고하면서, 기한을 넘기면 공탁하겠다고 통지를 한 경우에 중도금 지급 기일은 매도인을 위하여서도 기한의 이익이 있는 것으로 보아야 할 것이다. 따라서 이 경우에는 매수인이 이행기 전에 이행에 착수할 수 없는 특별한 사정이 있는 경우에 해당하여, 매수인이 이행기 전에 더욱이 매도인이 정한 해약금 수령 기한 이전에 일방적으로 이행에 착수하였다고 하여도 매도인의 계약해제권 행사에 영향을 미칠 수 없다.[1)]

d. 당사자가 토지거래 허가 신청을 하여 관할관청으로부터 그 허가를 받았거나,[2)] 매수인이 매도인의 의무 이행을 촉구하였거나 매도인이 그 의무 이행을 거절함에 대하여 의무 이행을 구하는 소송을 제기하여 승소판결을 받은 것[3)]만으로는 이행의 착수가 있다고 할 수 없다.

② 해제의 의사표시와 배액 상환

민법 제565조에 따른 해제권을 행사하기 위해서는 해제의 의사표시가 있어야 하고, 특히 계약금의 수령자는 받은 계약금의 배액을 상환하여야 한다. 여기서 상환은 계약금 배액에 대한 이행의 제공이 있으면 족하고, 상대방이 이를 수령하지 아니한다고 하여 이를 공탁할

1) 대판 1993. 1. 19. 92다31323.
2) 대판 2009. 4. 23. 2008다62427.
3) 대판 1997. 6. 27. 97다9369.

필요는 없다.[1)]

매도인이 계약을 해제하기 위하여 계약금의 배액을 공탁하면 공탁 원인 사실에 계약해제의 의사가 포함되어 있다고 할 것이므로, 상대방에게 공탁 통지가 도달한 때에 계약해제의 의사표시가 있다.[2)]

③ 해제권 행사의 효과

해제권의 행사로 계약은 소급하여 효력을 상실한다. 이행의 착수 전이므로 원상회복의무는 발생하지 않는다. 또한 약정해제권을 행사하는 경우이므로 채무불이행으로 인한 법정해제에 관한 제551조의 규정은 준용되지 않는다(제565조 제2항). 즉 해제와 함께 손해배상을 청구하지는 못한다. 계약금 약정이 있는 경우에도 채무불이행으로 인하여 해제와 손해배상을 청구할 수 있음은 물론이다.[3)]

4. 매매계약의 비용

매매계약의 체결에 관한 비용은 당사자 쌍방이 균분하여 부담한다(제566조). 예를 들어 물건에 대한 평가 비용, 중개인 비용 등이 매매계약의 비용에 해당하며, 이행이나 수령에 필요한 비용은 당사자 각자가 부담해야 하는 것으로 여기에 해당하지 않는다. 비용의 부담에 대하여 이와 다른 관행이 있으면 그에 따른다(제106조).

1) 대판 1981. 10. 27. 80다2784.
2) 대판 1993. 1. 19. 92다31323.
3) 대결 1990. 3. 27. 89다카14110.

Ⅲ. 매매의 효력

1. 매도인의 재산권 이전의무

(1) 재산권 이전의무

매도인은 매매 목적이 되는 재산권을 매수인에게 이전해 주어야 한다(제568조 제1항). 재산권 자체를 이전하여 주어야 하므로, 이전에 공시 방법을 갖추어야 하는 경우 등기 또는 등록에 협력하여야 하며, 채권을 양도하는 경우 채무자에게 이를 통지하여야 한다(제450조). 양도계약의 목적물이 타인의 권리에 속하는 경우 양도인은 그 목적물을 취득하여 양수인에게 이전할 의무가 있다.[1)]

특별한 사정이 없는 한 매도인은 매수인에게 완전한 권리를 이전해 주어야 하므로, 매매되는 권리가 제3자에 의하여 제한이 있거나 부담이 있는 경우, 예를 들어 압류 등기가 되어 있는 경우에는 매도인은 이 등기도 말소하여 완전한 소유권이전등기를 하여야 한다.[2)] 재산권의 완전한 행사에 필요한 종된 권리(법정지상권, 토지임차권 등)가 있는 경우에는 그 권리도 함께 이전하여야 한다(제100조).

매도인의 재산권 이전의무와 매수인의 대금지급의무는 동시이행의 관계에 있다(제568조 제2항). 가압류등기 등이 있는 부동산의 매매계약에 있어서는 매도인의 소유권이전등기의무와 아울러 가압류등기의 말소의무도 매수인의 대금지급의무와 동시이행관계에 있다.[3)]

---

1) 대판 1993. 8. 24. 93다24445.

2) 대판 1967. 7. 11. 67다813.

3) 대판 2000. 11. 28. 2000다8533.

(2) 과실의 취득

과실은 그것을 수취할 권한이 있는 자에게 귀속한다(제102조 제1항). 물건의 과실은 원칙적으로 원물의 소유자에게 귀속하므로 매매계약이 체결된 후에도 아직 인도하지 아니한 목적물로부터 생긴 과실은 소유자인 매도인에게 귀속한다(제587조 제1문). 그러나 대금이 완납된 때에는 아직 인도되지 않은 목적물의 과실이더라도 매수인에게 귀속된다.[1]

부동산매매에 있어 목적 부동산을 제3자가 점유하고 있어 인도받지 아니한 매수인이 명도소송 제기의 방편으로 미리 소유권이전등기를 경료받았다고 하여도 아직 매매대금을 완급하지 않은 이상 부동산으로부터 발생하는 과실은 매수인이 아니라 매도인에게 귀속되어야 한다.[2]

대법원은 중도금 등을 지급받은 후 잔금 지급 이전에 부동산을 먼저 명도하기로 약정하였음에도 이를 위반한 매도인에 대하여 그 부동산을 사용·수익하지 못함으로 발생한 차임료 상당의 손해배상청구에 대하여 제587조를 근거로 '매수인이 대금을 완제하지 아니한 때에는 매도인의 이행지체가 있더라도 과실은 매도인에게 귀속되는 것이므로 매수인은 인도의무의 지체로 인한 손해배상금의 지급을 구할 수 없다'고 보았다.[3]

매수인은 목적물의 인도를 받은 날로부터 대금의 이자를 지급하여야 한다(제587조 제1항 후문). 따라서 대금의 지급 기일에 대금을 지급하지 못하더라도 목적물의 인도를 받지 못한 경우 매수인은 매매대금에 대한 이자를 지급할 의무가 없다. 대금의 지급 기일이 목적물의 인

1) 대판 1993. 11. 9. 93다28928.

2) 대판 1992. 4. 28. 91다32527.

3) 대판 2004. 4. 23. 2004다8210.

도일 이후로 정해진 경우에도 목적물의 인도를 받은 매수인은 대금의 지급 기일 이후에 비로소 이자 지급의 의무가 발생한다(제587조 제2항).

2. 매도인의 담보책임

(1) 의의

1) 개념

매도인은 매수인에게 완전한 재산권을 이전하여야 할 의무가 있다. 그런데 그러한 재산권을 이전하여 주지 못하는 경우, 즉 재산권 자체를 이전하여 주지 못하거나, 제3자의 권리에 의하여 제한받는 재산권을 이전하여 주는 경우 또는 재산권의 대상이 되는 물건이 흠이 있는 경우 등에는 이러한 이전의무를 완전하게 이행한 것이 아니다. 이 경우 민법은 매도인에게 일정한 책임을 부담시킨다. 민법 제390조의 불완전이행으로 인한 채무불이행책임이 발생하는 경우가 대표적인 예이다. 그런데 채무불이행책임은 채무자의 고의나 과실을 요건으로 한다. 따라서 매도인의 과실이 없으면 매수인은 계약상 대금을 지급하면서도 그 대금에 미치지 못하는 권리나 물건을 이전받아야 하는 처지가 된다. 이러한 사정을 고려하여 민법은 매도인의 고의나 과실과 상관없이 매매의 대상이 되는 권리나 물건에 하자가 있는 경우에 매수인에게 계약으로부터 해방되거나 대금을 감액할 수 있는 권리를 부여한다. 이를 매도인의 하자담보책임이라고 한다.

2) 유형

민법은 제570조부터 제584조에 걸쳐 매도인의 담보책임을 규정하고 있다. 이러한 매도인의 담보책임은 그 하자의 유형에 따라 권리의 하자에 대한 담보책임과 물건의 하자로 인한 담보책임 그리고 채권 양도인의 담보책임으로 구별할 수 있다.

① 권리의 하자로 인한 담보책임

권리의 하자로 인한 담보책임은 매도인이 이전하여야 하는 재산권의 전부 또는 일부를 이전하지 못하거나 완전히 이전하지 못하는 것에 의하여 부담하게 되는 담보책임을 말한다. 민법은 제570조부터 제578조까지 권리의 하자로 인한 담보책임을 규정하고 있다. 다만 제574조의 수량 부족 및 일부 멸실로 인한 담보책임은 물건의 하자로 인한 담보책임에 해당하는 것으로 보아야 한다.

② 물건의 하자로 인한 담보책임

물건의 하자로 인한 담보책임은 매도인이 소유권을 이전하여야 할 물건에 흠이 존재함으로써 매도인에게 발생하는 책임이다. 민법은 특정물의 하자와 종류물의 하자를 구별하여 제580조 이하에서 규정하고 있다. 제574조의 수량 부족 및 일부 멸실로 인한 담보책임도 물건의 하자로 인한 담보책임에 해당한다.

③ 채권 양도인의 담보책임

채권 양도인이 양수인에 대하여 채무자의 자력을 담보한 경우에 발생하는 담보책임이다. 채권 양도인의 담보책임은 권리의 하자나 물건의 하자와 달리 채권 양도인의 자력을 담보하는 특약이 있을 것을 요구한다는 점에서 다른 담보책임과 구별된다.

(2) 법적 성질

하자담보책임의 법적 성질에 관하여는 채무불이행책임설과 법정책임설이 대립한다. 채무불이행책임설은 하자담보책임도 채무불이행책임의 일종이라고 이해한다.[1)] 이에 반해 법정책임설은 매도인의 하자담보책임은 채무불이행의 성질을 갖지만, 연혁적인 이유에서 그와 구별되는 무과실의 법정책임이라고 이해한다.[2)]

매도인은 하자가 없거나 제3자의 권리 부담이 없는 완전한 상태의 목적물을 이전할 의무를 부담한다. 이러한 점에서 매도인이 흠 있는 물건이나 제3자의 권리에 의하여 제한받는 권리를 이전하는 것은 분명히 계약위반에 해당한다. 따라서 하자담보책임은 법률의 규정으로 비로소 발생하는 법정책임이라고 볼 수는 없고, 일종의 계약책임에 해당한다고 보아야 한다.

그런데 민법은 매도인이 제3자의 권리에 의한 제한이 없는 완전한 권리를 이전할 의무를 전제하고 있는 반면,[3)] 물건에 관해서는 물건의 원시적 하자에 있어서 원칙적으로 채무자의 치유의무를 전제하고 있지 않다. 예를 들어 매매목적물에 제3자가 설정한 저당권이 있는 경우 매도인은 매수인을 위하여 저당권을 말소해 주어야 할 의무를 부담하지만(제575조 참조), 매매목적물에 하자가 있는 경우에 매도인은 그 물건을 현상 그대로 인도할 의무를 부담할 뿐(제462조) 그 물건을 수선할 의무는 지지 않는 것이다.

이러한 점을 고려하면 권리의 하자에 대한 담보책임은 매도인이 이를 치유하여야 할 의무를 부담함에도 그 채무를 불이행한 것이므로, 그 본질이 채무불이행에 해당하게 된다. 이러한 이유에서 권리의 하자가 인정되면 매도인은 이행이익의 배상책임을 부담하는 것이다.[4)] 이에 반하여 물건의 하자에 대하여 매도인은 그 물건의 하자를 제거할 의무

1) 이은영, 채권각론(2007), 309면.

2) 곽윤직, 채권각론(2014), 138면; 송덕수, 채권법각론(2019), 184면.

3) 대판 1967. 7. 11. 67다813.

4) 곽윤직, 채권각론(2014), 148면; 대판 1993. 1. 19. 92다37727.

를 부담하는 것이 아니므로, 하자 있는 물건을 그 상태대로 이전하기만 하면 그로 인하여 채무불이행에 빠지지는 않는다. 그렇다고 흠 있는 물건의 인도로 계약의 내용이 충족되었다고 볼 것도 아니다. 이러한 측면에서 물건의 하자에 대한 책임은 목적물과 계약 사이의 계약 불합치로 인한 계약위반이라고 보는 것이 타당하다.[1] 이러한 측면에서 흠 있는 물건의 인도는 원시적 일부 불능에 해당하는 것이고 따라서 손해배상도 신뢰이익의 배상으로 제한을 받는 것이다.[2]

채권 양도인의 담보책임은 채무자의 자력을 담보하는 특약에 따른 책임이라는 점에서 당사자 사이의 특약을 요구하지 않는 다른 담보책임과 구별된다. 즉 채권 양도인의 담보책임은 손해담보계약에 따른 채무불이행책임이다.

민법 제570조 이하의 매도인의 담보책임은 모두 무과실책임에 해당한다.

(3) 권리의 하자에 대한 담보책임

1) 의의

민법은 권리의 하자에 대한 매도인의 담보책임과 관련하여 매매의 목적이 된 권리 전부가 타인에게 속하여 권리를 이전하여 주지 못하는 경우(제570조, 제571조)와 그 권리 일부를 이전하여 주지 못하는 경우(제572조, 제573조), 매매목적물의 용익권이 제한받는 경우(제575조), 저당권이나 전세권의 행사로 소유권을 취득하지 못하는 경우(제576조, 제577조)로 구별하여 규정하고 있다.

---

1) 박희호, “우리나라 하자담보책임의 본질에 관한 재론”, 민사법학 제34호(2006.12.), 93면 이하.

2) 곽윤직, 채권각론(2014), 140면; 송덕수, 채권법각론(2019), 186면.

2) 권리 전부가 타인에게 속한 경우

① 의의

매매는 타인의 권리를 대상으로 하는 것도 가능하다. 이러한 타인 매매의 경우 매도인은 그 권리를 취득하여 매수인에게 이전하여야 한다(제569조). 하지만 매도인이 이러한 타인의 권리를 매수인에게 이전하지 못하면 매도인은 민법 제570조와 제571조에 따라 담보책임을 부담한다.

② 성립요건

a. 타인 권리의 매매

매도인과 매수인 사이에 타인에게 속하는 권리에 대한 매매가 이루어져야 한다. 등기 등에 비추어 매매목적물이 명백히 매도인의 소유에 속하지 않는 경우는 물론, 매도인이 원인 무효의 등기 명의인인 경우[1]도 타인 권리의 매매에 해당한다. 목적 부동산이 계약 이전에 법령에 따라 국유로 귀속된 사실을 모르고 매도한 경우,[2] 계약을 체결할 당시에는 매도인이 권리자여서 소유권을 이전해 주었으나 매도인과 전권리자 사이의 거래가 취소되거나 해제되는 등으로 인하여 매수인이 권리를 추탈당하는 경우,[3] 낙찰받은 토지를 그 대금 납부 전에 매도하기로 한 경우[4] 등이 타인 권리의 매매에 해당한다.

이에 반해 대법원은 매매목적물을 사실상 뿐만 아니라 법률상 처분할 수 있는 지위에 있는 자가 매도하면 타인 권리의 매매가 아니라는 입장이다. 대표적으로 부동산을 매수한 자가 그 소유권이전등기

1) 대판 1982. 12. 28. 80다2750.
2) 대판 1979. 4. 24. 77다2290.
3) 대판 1977. 12. 13. 77다1048.
4) 대판 2008. 8. 11. 2008다25824.

를 하지 아니한 채 이를 다시 제3자에게 매도한 경우,[1] 명의신탁한 부동산을 신탁자인 종중이 매도하는 경우에는 타인 권리의 매매라고 할 수 없다.[2] 타인 권리의 매매가 아닌 경우에는 민법 제570조 이하의 규정이 적용되지 않으므로 매도인은 계약위반에 대하여 무과실의 담보책임을 부담하지 않으며, 귀책사유가 있는 경우에 한하여 채무불이행책임을 부담하게 된다.[3]

b. 권리 전부에 대한 이행불능

매도인이 매매의 목적이 된 권리 전부를 이전할 수 없어야 한다. 매매의 목적인 권리 일부를 이전할 수 없는 경우뿐만 아니라 수 개의 권리를 일괄하여 매매의 목적으로 정하였으나 그중 일부 권리를 이전할 수 없는 경우에는 이 규정이 아니라 타인의 권리 일부에 대한 이행불능 규정인 제572조가 적용된다.[4] 타인 권리 매매의 이행불능에 대하여 대법원은 '채무불이행에 있어서와 같은 정도로 엄격하게 해석할 필요는 없고 사회통념상 매수인에게 해제권을 행사시키거나 손해배상을 구하게 하는 것이 형평에 타당하다고 인정되는 정도의 이행 장애가 있으면 족한 것'[5]으로 보고 있다.

③ 담보책임의 내용

a. 매수인의 해제권

매도인이 타인의 권리를 취득하여 매수인에게 이전할 수 없는 경우에 매수인은 계약을 해제할 수 있다(제570조 제1항). 매매계약이 해제

1) 대판 1996. 4. 12. 95다55245.
2) 대판 1996. 8. 20. 96다18656.
3) 대판 1972. 11. 28. 72다982.
4) 대판 2004. 12. 9. 2002다33557.
5) 대판 1982. 12. 28. 80다2750.

되면 제548조의 규정에 따라 매도인과 매수인은 원상회복의무를 부담한다.[1)] 따라서 매도인은 받은 대금과 함께 그 이자를 지급하여야 하며, 매수인은 목적물의 사용이익을 반환하여야 한다.

타인 매매의 경우 매수인은 매도인이 아닌 타인에 대하여 제213조에 따른 목적물의 반환의무를 부담할 수 있고, 악의의 점유라고 인정되면 회복자에 대하여 사용이익의 반환 및 손해배상의 의무를 부담한다. 이러한 경우에도 매수인이 소유자가 아닌 매도인에 대하여 원상회복으로 인한 목적물 및 그 사용이익의 반환의무를 부담하는가에 대하여 문제가 제기되나, 이를 긍정하는 것이 타당하다. 매매계약의 해제로 인하여 계약 당사자 사이의 원상회복관계가 인정되어야 하기 때문이다.[2)] 반면 매수인이 진정한 권리자인 타인에게 직접 목적물 또는 사용이익을 반환하는 등의 특별한 사정이 있는 경우에는 매수인은 적어도 그 반환 등의 한도에서는 매도인에게 목적물 및 사용이익을 반환할 의무를 부담하지 않는다.[3)]

매도인의 기망으로 타인의 물건을 매도인의 것으로 알고 매매계약을 체결한 매수인은 그 물건이 타인의 것임을 알았더라면 매수하지 아니하였을 사정이 있는 경우에 사기(제110조)를 이유로 의사표시를 취소할 수 있다.[4)]

b. 선의인 매수인의 손해배상청구권

매수인이 계약 당시에 그 권리가 매도인에게 속하지 아니함을 안 때에는 손해배상을 청구하지 못한다(제570조 제2문). 즉 매수인이 선의

1) 대판 1974. 5. 14. 73다1564.
2) 대판 1993. 4. 9. 92다25946.
3) 대판 2017. 5. 31. 2016다240.
4) 대판 1973. 10. 23. 73다268.

라면 계약해제와 함께 손해배상을 청구할 수 있으나, 악의라면 해제권만을 행사할 수 있다.

배상의 범위는 이행이익의 배상이 된다. 매도인은 불능 당시의 시가를 표준으로 그 계약이 완전히 이행된 것과 동일한 경제적 이익을 선의의 매수인에게 배상할 의무가 있다.[1] 손해배상액의 산정 기준 시점과 관련하여, 대법원은 부동산을 매수하고 소유권이전등기까지 넘겨받았지만 진정한 소유자가 제기한 등기 말소 청구 소송에서 매도인과 매수인 앞으로 된 소유권이전등기의 말소를 명한 판결이 확정됨으로써 매도인의 소유권이전의무가 이행불능된 경우, 그 손해배상액 산정의 기준 시점은 판결이 확정된 때라고 보았다.[2]

매매목적물 소유권이 매도인에게 속하지 않는다는 것을 매수인이 과실로 알지 못하였다면 손해배상액의 산정에 있어서 그와 같은 과실을 참작하는 것이 형평의 원칙에 비추어 타당하다.[3]

c. 채무불이행으로 인한 계약해제 및 손해배상청구권

타인의 권리를 매매의 목적으로 한 경우에 그 권리를 취득하여 매수인에게 이전하여야 할 매도인의 의무가 매도인의 귀책사유로 인하여 이행불능이 되었다면 악의의 매수인이더라도 채무불이행의 규정에 좇아서 계약을 해제하고 손해배상을 청구할 수 있다.[4]

④ 선의의 매도인의 계약해제권

매도인이 계약 당시에 매매의 목적이 되는 권리가 자기에게 속하

1) 대판(전) 1967. 5. 18. 66다2618.
2) 대판 1993. 4. 9. 92다25946.
3) 대판 1971. 12. 21. 71다218.
4) 대판 1993. 11. 23. 93다37328.

지 아니함을 알지 못한 경우에 그 권리를 취득하여 매수인에게 이전할 수 없다면 매도인은 손해를 배상하고 계약을 해제할 수 있다(제571조 제1항). 매도인이 배상해야 할 손해는 이 경우에도 이행이익의 배상이다.[1)]

매수인이 계약 당시 그 권리가 매도인에게 속하지 아니함을 안 때에는 매도인은 매수인에 대하여 그 권리를 이전할 수 없음을 통지하고 손해배상 없이 계약을 해제할 수 있다(제571조 제2항).

⑤ 행사 기간

타인 권리의 매매로 인한 매수인의 권리행사 기간과 관련하여 권리 일부가 타인에게 속한 경우는 제573조에서 규정하고 있으나, 권리 전부가 타인에게 속한 경우에 대하여는 아무런 규정이 없다. 제573조의 규정을 유추하여 적용하자는 견해[2)]도 있으나, 전부 이전 불능은 계약 목적을 달성할 여지가 전혀 없으므로 일부 이전 불능과 같이 해제권의 행사 기간을 엄격하게 제한할 수 없다. 입법자의 이러한 의사를 고려하여 권리 전부가 타인에게 속한 권리의 매매는 일반적인 10년의 제척기간만 적용된다고 보는 것이 타당하다.[3)]

3) 권리 일부가 타인에게 속한 경우

① 의의

매매의 목적이 된 권리 일부가 타인에게 속하여 그 일부 권리를 매수인에게 이전할 수 없게 된 경우 매도인은 제572조에 따라 담보책임을 부담한다. 예를 들어 매도인의 명의로 되어 있는 특정 부동산

---

1) 대판 1993. 4. 9. 92다25946.

2) 김형배, 채권각론(1997), 324면.

3) 곽윤직, 채권각론(2014), 141; 송덕수, 채권법각론(2019), 189면.

에 대하여 매매계약이 체결되었으나 그 부동산 일부가 제3자의 소유로 밝혀져 그 부분에 대한 매도인 명의의 등기가 말소된 경우 매도인은 매수인에 대하여 제573조에 따라 담보책임을 부담하게 된다. 대법원은 매매계약에서 건물과 그 대지가 계약의 목적물인데 건물 일부가 경계를 침범하여 이웃 토지 위에 건립된 경우에 매도인이 그 경계 침범의 건물 부분에 관한 대지 부분을 취득하여 매수인에게 이전하지 못하는 때에는 매수인은 매도인에 대하여 민법 제572조를 유추적용하여 담보책임을 물을 수 있고, 그 경우에 이웃 토지의 소유자가 소유권을 근거로 하여 그와 같은 방해 상태의 배제를 구하는 소를 제기하여 승소의 확정 판결을 받았으면, 이제 다른 특별한 사정이 없는 한 매도인은 그 대지 부분을 취득하여 매수인에게 이전할 수 없는 것으로 확정되었다고 보았다.[1)]

② 매도인의 담보책임

a. 대금 감액 및 해제

매도인이 일부 권리를 취득하여 매수인에게 이전할 수 없는 경우에 매수인은 그 부분의 비율로 대금 감액을 청구할 수 있다(제572조 제1항). 법 규정은 대금 감액을 청구권으로 표현하고 있지만, 실질적으로 일부 해제를 의미하는 것이기에 일방의 의사표시로 효력이 발생하는 형성권으로 이해하여야 한다.[2)] 선의나 악의는 묻지 않는다. 나아가 잔존 부분만으로는 매수인이 이를 매수하지 아니하였을 경우에 선의의 매수인은 그 계약 전부를 해제할 수 있다(제572조 제2항).

이 규정은 수 개의 권리를 일괄하여 매매의 목적으로 정한 경우에도 그 가운데 이전할 수 없게 된 권리 부분이 차지하는 비율에 따른 대금

1) 대판 2009. 7. 23. 2009다33570.

2) 곽윤직, 채권각론(2014), 142면.

산출이 불가능한 경우 등의 특별한 사정이 없는 한 역시 적용된다.[1)]

b. 손해배상

선의의 매수인은 감액 청구 또는 계약해제 외에 손해배상을 청구할 수 있다(제572조 제3항). 이 경우에 매도인이 매수인에게 배상하여야 하는 손해액은 원칙적으로 매도인이 매매 목적이 된 권리 일부를 취득하여 매수인에게 이전할 수 없게 된 때의 권리의 시가, 즉 이행이익 상당액이 된다.[2)]

c. 행사 기간

권리 일부가 타인에게 속한 매매계약에 있어서 매수인의 권리는 선의라면 그 사실을 안 날로부터, 악의라면 계약한 날로부터 1년 이내에 행사하여야 하며, 여기서 매수인이 '사실을 안 날'이라 함은 단순히 권리 일부가 타인에게 속한 사실을 안 날이 아니라 그 때문에 매도인이 이를 취득하여 매수인에게 이전할 수 없게 되었음이 확실하게 된 사실을 안 날을 말한다.[3)]

4) 매매목적물의 용익권이 제한되는 경우

① 의의

매도인은 매매목적물의 소유권을 이전하는 것은 물론 특별한 사정이 없는 한 이를 완전하게 이용할 수 있도록 인도하여야 한다. 따라서 매매목적물이 지상권, 지역권, 전세권, 질권, 유치권의 목적이 되어 있으면 그 권리를 소멸시켜 주어야 한다. 등기된 임차권과 같이 제3자

---

1) 대판 1989. 11. 14. 88다카13547.

2) 대판 1993. 1. 19. 92다37727.

3) 대판 1997. 6. 13. 96다15596.

에 대항력을 갖춘 권리도 소멸시켜야 한다(제575조 제2항). 또한 매매된 부동산에 지역권이 필요한 경우에는 이것이 설정되어 있어야 한다.

② 담보책임

매매된 목적물을 매수인이 제3자에 의한 용익권이나 담보권의 설정 또는 지역권의 부재로 완전하게 이용하지 못하는 경우 매도인은 담보책임을 부담한다. 선의의 매수인은 이에 따라 계약 목적을 달성할 수 없는 경우에 한하여 계약을 해제할 수 있다. 기타의 경우에 선의의 매수인은 손해배상만을 청구할 수 있다(제575조 제1항). 악의의 매수인에 대하여는 담보책임을 부담하지 않는다.

여기서 대금감액청구권은 명시되지 않는데, 손해배상청구권이 실질적인 대금감액청구권의 역할을 한다. 목적물을 완전하게 이용하지 못하는 경우 이를 비율에 따른 대금감액으로 산정하기 곤란할 뿐만 아니라 용익권의 설정은 소유권에 대한 일시적인 제한이므로 손해배상책임으로 구성하는 것이 타당하기 때문이다.[1)]

③ 행사 기간

계약해제권과 손해배상청구권은 매수인이 그 사실을 안 때로부터 1년의 제척기간에 걸린다(제575조 제3항).

5) 저당권이나 전세권의 행사로 소유권을 취득하지 못하게 된 경우

① 의의

매매 부동산에 저당권이나 전세권이 설정된 경우에도 매도인은 이를 소멸시켜서 완전한 소유권을 이전하여야 한다. 만약 매도인이 이

1) 곽윤직, 채권각론(2014), 145면.

러한 의무를 이행하지 않아 저당권 또는 전세권의 행사가 이루어지고 그로 인하여 매수인이 소유권을 취득할 수 없거나 상실하게 되는 경우 또는 이를 막기 위하여 매수인이 자신의 출재로 부동산의 소유권을 보존하는 경우에 매도인은 제576조에 따라 담보책임을 부담하게 된다.

반면 저당권이나 전세권은 등기로 공시되므로 매수인은 통상 이를 감안하여 매매계약을 체결할 것이다. 즉 매도인이 이러한 제한물권을 소멸시켜 주는 것으로 합의할 수도 있지만, 매수인이 저당권이나 전세권에 의하여 제한받는 소유권을 이전받기로 합의할 수도 있다. 후자의 경우에는 소유권 상실의 위험을 스스로 인수한 것이므로 제576조의 담보책임을 면제하여 준 것으로 해석된다.

"매매의 목적이 된 부동산에 설정된 저당권의 행사로 인하여 매수인이 취득한 소유권을 잃은 때에는 매수인은 민법 제576조 제1항의 규정에 의하여 매매계약을 해제할 수 있지만, 매수인이 매매목적물에 관한 근저당권의 피담보채무를 인수하는 것으로 매매대금의 지급에 갈음하기로 약정한 경우에는 특별한 사정이 없는 한, 매수인으로서는 매도인에 대하여 민법 제576조 제1항의 담보책임을 면제하여 주었거나 이를 포기한 것으로 봄이 상당하므로, 매수인이 매매목적물에 관한 근저당권의 피담보채무 중 일부만을 인수한 경우 매도인으로서는 자신이 부담하는 피담보채무를 모두 이행한 이상 매수인이 인수한 부분을 이행하지 않음으로써 근저당권이 실행되어 매수인이 취득한 소유권을 잃게 되더라도 민법 제576조 소정의 담보책임을 부담하게 되는 것은 아니다."[1)]

1) 대판 2002. 9. 4. 2002다11151.

② 담보책임

매매목적물의 저당권이나 전세권을 소멸시키지 않았고, 그로 인하여 매수인이 소유권을 취득하지 못하거나 상실하였다면 매수인은 계약을 해제할 수 있다(제576조 제1항). 소유권을 취득하거나 소유권의 상실을 막기 위하여 매수인이 자신의 출재로 소유권을 보존하였다면 그 상환을 청구할 수 있다(제576조 제2항). 매수인이 이러한 사유로 손해를 받은 때에는 그 배상을 청구할 수 있다(제576조 제3항). 가압류의 목적이 된 부동산을 매수한 후 가압류에 기한 강제집행으로 부동산의 소유권을 상실한 경우에도 매도인은 매수인에 대하여 제576조의 담보책임을 부담한다.[1]

"가등기의 목적이 된 부동산을 매수한 사람이 그 뒤 가등기에 기한 본등기가 경료됨으로써 그 부동산의 소유권을 상실하게 된 때에는 매매의 목적 부동산에 설정된 저당권 또는 전세권의 행사로 인하여 매수인이 취득한 소유권을 상실한 경우와 유사하므로, 이와 같은 경우 민법 제576조의 규정이 준용되며 민법 제570조에 의한 담보책임을 진다고 할 수 없다."[2]

③ 저당권이 설정된 지상권 또는 전세권이 매매의 대상이 되는 경우

저당권이 설정된 지상권이나 전세권이 매매되는 경우나 저당권의 실행으로 해당 권리를 취득하지 못하게 되는 경우에도 제576조의 규정이 준용된다(제577조).

"임대차계약에 기한 임차권(임대차보증금반환청구권을 포함한다. 이하

1) 대판 2011. 5. 13. 2011다1941.

2) 대판 1992. 10. 27. 92다21784.

같다)을 그 목적물로 한 매매계약이 성립한 경우, 매도인이 임대인의 임대차계약상의 의무 이행을 담보한다는 특별한 약정(민법 제579조 참조)을 하지 아니한 이상, 임차권 매매계약 당시 임대차목적물에 이미 설정되어 있던 근저당권이 임차권 매매계약 이후에 실행되어 낙찰인이 임대차목적물의 소유권을 취득함으로써 임대인의 목적물을 사용·수익하게 할 의무가 이행불능으로 되었다거나, 임대인의 무자력으로 인하여 임대차보증금 반환의무가 사실상 이행되지 않고 있다고 하더라도, 임차권 매도인에게 민법 제576조에 따른 담보책임이 있다고 할 수 없다. 이러한 법리는 임차권을 교환계약의 목적물로 한 경우에도 마찬가지라 할 것이다."[1]

(4) 물건의 하자에 대한 담보책임

1) 특정물의 하자에 대한 담보책임

① 의의

특정한 물건을 매매목적물로 하는 경우 매도인은 하자 없는 물건을 인도하여야 한다. 그럼에도 하자 있는 물건이 인도되면 매도인은 매수인에 대하여 제580조의 담보책임을 부담한다.

② 하자

a. 제580조에서 의미하는 하자란 매매계약의 체결의 당사자에 의해 예정된 목적물의 성질이 결여되어 있는 경우를 말한다.

예를 들어 매수인이 특정한 작업을 위하여 매도인이 공급하는 기

1) 대판 2007. 4. 26. 2005다34018.

계를 구매하는 경우 당사자 사이에는 매도인의 기계가 특정한 작업에 합당한 품질이나 성능을 갖추고 있을 것을 전제로 할 것이다. 그런데 실제로 매도인이 공급한 기계가 그러한 품질이나 성능에 미치지 못하다면 제580조에 따른 하자가 존재하는 것이다.[1] 이렇게 당사자 사이에 명시적이든 묵시적이든 매매목적물에 대하여 전제된 일정한 품질이나 성능이 미치지 못하는 경우를 주관적 하자라고 한다. 반면 목적물의 성질에 대하여 당사자 사이에 아무런 언급이 없는 경우에는 그 물건이 갖는 객관적인 성상이 결여된 경우에 하자가 인정되는데, 이를 객관적 하자라고 한다. 제580조의 하자를 결정함에는 주관적 하자를 우선적으로 검토하고 당사자 사이에 목적물의 성상에 대한 특별한 전제가 인정되지 않는 경우에 객관적 하자를 검토한다.

"매도인이 매수인에게 기계를 공급하면서 당해 기계의 카탈로그와 검사성적서를 제시하였다면, 매도인은 그 기계가 카탈로그와 검사성적서에 기재된 바와 같은 정도의 품질과 성능을 갖춘 제품이라는 점을 보증하였다고 할 것이므로, 매도인이 공급한 기계가 매도인이 카탈로그와 검사성적서에 의하여 보증한 일정한 품질과 성능을 갖추지 못한 경우에는 그 기계에 하자가 있다고 보아야 한다."[2]

b. 매매목적물이 법률적 제한으로 인하여 그 사용이 제한되는 경우도 제580조에 따른 특정물의 하자에 관한 규정이 적용된다. 따라서 건축을 목적으로 매매된 토지에 대하여 건축 허가를 받을 수 없어 건축이 불가능한 경우, 매수인은 제580조에 따라 하자담보책임을 물을

---

1) 대판 2002. 4. 12. 2000다17834.

2) 대판 2000. 10. 27. 2000다30554.

수 있다.[1)]

c. 특정물에 대한 하자는 계약체결 시에 존재하는 원시적 하자를 의미한다. 따라서 하자의 존부를 판단하는 시기는 계약이 성립한 때이다.[2)] 하지만 하자담보책임은 매도인으로부터 매수인에 대한 이행이 이루어진 때로부터 발생하는 것이므로 그 이전에 발생한 하자에 대하여도 매도인에게 책임을 지우는 것이 타당하다.

③ 담보책임

매매의 목적물에 하자가 있는 때에 이에 따라 계약의 목적을 달성할 수 없는 경우에 한하여 선의의 매수인은 계약을 해제할 수 있다. 기타의 경우에 선의의 매수인은 손해배상만을 청구할 수 있다(제580조 제1항 본문, 제575조 제1항). 반면 하자의 사실을 알았거나 알 수 있었을 매수인은 매도인에 대하여 담보책임을 주장하지 못한다(제580조 제1항 단서).

손해배상의 범위는 신뢰이익으로 한정된다. 따라서 무과실의 담보책임만으로는 확대손해에 대한 책임을 물을 수 없다. 확대손해에 대하여 책임을 묻기 위해서는 채무불이행책임이 적용되어야 하므로, 이 경우 매도인의 고의나 과실이 인정되어야 한다.[3)]

> "민법 제580조에 기한 매도인의 하자담보책임은 법이 특별히 인정한 무과실책임으로서 여기에 민법 제396조의 과실상계 규정이 준용될 수는 없다 하더라도, 담보책임이 민법의 지도 이념인

1) 대판 2000. 1. 18. 98다18506.
2) 대판 2000. 1. 18. 98다18506.
3) 대판 1997. 5. 7. 96다39455.

공평의 원칙에 입각한 것인 이상 하자 발생 및 그 확대에 가공한 매수인의 잘못을 참작하여 손해배상의 범위를 정함이 상당하다."[1]

④ 권리의 행사 기간

물건의 하자로 인한 매수인의 권리는 하자 있음을 안 때로부터 6개월 내에 행사하여야 한다(제582조). 이 기간은 법률관계의 조속한 안정을 도모하고자 하는 데에 취지가 있는 제척기간이다.

"하자담보에 기한 매수인의 손해배상청구권은 권리의 내용·성질 및 취지에 비추어 민법 제162조 제1항의 채권 소멸시효의 규정이 적용되고, 민법 제582조의 제척기간 규정으로 인하여 소멸시효 규정의 적용이 배제된다고 볼 수 없으며, 이때 다른 특별한 사정이 없는 한 무엇보다도 매수인이 매매목적물을 인도받은 때부터 소멸시효가 진행한다고 해석함이 타당하다.

갑이 을 등에게서 부동산을 매수하여 소유권이전등기를 마쳤는데 위 부동산을 순차 매수한 병이 부동산 지하에 매립되어 있는 폐기물을 처리한 후 갑을 상대로 처리 비용 상당의 손해배상청구 소송을 제기하였고, 갑이 병에게 위 판결에 따라 손해배상금을 지급한 후 을 등을 상대로 하자담보책임에 기한 손해배상으로서 병에게 기지급한 돈의 배상을 구한 사안에서, 갑의 하자담보에 기한 손해배상청구권은 갑이 을 등에게서 부동산을 인도받았을 것으로 보이는 소유권이전등기일로부터 소멸시효가 진행하는데, 갑이 그로부터 10년이 경과한 후

1) 대판 1995. 6. 30. 94다23920.

소를 제기하였으므로, 갑의 하자담보책임에 기한 손해배상청구권은 이미 소멸시효 완성으로 소멸되었다."[1]

2) 수량 부족 및 일부 멸실

① 의의

수량을 지정한 매매에서 매도인은 그 수량에 맞는 물건을 인도하여야 한다. 수량이 부족하거나 그중 일부가 멸실된 경우에 매도인은 담보책임을 부담한다. 민법은 제574조에서 수량을 지정한 매매에 대한 매도인의 담보책임을 규정하면서, 권리 일부가 타인에게 속한 매매의 경우에 따른 규정을 준용하도록 하고 있다. 이러한 규정 체계는 수량을 지정한 매매를 권리의 하자로 인한 담보책임으로 이해할 수도 있으나, 수량을 지정한 매매의 담보책임은 성질상 특정물의 하자에 대한 담보책임의 일종이다.[2] '수량을 지정한 매매'라 함은 당사자가 매매의 목적인 '특정물'이 일정한 수량을 가지고 있다는 데 주안을 두고, 대금도 그 수량을 기준으로 하여 정한 경우를 말한다.[3] 종류물에 대하여는 수량 부족이나 일부 멸실에 대한 담보책임이 발생할 여지가 없다. 이 경우에는 매도인의 채무불이행만 있을 뿐이다.[4]

매매계약 당사자가 목적 토지의 면적이 공부상의 표시와 같은 것을 전제로 하여 면적을 가격을 정하는 여러 요소 중 가장 중요한 요소로 파악하여 가격을 정하였고, 만약 그 면적이 공부상의 표시와 다르다는 것을 사전에 알았더라면 당연히 그 실제 평수를 기준으로 가격을 정하였으리라는 점이 인정된다면 그 매매는 '수량을 지정한 매매'에 해당한

1) 대판 2011. 10. 13. 2011다10266.

2) 김형배, 채권각론(1997), 326면; 이은영, 채권각론(2007), 327면.

3) 대판 1991. 4. 9. 90다15433.

4) 송덕수, 채권법각론(2019), 192면.

다.[1] 목적물이 일정한 면적(수량)을 가지고 있다는 데 주안을 두고, 대금도 면적을 기준으로 하여 정하여지는 아파트 분양계약도 이른바 수량을 지정한 매매라 할 것이다.[2]

반면 토지 매매에 있어 목적물을 등기부상의 평수에 따라 특정한 경우라도 당사자가 그 지정된 구획을 전체로서 평가하였고, 평수에 의한 계산이 하나의 표준에 지나지 아니하여 그것이 당사자들 사이에 대상 토지를 특정하고 그 대금을 결정하기 위한 방편이었다고 보일 때에는 이를 가리켜 수량을 지정한 매매라 하지는 않는다.[3] 매매계약서에 토지 면적을 등기부상 기재에 따라 기재하고 그 면적에 평당 가격을 곱한 금액에서 우수리 돈을 감액하는 방법으로 매매대금을 결정하였으나 그 토지가 도로, 잡목 등으로 인근 토지와 경계가 구분되어 있으며 매수인이 매매계약체결 전 그 토지를 현장 답사하여 현황을 확인한 경우, 그 토지 매매는 '수량을 지정한 매매'가 아니라 구획된 경계에 따라 특정하여 매매한 경우에 해당한다.[4]

② 담보책임

수량을 지정한 매매에서 목적물이 부족한 경우와 매매목적물 일부가 계약 당시에 이미 멸실된 경우에 매수인이 그 부족 또는 멸실을 알지 못하였다면 매수인은 제572조와 제573조에 따라 매도인에 대하여 대금 감액이나 해제 그리고 손해배상을 청구할 수 있다(제574조). 수량이 부족한 경우나 일부가 멸실된 경우에 매도인이 부담하는 담보책임은 권리의 하자가 아니라 특정물의 하자이므로 손해배상도 이행

1) 대판 2001. 4. 10. 2001다12256.
2) 대판 2002. 11. 8. 99다58136.
3) 대판 1993. 6. 25. 92다56674.
4) 대판 1998. 6. 26. 98다13914.

이익의 배상이 아니라 원시적 불능에 따른 신뢰이익의 배상으로 보아야 한다.

매매계약을 체결하면서 토지 면적을 기초로 하여 평수에 따라 대금을 산정하였는데, 토지 일부가 매매계약 당시에 이미 도로 부지로 편입되어 있었고, 매수인이 그와 같은 사실을 알지 못한 상태에서 매매계약을 체결하였다면 매수인은 민법 제574조에 따라 매도인에 대하여 토지 중 도로 부지로 편입된 부분의 비율로 대금의 감액을 청구할 수 있다.[1] 반면 아파트 분양계약이 수량을 지정한 매매에 해당한다 하더라도, 이전등기된 공유 대지 지분이 부족하게 된 원인이 분양계약 당시 분양 계약자들과 주택 건설 사업자가 공유 지분 산정의 기초가 되는 아파트 대지를 실제와 다르게 잘못 알고 있었기 때문이 아니라, 주택 건설 사업자가 분양계약 당시 공유 지분 산정의 기초가 된 아파트 대지 중 일부를 분양계약 후에 비로소 공용 시설용 대지에 편입하여 시에 기부 채납하였기 때문이라면, 주택 건설 사업자에 대하여 민법 제574조에 의한 담보책임을 물을 수는 없다.[2] 수량을 지정한 매매계약 후에 비로소 수량 부족이 발생하였기 때문이다. 이러한 경우는 후발적 일부 불능으로 수분양자는 계약 일부를 해제한 후(제546조), 부족하게 된 공유 지분에 상당하는 대금을 반환받을 수 있다(제548조).[3]

③ 적용 범위

민법 제574조의 규정은 매매를 포함한 유상계약에 있어서 원시적 일부 불능에 관한 규정이다. 따라서 제574조가 적용되는 경우 일반

1) 대판 1992. 12. 22. 92다30580.
2) 대판 1996. 12. 10. 94다56098.
3) 대판 1996. 12. 10. 94다56098.

규정인 제535조는 적용되지 않는다. 예를 들어 부동산 매매계약에 있어서 실제 면적이 계약 면적에 미달하는 경우 그 매매가 수량 지정 매매에 해당하면 민법 제574조, 제572조에 의한 대금감액청구권을 행사함은 별론으로 하고, 그 매매계약이 그 미달 부분만큼 일부 무효임을 들어 이와 별도로 일반 부당이득반환청구를 하거나 그 부분의 원시적 불능을 이유로 민법 제535조가 규정하는 계약체결상의 과실에 따른 책임의 이행을 구할 수 없다.[1]

④ 행사 기간

매수인의 권리는 수량 부족이나 일부 멸실을 안 때로부터 1년의 제척기간에 걸린다(제574조, 제573조).

3) 종류물에 하자가 있는 경우

① 의의

종류물에 대한 매매가 이루어진 경우 매도인은 하자가 없는 물건을 인도하여야 할 의무가 있다. 하자가 있는 종류물이더라도 매수인에게 인도되었다면 그 인도된 종류물에 대하여는 특정물과 동일한 담보책임이 발생한다(제581조 제1항).

표고버섯 종균을 접종한 표고목의 발아율이 일률적으로 정상적인 발아율의 1/100에도 미치지 못하는 현상이 발생한 경우, 종균을 생산한 회사의 대표가 관리를 잘못하여 종균에 문제가 있다고 말한 사실, 다른 구입처에서 구입한 종균을 동일한 통상의 접종 및 재배 조건에서 접종한 표고목에서는 종균이 정상적으로 발아한 사실 등 제반 사정에 비추어, 그 종균은 종균으로서 통상적으로 갖추어야 할 품질이

1) 대판 2002. 4. 9. 99다47396.

나 특성을 갖추지 못한 하자가 있음을 인정할 수 있다.[1)]

② 담보책임

종류물의 매수인은 특정물의 경우와 같이 하자에 대하여 계약의 목적을 달성할 수 없는 경우에 해제권을 주장 할 수 있으며, 기타의 경우에는 손해배상청구권을 가진다(제581조 제1항). 매매목적물이 종류물이라는 점을 감안하여 민법은 매수인에게 하자 없는 다른 물건으로 교환해 줄 것을 청구할 수 있는 완전물급부청구권을 부여하고 있다(제581조 제2항).

판례는 완전물급부청구권이 담보책임에 있어서 공평의 원칙을 훼손하여 매도인에게 지나친 불이익이나 부당한 손해를 주는 경우에는 그 행사를 부정하면서 매도인에게 추완권을 부여하고 있다.

"갑이 을 주식회사로부터 자동차를 매수하여 인도받은 지 5일 만에 계기판의 속도계가 작동하지 않는 하자가 발생하였음을 이유로 을 회사 등을 상대로 신차 교환을 구한 사안에서, 위 하자는 계기판 모듈의 교체로 큰 비용을 들이지 않고서도 손쉽게 치유될 수 있는 하자로서 하자수리에 의하더라도 신차 구입이라는 매매계약의 목적을 달성하는 데에 별다른 지장이 없고, 하자보수로 자동차의 가치 하락에 영향을 줄 가능성이 희박한 반면, 매도인인 을 회사에 하자 없는 신차의 급부의무를 부담하게 하면 다른 구제 방법에 비하여 을 회사에 지나치게 큰 불이익이 발생되어서 오히려 공평의 원칙에 반하게 되어 매수인의 완전물급부청구권의 행사를 제한함이 타당하므로, 갑의 완전물급부청구권

1) 대판 2003. 6. 27. 2003다20190.

행사가 허용되지 않는다."[1]

손해배상의 범위는 신뢰이익으로 한정된다. 매매목적물의 하자로 인한 확대 손해에 대하여 매도인에게 배상책임을 지우기 위해서는 하자 없는 목적물을 인도하지 못한 의무 위반 사실 외에 그러한 의무 위반에 대하여 매도인에게 귀책사유가 있어야 한다.[2] 예를 들어 온실 내의 습한 공기를 환류시켜 온도 편차를 방지하고 공기를 청정하게 하는 공기조화기의 하자로 모터가 과열되고 그로 인한 화재로 유리온실 내부와 식재된 22,700그루의 장미 나무가 소실되어 손해가 발생하였더라도 그러한 확대 손해에 대하여는 매도인에게 귀책사유가 인정되지 않는 한 손해배상책임을 묻지 못한다.[3]

③ 행사 기간

특정물의 하자로 인한 권리행사와 마찬가지로 종류물의 매수인은 하자 있음을 안 때로부터 6개월의 제척기간 내에 권리를 행사하여야 한다. 표고버섯 종균에 하자가 존재하는 사실을 알았다고 하기 위하여는 종균을 접종한 표고목에서 종균이 정상적으로 발아하지 아니한 사실을 알았다는 것만으로는 부족하고, 종균이 정상적으로 발아하지 아니한 원인이 바로 종균에 존재하는 하자로 인한 것임을 알았을 때라야 비로소 종균에 하자가 존재하는 사실을 알았다고 볼 것이다.[4]

1) 대판 2014. 5. 16. 2012다72582.
2) 대판 2003. 7. 22. 2002다35676.
3) 대판 2003. 7. 22. 2002다35676.
4) 대판 2003. 6. 27. 2003다20190.

(5) 채권 매도인의 담보책임

채권에 대한 매매계약이 체결된 경우에도 민법의 담보책임에 관한 규정이 당연히 적용된다(제579조). 예를 들어 채권 전부나 일부가 타인에게 속하여 변제받지 못하면 제570조 내지 제573조가, 채권에 질권이 설정되어 채권을 상실하게 되면 제576조가 적용될 것이다. 반면 채권자, 즉 채권의 매도인은 채무자의 자력에 대하여는 원칙적으로 책임을 지지 않는다.

다만 민법은 채권의 매도인이 채무자의 자력을 담보한 때에는 매매계약 당시의 자력을 담보한 것으로 추정하고 있다(제579조 제1항). 이처럼 채권의 매도인이 채무자의 변제 자력을 담보한 것은 양수인과 손해담보계약을 체결한 것으로 보는 것이 타당하다. 따라서 채무자가 매매계약 당시에 자력으로 채무를 변제하는 것이 이미 부족하다고 밝혀지면 그 특약에 따라 손해배상책임을 부담한다. 채권의 양도인이 채권에 담보권이나 보증이 있다고 한 경우, 학설은 제575조나 제580조의 유추적용을 인정하나,[1] 이 경우에도 채무자의 변제 자력을 보증한 경우와 동일하게 제579조를 유추적용하여 손해배상책임을 지우는 것이 타당하다.

변제기에 도달하지 아니한 채권의 매도인이 채무자의 자력을 담보한 때에는 변제기의 자력을 담보한 것으로 추정한다(제579조 제2항).

1) 학설에 대하여는 송덕수, 채권법각론(2019), 205면 참조.

(6) 경매와 매도인의 담보책임

1) 의의

경매는 그 실질이 매매에 해당한다. 이러한 이유로 민법은 경락인으로 하여금 경매의 대상이 된 재산권에 하자가 있는 경우에 담보책임의 내용으로 채무자에게 계약의 해제 또는 대금 감액의 청구를 할 수 있도록 하고 있다(제578조 제1항).

다만, 판례는 경매로 인한 하자담보책임이 적용되는 경우는 경매 절차가 유효하게 이루어진 경우로 제한하고, 경매 절차가 무효면 담보책임이 발생할 여지가 없다고 본다. 예를 들어 구건물 멸실 후에 신건물이 신축되었고 구건물과 신건물 사이에 동일성이 없는 경우에 멸실된 구건물에 대한 근저당권설정등기는 무효이며, 이를 근거로 하여 진행된 임의 경매 절차에서 신건물을 경락받았다 하더라도 그 소유권을 취득할 수 없다.[1] 강제 경매 절차의 기초가 된 채무자 명의의 소유권이전등기가 원인 무효의 등기이어서, 경매 부동산에 대한 소유권을 취득하지 못하게 된 경우에도 그 강제경매는 무효라고 할 것이므로, 경락인은 경매 채권자에게 경매대금 중 그가 배당받은 금액에 대하여 일반 부당이득의 법리에 따라 반환을 청구할 수 있다.[2]

경매로 인하여 발생하는 하자담보책임은 민사집행법상의 강제 경매나 담보권 실행을 위한 경매 또는 국세징수법상의 공매와 같은 공경매의 경우에만 발생하며, 사경매에는 적용되지 않는다.[3]

1) 대판 1993. 5. 25. 92다15574.
2) 대판 2004. 6. 24. 2003다59259.
3) 대판 2016. 8. 24. 2014다80839.

2) 담보책임이 적용되는 범위

① 물건의 하자

경매 대상인 물건에 하자가 있는 경우에는 하자담보책임이 발생하지 않는다(제580조 제2항). 건축허가가 나지 않는 것과 같은 법률적 장애도 물건의 하자에 해당하므로,[1] 경매의 경우에는 하자담보책임이 발생하지 않는다고 보아야 할 것이다.

"일반적으로 담보권 실행을 위한 임의 경매에 있어 경매 법원이 경매 목적인 토지의 등기부상 면적을 표시하는 것은 단지 토지를 특정하여 표시하기 위한 방법에 지나지 아니한 것이고, 그 최저 경매 가격을 결정함에 있어 감정인이 단위 면적당 가액에 공부상의 면적을 곱하여 산정한 가격을 기준으로 삼았다 하여도 이는 당해 토지 전체의 가격을 결정하기 위한 방편에 불과하다 할 것이어서, 특별한 사정이 없는 한 이를 민법 제574조 소정의 '수량을 지정한 매매'라고 할 수 없다."[2]

② 권리의 하자

a. 물건의 하자가 아닌 권리의 하자의 경우 낙찰자는 채무자에 대하여(제578조 제1항), 채무자가 무자력이라면 배당받은 채권자에게 하자담보책임을 물을 수 있다(제578조 제2항). 이 규정의 채무자는 물상보증인도 포함된다.[3] 채무자의 무자력은 경락자가 입증하여야 한다.

b. 낙찰자는 권리의 하자를 이유로 제570조 내지 제577조 규정의

---

1) 대판 2000. 1. 18. 98다18506.
2) 대판 2003. 1. 24. 2002다65189.
3) 대판 1988. 4. 12. 87다카2641.

권리를 행사할 수 있다. 즉 해제권이나 대금감액청구권을 행사할 수 있다. 민법 제578조 제1항의 채무자에는 임의 경매에 있어서의 물상 보증인도 포함되는 것이라고 보는 것이 옳으므로, 경락인이 그에 대하여 적법하게 계약해제권을 행사하였다면 물상 보증인은 경락인에 대하여 원상회복의무를 지게 된다.[1)]

"경매의 목적물에 대항력 있는 임대차가 존재하는 경우에 경락인이 이를 알지 못한 때에는 경락인은 이로 인하여 계약의 목적을 달성할 수 없는 경우에 한하여 계약을 해제하고 채무자 또는 채무자에게 자력이 없는 때에는 배당을 받은 채권자에게 그 대금의 전부나 일부의 반환을 구하거나, 그 계약해제와 함께 또는 그와 별도로 경매목적물에 위와 같은 흠결이 있음을 알고 고지하지 아니한 채무자나 이를 알고 경매를 신청한 채권자에게 손해배상을 청구할 수 있을 뿐, 계약을 해제함이 없이 채무자나 경락대금을 배당받은 채권자들을 상대로 경매목적물상의 대항력 있는 임차인에 대한 임대차보증금에 상당하는 경락대금의 전부나 일부를 부당이득하였다고 하여 바로 그 반환을 구할 수 있는 것은 아니다."[2)]

"소유권에 관한 가등기의 목적이 된 부동산을 낙찰받아 낙찰대금까지 납부하여 소유권을 취득한 낙찰인이 그 뒤 가등기에 기한 본등기가 경료됨으로써 일단 취득한 소유권을 상실하게 된 때에는 매각으로 인하여 소유권의 이전이 불가능하였던 것이 아니므로, 민사소송법 제613조에 따라 집행법원으로부터 그 경매 절차

1) 대판 1988. 4. 12. 87다카2641.

2) 대판 1996. 7. 12. 96다7106.

의 취소 결정을 받아 납부한 낙찰대금을 반환받을 수는 없다고 할 것이나, 이는 매매의 목적 부동산에 설정된 저당권 또는 전세권의 행사로 인하여 매수인이 취득한 소유권을 상실한 경우와 유사하므로, 민법 제578조, 제576조를 유추적용하여 담보책임을 추급할 수는 있다고 할 것인바, 이러한 담보책임은 낙찰인이 경매 절차 밖에서 별소에 의하여 채무자 또는 채권자를 상대로 추급하는 것이 원칙이라고 할 것이나, 아직 배당이 실시되기 전이라면, 이러한 때에도 낙찰인으로 하여금 배당이 실시되는 것을 기다렸다가 경매 절차 밖에서 별소에 의하여 담보책임을 추급하게 하는 것은 가혹하므로, 이 경우 낙찰인은 민사소송법 제613조를 유추적용하여 집행 법원에 대하여 경매에 의한 매매계약을 해제하고 납부한 낙찰대금의 반환을 청구하는 방법으로 담보책임을 추급할 수 있다."[1]

③ 하자의 고지의무와 손해배상

채무자가 물건 또는 권리의 흠결을 알고 고지하지 아니하거나 채권자가 이를 알고 경매를 청구한 때에는 경락인은 그 흠결을 안 채무자나 채권자에 대하여 손해배상을 청구할 수 있다(제578조 제3항). 두 사람 모두에게 과실이 있는 경우에는 두 사람은 부진정연대채무를 부담하게 된다.

"선순위 근저당권의 존재로 후순위 임차권이 소멸하는 것으로 알고 부동산을 낙찰받았으나, 그 후 채무자가 후순위 임차권의 대항력을 존속시킬 목적으로 선순위 근저당권의 피담보채무를 모

1) 대결 1997. 11. 11. 96그64.

두 변제하고 그 근저당권을 소멸시키고도 이 점에 대하여 낙찰자에게 아무런 고지도 하지 않아 낙찰자가 대항력 있는 임차권이 존속하게 된다는 사정을 알지 못한 채 대금지급 기일에 낙찰대금을 지급하였다면, 채무자는 민법 제578조 제3항의 규정에 의하여 낙찰자가 입게 된 손해를 배상할 책임이 있다."[1]

(7) 담보책임과 동시이행

매수인의 대금지급의무와 매도인의 담보책임으로 발생하는 손해배상채무 등은 동시이행의 관계에 있다(제583조).

(8) 담보책임과 다른 제도와의 관계

1) 하자담보책임과 착오에 의한 취소

민법 제109조의 착오와 제570조의 담보책임에 대하여 판례는 그 경합을 인정한다. 착오로 인한 취소 제도와 매도인의 하자담보책임 제도는 그 취지가 서로 다르고, 그 요건과 효과도 구별된다. 따라서 매매계약 내용의 중요 부분에 착오가 있는 경우 매수인은 매도인의 하자담보책임이 성립하는지와 상관없이 착오를 이유로 그 매매계약을 취소할 수 있다는 입장이다.

"민법 제109조 제1항에 의하면 법률행위 내용의 중요 부분에 착오가 있는 경우 그 착오에 중대한 과실이 없는 표의자는 그 법률행위를 취소할 수 있고, 민법 제580조 제1항, 제575조 제1항에

1) 대판 2003. 4. 25. 2002다70075.

의하면 매매의 목적물에 하자가 있는 경우 하자가 있는 사실을 과실 없이 알지 못한 매수인은 매도인에 대하여 하자담보책임을 물어 계약을 해제하거나 손해배상을 청구할 수 있다. 착오로 인한 취소 제도와 매도인의 하자담보책임 제도는 그 취지가 서로 다르고, 그 요건과 효과도 구별된다. 따라서 매매계약 내용의 중요 부분에 착오가 있는 경우 매수인은 매도인의 하자담보책임이 성립하는지와 상관없이 착오를 이유로 그 매매계약을 취소할 수 있다."[1]

하지만 매매 대상에 대한 착오와 매도인의 하자담보책임은 실제로 당사자의 합의에 전제된 성상과 실제 성상의 불합치라는 점에서 그 요건이 동일하다. 또한 두 제도의 주요 효과에 해당하는 계약의 취소와 해제는 실질적으로 계약관계의 소급적 소멸을 야기한다는 점에서 일치한다. 더욱이 담보책임 이외에 성상의 착오로 인한 취소권을 허용하게 되면 취소 기간이 최장 10년까지 연장되어 1년 또는 6개월의 제척기간을 두어 하자로 인한 법률적 분쟁을 조속히 종결하려는 담보책임의 입법적 취지가 몰각되는 불합리가 발생하게 된다. 하자담보책임이 적용된다면 착오의 규정이 배제되는 것으로 보는 것이 타당하다.[2]

2) 하자담보책임과 채무불이행책임

하자담보책임과 채무불이행책임은 모두 계약책임이라는 점에서 공통점을 갖는다. 하지만 물건에 대한 하자담보책임의 경우에는 매도

1) 대판 2018. 9. 13. 2015다78703.
2) 자세히는 박희호, "민법상 성상의 착오와 하자담보책임 사이의 관계에 관한 연구" 민사법학 제95호(2021. 6.), 97면 이하 참조.

인이 어떠한 채무를 불이행하여 발생한 것이 아니라는 점에서 채무불이행책임과 구별된다. 따라서 두 책임은 경합한다고 보는 것이 타당하다.

> "토지 매도인이 성토 작업을 기화로 다량의 폐기물을 은밀히 매립하고 그 위에 토사를 덮은 다음 도시 계획 사업을 시행하는 공공사업 시행자와 사이에서 정상적인 토지임을 전제로 협의 취득절차를 진행하여 이를 매도함으로써 매수자로 하여금 그 토지의 폐기물 처리 비용 상당의 손해를 입게 하였다면 매도인은 이른바 불완전이행으로서 채무불이행으로 인한 손해배상책임을 부담하고, 이는 하자 있는 토지의 매매로 인한 민법 제580조 소정의 하자담보책임과 경합적으로 인정된다."[1]

(9) 담보책임면제의 특약

매도인의 담보책임에 관한 규정은 임의 규정에 해당한다. 따라서 이를 배제하거나 가중하는 것도 허용된다. 다만 매도인의 담보책임을 면하는 특약을 한 경우에도 매도인이 알고 고지하지 아니한 사실 및 제3자에게 권리를 설정 또는 양도한 행위에 대하여는 책임을 면하지 못한다(제584조).

1) 대판 2004. 7. 22. 2002다51586.

3. 매수인의 대금지급의무

(1) 의의

매수인은 계약에 따른 매매대금의 지급의무를 부담한다(제563조).

(2) 대금지급의 기한

매매의 당사자 일방에 대한 의무 이행의 기한이 있는 때에는 상대방의 의무 이행에 대하여도 동일한 기한이 있는 것으로 추정한다(제585조). 따라서 특별한 사정이 없는 한 물건의 인도 시가 대금의 지급시기가 된다. 대금지급의무와 매매목적물의 소유권이전의무는 이 경우 동시이행의 관계에 있다(제536조).

(3) 대금지급의 장소

매매목적물의 인도와 동시에 대금을 지급하는 경우 그 인도 장소에서 이를 지급하여야 한다(제586조). 따라서 지참채무의 원칙(제467조 제2항)에 따라 종류물의 경우에는 매수인의 주소지에서 종류물의 인도와 동시에 대금지급이 이루어진다. 반면 특정물의 경우에는 계약이 체결될 당시에 목적물이 있던 장소가 이행지가 되므로(제467조 제1항) 통상 목적물이 있는 매도인의 주소지에서 대금지급이 이루어진다.

(4) 대금의 이자

매매계약이 있은 후에도 인도하지 아니한 목적물로부터 생긴 과실은 매도인에게 속한다. 매수인은 목적물의 인도를 받은 날로부터 대금의 이자를 지급하여야 한다(제587조). 그러나 매수인의 대금지급의무와 매도인의 근저당권설정등기 내지 가압류등기 말소의무가 동시이행관계에 있는 등으로 매수인이 대금지급을 거절할 정당한 사유가 있는 경우에는 매매목적물을 미리 인도받았다 하더라도 이자를 지급할 의무는 없다.[1] 미리 부동산의 인도를 받았다고 하더라도 대금과 동시이행의 관계에 있는 소유권이전등기의무가 이행되기 전까지는 대금에 대한 이자를 지급할 의무가 없다.[2]

매매계약이 무효일 경우에 매도인이 부담하는 매매대금의 반환의무는 성질상 부당이득반환의무로서 그 반환 범위에 관하여는 민법 제748조가 적용된다고 할 것이고, 명문의 규정이 없는 이상 그에 관한 특칙인 민법 제548조 제2항이 당연히 유추적용 또는 준용된다고 할 수 없다. 따라서 토지 거래 허가를 받지 못해 매매계약이 무효로 된 경우에도 민법 제548조 제2항을 준용하지 않고 매도인은 매매대금을 받은 날로부터의 이자에 대한 지급의무를 부담하지 않는다.[3] 오히려 쌍무계약이 취소되었다면 선의의 매수인에게 민법 제201조가 적용되어 과실취득권이 인정되는 이상 선의의 매도인에게도 민법 제587조의 유추적용에 의하여 대금의 운용이익 내지 법정이자의 반환을 부정하는 것이 형평에 맞다.[4]

(5) 불안의 항변권

매매의 목적물에 대하여 권리를 주장하는 자가 있는 경우에 매수

1) 대판 2013. 6. 27. 2011다98129.
2) 대판 2018. 9. 28. 2016다246800.
3) 대판 1997. 9. 26. 96다54997.
4) 대판 1993. 5. 14. 92다45025.

인이 매수한 권리 전부나 일부를 잃을 염려가 있는 때에는 매수인은 그 위험의 한도에서 대금 전부나 일부의 지급을 거절할 수 있다. 그러나 매도인이 상당한 담보를 제공한 때에는 그러하지 아니하다(제588조).

"아파트 건설업자가 수분양자로부터 계약금과 일부 중도금만 지급받은 후 수분양자를 입주시킨 경우 수분양자의 중도금지급의무가 선이행의무에 해당한다 하더라도 아파트 건설업자가 수분양자와 분양계약을 체결하고 입주시킨 날로부터 5년여가 경과한 시기에 이르기까지 위 아파트에 대한 준공 검사조차도 마치지 못하고 있는 형편이라고 한다면 수분양자는 일부 미불된 중도금의 지급을 거절할 수 있다고 봄이 계약상의 공평의 원칙이나 신의칙에 맞는다고 할 것이어서 아파트 건설업자는 수분양자의 중도금 미지급을 이유로 위 분양계약을 해제할 수 없다."[1)]

"매도인이 말소할 의무를 부담하고 있는 매매목적물상의 근저당권을 말소하지 못하고 있다면 매수인은 그 위험의 한도에서 매매대금의 지급을 거절할 수 있고, 그 결과 민법 제587조 단서에 의하여 매수인이 매매목적물을 인도받았다고 하더라도 미지급대금에 대한 인도일 이후의 이자를 지급할 의무가 없으나, 이 경우 지급을 거절할 수 있는 매매대금이 어느 경우에나 근저당권의 채권 최고액에 상당하는 금액인 것은 아니고, 매수인이 근저당권의 피담보채무액을 확인하여 이를 알고 있는 경우와 같은 특별한 사정이 있는 경우에는 지급을 거절할 수 있는 매매대금은 확인된 피담보채무액에 한정된다."[2)]

1) 대판 1992. 4. 24. 92다3779.

2) 대판 2013. 6. 27. 2011다98129.

"매수인에게 대금감액청구권이 있고 감액될 부분이 아직 확정되지 않고 있었다면, 매도인이 대금의 일부에 관하여 지급을 청구하는 경우에도 불구하고 대금 전부에 관하여 지급의무의 이행을 거절할 수 있다."[1)]

4. 환매

(1) 의의

1) 개념

환매란 매매된 재산권을 매도인이 매수인으로부터 되사 오는 것을 말한다. 매도인은 매매계약과 동시에 환매할 권리를 보류하였다면, 그 영수한 대금 및 매수인이 부담한 매매 비용을 반환하고 그 목적물을 환매할 수 있다(제590조 제1항).

환매권의 보류는 매도한 재산권을 다시 살 필요성에 대비하여 이루어질 수도 있지만, 주로 채권담보의 수단으로 활용된다. 일정한 금액을 빌리면서 형식적으로는 그 금액을 매매대금으로 하여 매매계약을 체결하고, 변제기에 대차금을 갚지 못하는 경우 매매목적물의 소유권을 매수인에게 확정적으로 귀속하는 것으로 약정하는 것이다. 당사자는 이 경우 매매계약을 체결하면서 환매권을 보류하게 되는데 변제기까지 그 금액을 반환하게 되면 환매권을 행사하여 매매목적물을 되가져 올 수 있는 것이다. 이렇게 매매계약을 활용한 담보 제도를 매도 담보라고 한다. 매도 담보에 대하여서는 가등기 담보등에 관한 법률의 규율을 받는다.

1) 대판 1992. 12. 22. 92다30580.

2) 재매매의 예약

매도인은 환매권뿐만 아니라 재매매예약을 통하여 매수인으로부터 매매목적물을 반환받을 수 있다. 하지만 재매매의 예약은 매도인이 매수인으로부터 매매목적물을 되가져오는 것을 내용으로 한다는 점을 제외하면 일반적인 매매의 예약에 관한 규정이 적용된다. 즉 재매매예약의 체결 시기나 내용에 대하여 특별한 규정이 없기에 당사자는 대금이나 예약완결권의 행사 기간, 행사 주체에 대하여 자유롭게 정할 수 있다. 반면 환매권은 민법 제590조 이하의 일정한 제한들이 가해진다.

(2) 환매권 발생의 요건

1) 환매권의 보류

환매권은 매매계약을 체결함과 동시에 특약을 통하여 보류되어야 한다(제590조 제1항). 매매계약이 체결된 이후에는 환매권의 보류라고 할 수 없고 재매매의 예약이 이루어진 것으로 보아야 한다. 환매권의 보류 특약은 매매계약의 종된 계약으로 매매계약이 무효 또는 취소되었다면 그 효력도 상실한다.

2) 환매대금

환매대금은 당사자가 특약으로 정할 수 있으나(제590조 제2항), 특약이 없으면 매매대금과 매수인이 부담한 매매 비용이 환매대금이 된다(제590조 제1항). 목적물의 과실과 대금의 이자는 상계한 것으로 본다(제590조 제3항).

3) 환매 기간

환매 기간은 부동산의 경우 5년, 동산의 경우 3년을 넘지 못한다.

당사자가 이 기간보다 긴 기간을 정한 경우 이 기간으로 단축된다(제591조 제1항). 환매 기간이 정해진 경우 그 기간을 연장하지 못한다(제591조 제2항). 환매 기간을 정하지 않았다면 그 기간은 부동산은 5년, 동산은 3년으로 한다(제591조 제3항).

4) 환매의 등기

매매의 목적물이 부동산이라면 매매등기와 동시에 환매권의 보류를 등기하였을 때 제3자에 대하여 그 효력이 있다(제592조). 환매권의 등기는 매매대금, 매매 비용, 환매 기간을 내용으로 하여(부등법 제53조) 부기등기의 형식으로 이루어진다(부등법 제52조 제6호).

> "부동산에 관하여 매매등기와 아울러 환매 특약의 등기가 경료된 이후 그 부동산 매수인으로부터 그 부동산을 전득한 제3자가 환매권자의 환매권 행사에 대항할 수 없으나, 환매 특약의 등기가 부동산의 매수인의 처분권을 금지하는 효력을 가지는 것은 아니므로 그 매수인은 환매 특약의 등기 이후 부동산을 전득한 제3자에 대하여 여전히 소유권이전등기 절차의 이행의무를 부담하고, 나아가 환매권자가 환매권을 행사하지 아니한 이상 매수인이 전득자인 제3자에 대하여 부담하는 소유권이전등기 절차의 이행의무는 이행불능 상태에 이르렀다고 할 수 없으므로, 부동산의 매수인은 전득자인 제3자에 대하여 환매 특약의 등기 사실만으로 제3자의 소유권이전등기 청구를 거절할 수 없다."[1]

1) 대판 1994. 10. 25. 94다35527.

(3) 환매권의 행사

1) 행사의 방법

매도인은 환매대금을 제공하면서 환매의 의사를 표시하는 방법으로 환매권을 행사한다(제594조 제1항). 환매권이 등기되었다면 매매목적물을 전득한 자에 대하여도 대항할 수 있으므로(제592조) 매도인은 환매권을 전득자에 대하여 직접 행사하고 그 반환을 청구할 수 있다.

환매권은 채권자대위권의 대상이 될 수 있다. 다만 민법은 매수인을 보호하기 위하여 매도인의 채권자가 매도인을 대위하여 환매하고자 하는 때에 매수인은 법원이 선정한 감정인의 평가액에서 매도인이 반환할 금액을 공제한 잔액으로 매도인의 채무를 변제하고 잉여액이 있으면 이를 매도인에게 지급하여 환매권을 소멸시킬 수 있도록 하고 있다(제593조).

2) 행사의 효과

환매권이 행사되면 매매의 일방예약과 동일하게 매도인과 매수인 간에 매매계약이 체결된다. 따라서 매수인은 매도인에 대하여 소유권이전등기를 해 주어야 한다.[1] 매수인이나 전득자가 목적물에 대하여 비용을 지출한 때에는 매도인은 제203조의 규정에 따라 이를 상환하여야 한다(제594조 제2항 전문). 그러나 유익비에 대하여는 법원은 매도인의 청구에 따라 상당한 상환 기간을 허여할 수 있다(제594조 제2항 후문).

1) 대판 1990. 12. 26. 90다카16914.

3) 공유 지분의 환매

공유자의 1인이 환매할 권리를 보류하고 그 지분을 매도한 후 그 목적물의 분할이나 경매가 있는 때에는 매도인은 매수인이 받은 또는 받을 부분이나 대금에 대하여 환매권을 행사할 수 있다(제595조 전문). 그러나 매도인에게 통지하지 아니한 매수인은 그 분할이나 경매로써 매도인에게 대항하지 못한다(제595조 후문). 즉 매수인이 분할이나 경매에 대하여 사전에 통지하지 않았다면 매도인은 여전히 매수인에 대하여 공유지분을 주장할 수 있다. 제3자에 대하여 주장할 수 있으려면 환매권의 등기가 있어야 할 것이다.

제3장
교환

Ⅰ. 의의

교환은 당사자 쌍방이 금전 외의 재산권을 대가적으로 상호 이전할 것을 약정함으로써 성립하는 계약을 말한다(제596조). 교환계약은 유상·쌍무·낙성·불요식의 계약이다.

Ⅱ. 교환계약과 보충금

당사자 일방이 대가적으로 이전하는 재산권의 가치가 동일하지 않은 경우 이를 보충하기 위하여 금전의 보충 지급을 약정할 수 있는데 이 경우에도 여전히 교환계약에 해당한다. 다만 그 금전에 대하여는 매매대금에 관한 규정을 준용한다(제597조).

"교환계약에서 당사자의 일방이 교환목적물인 각 재산권의 차액에 해당하는 금원인 보충금의 지급에 갈음하여 상대방으로부터 이전받을 목적물에 관한 근저당권의 피담보채무를 인수하기로 약정한 경우, 특별한 사정이 없는 한 채무를 인수한 일방은 위 보충금을 제외한 나머지 재산권을 상대방에게 이전하여 줌으로써 교환계약상의 의무를 다한 것이 된다 할 것이고, 다만 채무를 인수한 일방이 인수채무인 근저당권의 피담보채무의 변제를 게을리함으로써 교환목적물에 관하여 설정된 근저당권의 실행으로 임의 경매 절차가 개시되었거나 개시될 염려가 있어 상대방이 이를 막기 위하여 부득이 피담보채무를 변제한 경우 등 채무를 인수한 일방이 보충금을 지급하지 아니한 것으로 평가할 수 있는 특별한 사정이 있는 경우에는, 상대방은 채무 인수인에 대하여 동액 상당의 손해배상채권 또는 구상채권을 갖게 되는 것이며, 한편 이와 같은 특별한 사정이 있다는 사유를 들어 교환계약을 해제할 수도 있는 것이다."[1]

Ⅲ. 교환계약의 효력

교환계약이 체결된 경우 매매에 관한 규정이 준용된다(제567조). 따라서 교환계약의 당사자는 상대방에게 이전한 물건에 대하여 매도인의 담보책임을 부담한다.

1) 대판 1998. 7. 24. 98다13877.

제4장
소비대차

Ⅰ. 의의

1. 개념

당사자 일방이 금전 기타 대체물의 소유권을 상대방에게 이전하고 상대방은 그와 같은 종류, 품질 및 수량으로 반환하는 것을 내용으로 하는 계약을 소비대차라고 한다(제598조). 소비대차는 차주가 목적물의 소유권을 취득하는 점에서 목적물의 소유권 취득 없이 빌린 물건 자체를 반환하여야 하는 사용대차나 임대차와 구별된다.

2. 법적 성질

소비대차는 당사자의 합의만으로 성립하는 낙성·불요식의 계약이다. 따라서 계약의 성립에 계약목적물이 되는 대체물의 인도는 요구

되지 않는다.[1)]

당사자 사이에 이자에 관한 특별한 약정이 없는 경우 소비대차는 일방만이 의무를 지는 무상·편무계약이다. 학설[2)]에 따라서는 무이자 소비대차도 쌍무계약이라고 보기도 하나 기간 만료 후의 차주의 반환의무는 대주의 대체물 인도의무와 대가관계에 서지 않는다는 점에서 편무계약으로 보는 것이 타당하다. 반면 당사자의 약정이나 법률의 규정에 의하여 이자를 지급하여야 하는 경우 대가관계가 인정되는 유상·쌍무계약이 된다.

대주가 목적물을 차주에게 인도하기 전에 당사자 일방이 파산 선고를 받은 때에는 소비대차는 그 효력을 잃는다(제599조).

Ⅱ. 소비대차의 효력

1. 대주의 의무

(1) 목적물의 소유권이전의무

대주는 계약상 목적물인 대체물의 소유권을 이전하여 소비할 수 있도록 할 의무를 진다. 다만 이자 없는 소비대차의 당사자는 목적물의 인도 전에는 언제든지 계약을 해제할 수 있으므로(제601조 전문), 당사자의 해제의 의사표시가 있는 경우 대체물에 대한 소유권이전의무는 소멸하게 된다. 그러나 상대방에게 생긴 손해가 있는 때에는 이를 배상하여야 한다(제601조 후문).

---

1) 대판 1991. 4. 9. 90다14652.

2) 김형배, 채권각론(1997), 510면.

(2) 담보책임

이자부 소비대차의 목적물에 하자가 있는 경우에 대주는 매도인의 하자담보책임과 같은 책임을 부담한다. 대주는 금전 기타 대체물의 인도를 내용으로 하는 종류채무를 부담하므로 종류물의 하자에 관한 제581조 및 제582조가 적용된다(제602조 제1항). 따라서 선의, 무과실의 차주는 목적물의 하자가 중대한 것이어서 그로 인하여 계약의 목적을 달성할 수 없는 경우에 계약을 해제할 수 있고, 기타의 경우에는 손해배상만을 청구할 수 있다(제581조 제1항). 또한 차주는 계약해제나 손해배상에 갈음하여 하자 없는 완전물의 인도를 청구할 수 있다(제581조 제2항).

무이자 소비대차의 경우 대주는 원칙적으로 담보책임을 지지 않는다. 하자 있는 물건을 소비한 차주는 하자 있는 것과 동일한 대체물을 반환할 수 없으므로 그 가액으로 반환할 수 있다(제602조 제2항 전문). 하지만 대주가 목적물의 하자를 알고 이를 고지하지 않았다면 이자부 소비대차의 경우와 같은 담보책임을 진다(제602조 제2항 후문).

2. 차주의 의무

(1) 반환의무

1) 동일한 종류, 품질, 수량의 물건을 반환할 의무

소비대차의 차주는 약정 시기에 차용물과 같은 종류, 품질 및 수량의 물건을 반환하여야 한다(제603조 제1항). 반환 시기의 약정이 없는 때에는 대주는 상당한 기간을 정하여 반환을 최고하여야 한다. 그러나 차주는 언제든지 반환할 수 있다(제603조 제2항).

차주가 차용물과 같은 종류, 품질 및 수량의 물건을 반환할 수 없는 때에는 불능 시의 시가로 상환하여야 한다(제604조 전문). 금전 소비대차의 경우 강제통용력이 있는 통화로 지급받은 금액을 상환하면 된다(제604조 후문).

2) 대물대차

금전 소비대차임에도 불구하고 대주가 금전이 아닌 유가증권 기타 물건을 인도한 경우를 대물대차라고 한다. 이 경우에도 차주는 인도받을 당시의 가액을 반환하여야 한다(제606조). 이 규정에 위반하여 차주에게 불리한 약정은 효력이 없다(제608조).

(2) 이자지급의무

소비대차는 원칙적으로 이자가 없는 무상계약이다. 따라서 이자에 대한 약정이 없으면 차주는 이자를 지급할 의무를 부담하지 않는다.

이자를 지급하기로 약정한 경우 차주는 이율에 대한 약정이 있으면 그 약정이율에 따라, 이율에 대한 합의가 없으면 법정이율에 따라 이자를 지급하여야 한다(제379조). 이자 있는 소비대차는 차주가 목적물의 인도를 받은 때로부터 이자를 계산하여야 하며 차주가 그 책임 있는 사유로 수령을 지체할 때에는 대주가 이행을 제공한 때로부터 이자를 계산하여야 한다(제600조).

Ⅲ. 준소비대차

1. 의의

(1) 개념

당사자 쌍방이 소비대차에 의하지 아니하고 금전 기타의 대체물을 지급할 의무가 있는 경우에 당사자가 그 목적물을 소비대차의 목적으로 할 것을 약정한 때에 소비대차의 효력이 발생한다(제605조), 이를 준소비대차라고 한다. 예를 들어 부동산에 대한 매매대금을 소비대차의 목적으로 할 것을 약정하는 경우가 여기에 해당한다.

(2) 준소비대차와 경개

경개나 준소비대차는 모두 기존채무를 소멸케 하고 신채무를 성립시키는 계약인 점에 있어서는 동일하지만 준소비대차에 있어서는 원칙적으로 동일성이 인정된다는 점에서 그 동일성이 인정되지 않는 경개와 구별된다.

기존 채권채무의 당사자가 그 목적물을 소비대차의 목적으로 할 것을 약정한 경우 그 약정을 경개로 볼 것인가 또는 준소비대차로 볼 것인가는 일차적으로 당사자의 의사에 의하여 결정되고 만약 당사자의 의사가 명백하지 않을 때에는 의사해석의 문제이나 특별한 사정이 없는 한 동일성을 상실함으로써 채권자가 담보를 잃고 채무자가 항변권을 잃게 되는 것과 같이 스스로 불이익을 초래하는 의사를 표시하였다고는 볼 수 없으므로 일반적으로 준소비대차로 보아야 한다.[1] 하지만 신채무의 성질이 소비대차가 아니거나 기존채무와 동일성이 없는 경우에는 준소비대차로 볼 수 없다.[2] 기존채무와 신채무의 동일성이란 기존채무에 동반한 담보권, 항변권 등이 당사자의 의사나 그 계약의 성질에 반하지 않는 한 신채무에도 그대로 존속한다는 의미이다.[3]

2. 성립요건

(1) 기존 채무의 존재

준소비대차가 성립하기 위해서는 채무가 존재하고 있어야 한다. 신채무와 기존 채무의 소멸은 서로 조건을 이루어, 기존채무가 부존재하거나 무효인 경우에는 신채무는 성립하지 않고 신채무가 무효이거나 취소된 때에는 기존채무는 소멸하지 않았던 것이 된다.[4]

소비대차는 금전 기타 대체물을 목적물로 하므로 기존채무의 목적물도 이러한 금전 기타 대체물이어야 한다.

(2) 준소비대차 합의

준소비대차는 기존채무의 당사자가 그 채무의 목적물을 소비대차의 목적물로 한다는 합의를 하는 경우에 발생한다. 따라서 준소비대

1) 대판 1989. 6. 27. 89다카2957.
2) 대판 2006. 12. 22. 2004다37669.
3) 대판 2007. 1. 11. 2005다47175.
4) 대판 2007. 1. 11. 2005다47175.

차계약의 당사자는 기초가 되는 기존 채무의 당사자로 한정된다.[1)]

3. 효과

준소비대차로 기존채무는 소멸하게 되고 당사자 사이에 소비대차로서의 신채무가 발생한다. 기존채무에 대하여 채권 가압류가 마쳐진 후 채무자와 제3채무자 사이에 준소비대차 약정이 체결된 경우, 준소비대차 약정은 가압류된 채권을 소멸하게 하는 것으로서 채권 가압류의 효력에 반하게 된다. 이 경우 가압류의 처분 제한의 효력에 따라 채무자와 제3채무자는 준소비대차의 성립을 가압류채권자에게 주장하지 못한다. 다만 이는 가압류채권자를 보호하기 위한 것이므로 가압류채권자가 그 효력을 인정하는 것은 가능하다.[2)]

4. 소멸시효

준소비대차의 소멸시효는 준소비대차에 의하여 성립하는 신채무를 기준으로 결정한다. 따라서 민법 제164조 제3호 소정의 단기 소멸시효의 적용을 받는 노임채권이라도 채권자와 회사인 채무자 사이에 그 노임채권에 관하여 준소비대차의 약정이 있었다면 준소비대차계약은 상인인 채무자 회사가 영업을 위하여 한 상행위로 추정함이 상당하고, 이에 의하여 새로이 발생한 채권은 상사채권으로서 5년의 상사시효의 적용을 받게 된다.[3)]

---

1) 대판 2002. 12. 6. 2001다2846.

2) 대판 2007. 1. 11. 2005다47175.

3) 대판 1981. 12. 22. 80다1363.

Ⅳ. 대물반환의 예약

1. 의의

소비대차에서 차주가 차용물에 갈음하여 다른 재산권을 이전할 것을 약속한 경우, 이를 대물반환의 예약이라고 한다. 대물반환의 예약은 처음에는 소비대차계약이 체결되었으나 계약체결 후에 변제기 전후를 불문하고 다른 재산권으로 차용물의 반환을 갈음하기로 약정하는 경우로 본래의 급부에 갈음하는 다른 급부를 이행함으로써 채권이 소멸하는 대물변제와도 구별된다.

대물반환의 예약은 실무에서 소비대차로 발생하는 금전상환채무를 담보하는 수단으로 많이 활용된다. 즉 소비대차의 채무자는 원칙적으로 차용한 것과 동일한 종류의 물건을 변제기에 반환하면 되나 채무자가 이를 지키지 못하여 채무불이행에 빠지게 되는 경우에 일정한 재산권을 차용물에 갈음하여 이행하기로 약정하는 경우가 많다. 이를 특히 채권담보 목적의 대물반환의 예약이라고 한다.

2. 대물반환의 예약에서의 채무자 보호

(1) 초과 이득의 금지

대물반환의 예약은 채권자의 입장에서는 가등기를 본등기로 전환하여 자신의 채권 만족을 얻게 되므로 경매 등의 담보권 실행을 거쳐야 하는 저당권이나 질권보다 유리하다. 하지만 채무자의 입장에서는 채권액을 훨씬 초과하는 재산권을 이전하여야 하는 불이익이 발생할 수 있다. 이에 민법은 제104조의 불공정한 법률행위 제도를 이용하여 이러한 채권자의 폭리행위를 제한하고 있지만, 소비대차의 경우에는 특별 규정을 두어 채무자를 보호하고 있다. 즉 차용물에 갈음하여 반환하기로 한 재산권의 예약 당시의 가액이 차용액 및 이에 붙인 이자의 합산액을 넘지 못하도록 하였다(제697조). 이 규정을 위반한 당사자의 약정으로서 차주에게 불리한 것은 환매 기타 여하한 명목으로라도 효력이 발생하지 않는다(제608조). 목적물의 가액이 차용액 및 이자의 합산액을 넘는지는 예약 당시를 기준으로 한다.[1)]

> "민법 제607조의 규정 취지는, 대주에게 채권의 원리금 합산액을 초과하여 이득을 보는 것을 허용치 않으려는 데에 있는 것으로서 위 법조 소정의 재산의 가액은 대주의 이득으로 귀속될 것이 명백한 가액을 뜻한다고 볼 것이므로, 차주의 재산에 선순위 근저당권이 설정되어 있는 경우에는 그 현존 피담보채무액 상당 부분은 대주의 이득으로 귀속될 것이 명백하다고 할 수 없어 차주가 그 피담보채무를 인수한 여부에 관계없이 위 피담보채무액을 공제한 가액을 위 법조 소정의 재산 가액으로 보는 것이 타당하다."[2)]

(2) 가등기 담보 등에 관한 법률

대물반환의 예약이 있게 되는 경우 통상 채권자는 재산권에 대한 가등기를 하여 예약상의 권리를 공시한다. 대물반환의 예약이 가등기된 경우 민법 제607조와 제608조 이외에 가등기 담보 등에 관한 법률도 적용이 된다. 하지만 이러한 공시 방법에 의하지 않는 동산이나 권리가 대물반환예약의 목적인 경우에는 가등기 담보 등에 관한 법률이

1) 대판 1996. 4. 26. 95다34781.
2) 대판 1991. 2. 26. 90다카24526.

적용되지 않고 제607조와 제608조만 적용된다.

"채권자가 채무자와 담보계약을 체결하였지만, 담보 목적 부동산에 관하여 가등기나 소유권이전등기를 마치지 아니한 경우에는 '담보권'을 취득하였다고 할 수 없으므로, 이러한 경우에는 가등기담보법 제3조, 제4조는 원칙적으로 적용될 수 없다. 따라서 채권자와 채무자가 담보계약을 체결하였지만, 담보 목적 부동산에 관하여 가등기나 소유권이전등기를 마치지 아니한 상태에서 채권자로 하여금 귀속 정산 절차에 의하지 않고 담보 목적 부동산을 타에 처분하여 채권을 회수할 수 있도록 약정하였다 하더라도, 그러한 약정이 가등기담보법의 규제를 잠탈하기 위한 탈법행위에 해당한다는 등의 특별한 사정이 없는 한 가등기담보법을 위반한 것으로 보아 무효라고 할 수는 없다."[1)]

(3) 위반의 효과

제607조에 위반한 대물반환의 예약은 효력이 없다(제608조). 그런데 여기서 '효력이 없다'는 의미에 관하여 대법원은 정산을 전제로 하는 약한 의미의 양도담보 설정의 약정으로서 효력을 인정한다.

"민법 제607조, 제608조에 위반된 대물변제의 약정은 대물변제의 예약으로서는 무효가 되지만 약한 의미의 양도담보를 설정하기로 하는 약정으로서는 유효하되, 다만 그에 기한 소유권이전등기를 미처 경료하지 아니한 경우에는 아직 양도담보가 설정되기

1) 대판 2013. 9. 27. 2011다106778.

이전의 단계이므로 가등기담보등에관한법률 제3조 소정의 담보권 실행에 관한 규정이 적용될 여지가 없는 한편, 채권자는 양도담보의 약정을 원인으로 하여 담보목적물에 관하여 소유권이전등기 절차의 이행을 청구할 수 있다."[1]

1) 대판 1999. 2. 9. 98다51220.

제5장
사용대차

Ⅰ. 의의

1. 개념

사용대차는 당사자 일방이 무상으로 상대방에게 목적물을 사용, 수익하도록 인도하고 상대방은 그 목적물을 사용, 수익한 후 반환하는 것을 내용으로 하는 계약이다(제609조). 사용대차는 사용, 수익한 그 목적물을 반환하여야 한다는 점에서 물건을 소비하고 다른 물건을 반환해야 하는 소비대차와 구별된다. 또 무상의 차용계약이라는 점에서 유상의 임대차와도 구별된다.

2. 법적 성질

사용대차는 낙성·불요식·무상·편무계약이다.

Ⅱ. 사용대차의 효력

1. 대주의 의무

(1) 목적물의 인도의무

대주는 목적물을 인도하여 차주에게 사용, 수익하게 할 의무를 부담한다. 다만 계약의 당사자는 목적물을 인도하기 전에는 언제든지 계약을 해제할 수 있다. 이 경우 상대방에게 발생한 손해에 대하여 배상책임을 진다(제612조, 제601조).

(2) 담보책임

대주는 목적물의 하자에 대하여 원칙적으로 책임을 지지 않는다. 그러나 대주가 목적물의 하자를 알고도 고지하지 않았으면 담보책임을 부담한다(제612조, 제599조).

2. 차주의 의무

(1) 목적물의 성질에 따른 사용·수익

차주는 계약 또는 목적물의 성질에 의하여 정하여진 용법으로 차용물을 사용·수익하여야 한다(제610조 제1항). 또한 차주는 대주의 승낙이 없으면 제3자에게 차용물을 사용, 수익하게 하지 못한다(제610조 2항). 차주가 이러한 의무를 위반한 경우 대주는 계약해지권을 행사할 수 있으며(제610조 제3항), 손해배상도 청구할 수 있다(제617조).

(2) 차용물의 반환의무

차주는 사용대차의 종료 시에 차용물을 원상으로 회복하여 반환하여야 한다(제615조 전문). 이때 차주는 부속시킨 물건은 철거할 수 있다(제615조 후문). 수인이 공동으로 물건을 차용한 때에는 연대하여 그 의무를 부담한다(제616조).

Ⅲ. 사용대차의 종료

1. 존속기간의 만료

존속기간이 만료한 경우 사용대차는 종료한다. 존속기간에 대한 약정이 없는 경우에 대주는 사용, 수익에 족한 기간이 경과한 때 언제든지 계약을 해지할 수 있다(제613조 제2항 후문). 계약의 해지가 없더라도 차주는 계약 또는 목적물의 성질에 의한 사용, 수익이 종료한 때에는 차용물을 반환하여야 한다(제613조 제2항 전문).

> "민법 제613조 제2항에 의하면, 사용대차에 있어서 그 존속기간을 정하지 아니한 경우에는, 차주는 계약 또는 목적물의 성질에 의한 사용·수익이 종료한 때에 목적물을 반환하여야 하나, 현실로 사용·수익이 종료하지 아니한 경우라도 사용·수익에 충분한 기간이 경과한 때에는 대주는 언제든지 계약을 해지하고 그 차용물의 반환을 청구할 수 있는 것인바, 민법 제613조 제2항 소정의 사용·수익에 충분한 기간이 경과하였는지의 여부는 사용대차계약 당시의 사정, 차주의 사용 기간 및 이용 상황, 대주가 반환을 필요로 하는 사정 등을 종합적으로 고려하여 공평의 입장에

서 대주에게 해지권을 인정하는 것이 타당한가의 여부에 의하여 판단하여야 할 것이다."[1]

2. 차주의 사망, 파산 선고

대주는 차주가 사망하거나 파산 선고를 받은 때에는 계약을 해지할 수 있다(제614조). 다만 대법원은 다음과 같이 판결하기도 하였다.

"일반으로 건물의 소유를 목적으로 하는 토지 사용대차에 있어서는, 당해 토지의 사용·수익의 필요는 당해 지상 건물의 사용·수익의 필요가 있는 한 그대로 존속하는 것이고, 이는 특별한 사정이 없는 한 차주 본인이 사망하더라도 당연히 상실되는 것이 아니어서 그로 인하여 곧바로 계약의 목적을 달성하게 되는 것은 아니라고 봄이 통상의 의사해석에도 합치되므로, 이러한 경우에는 민법 제614조의 규정에 불구하고 대주가 차주의 사망 사실을 사유로 들어 사용대차계약을 해지할 수는 없다."[2]

3. 계약의 해제와 해지

당사자는 목적물의 인도 전에는 상대방에게 발생한 손해를 배상하고 언제든지 사용대차를 해제할 수 있다(제612조, 제601조). 차주가 목

1) 대판 2001. 7. 24. 2001다23669(무상으로 사용을 계속한 기간이 40년 이상의 장기간에 이르렀고 최초의 사용대차계약 당시의 대주가 이미 사망하여 대주와 차주 간의 친분관계의 기초가 변하였을 뿐더러, 차주측에서 대주에게 무상 사용 허락에 대한 감사의 뜻이나 호의를 표시하기는 커녕 오히려 자주점유에 의한 취득시효를 주장하는 민사 소송을 제기하여 상고심에 이르기까지 다툼을 계속하는 등의 상황에 이를 정도로 쌍방의 신뢰관계 내지 우호관계가 허물어진 경우, 공평의 견지에서 대주의 상속인에 대한 사용대차의 해지권을 인정한 사례).

2) 대판 1993. 11. 26. 93다36806.

적물을 부적절하게 사용, 수익한 경우, 제3자에 대하여 동의 없이 사용, 수익을 하게 한 경우, 대주는 계약을 해지할 수 있다(제610조 제3항).

제6장
임대차

Ⅰ. 의의

1. 개념

임대차는 당사자 일방이 상대방에게 목적물을 사용·수익하게 하고 상대방은 이에 대하여 차임을 지급할 것을 내용으로 하는 계약을 말한다(제618조). 임대차는 임차된 목적물 자체를 반환하여야 한다는 점에서 소비대차와 구별되며, 사용·수익에 대한 대가를 지급하여야 한다는 점에서 사용대차와도 구별된다.

2. 부동산임차권의 물권화

임대차는 채권계약으로 그 효력이 당사자인 임차인과 임대인에 국한된다. 즉 임차인은 원칙적으로 채무자인 임대인에게만 목적물의 사용·수익의 상태를 유지해 줄 것을 청구할 수 있을 뿐이다. 따라서 임대목적물이 제3자에게 양도된 경우에 임차인은 목적물의 새로운 소유권자에 대하여 아무런 권리도 행사하지 못한다('매매는 임대차를 깨뜨린다'). 이 경우 임차물에 대한 새로운 소유권자는 오히려 소유물반환청구권(제213조) 등을 행사하여 임차인에게 물건의 반환을 청구를 할 수 있게 되고, 임차인은 목적물을 정당한 소유권자에게 반환하여야 한다. 임차인은 임대인인 구소유권자에 대하여 채무불이행으로 인한 손해배상만을 청구할 수 있을 뿐이다.

그런데 임차한 물건이 토지나 주택과 같은 부동산인 경우에 이러한 상황은 임차인에게 있어서 생활의 기반을 상실하도록 하는 결과를 초래한다. 여기서 각국의 입법자들은 민법이나 특별법의 규정을 통하여 임차인에게 제3자에 대한 대항력 및 침해 배제, 임차권의 존속 보장 등과 같은 대세적 효력을 부여하게 되었는데, 이를 '부동산임대차의 물권화'라고 한다. 민법도 부동산의 임차권을 보호하기 위하여 부동산에 대한 임차권을 등기할 수 있도록 하였고(제621조), 주택임대차보호법 및 상가건물임대차보호법에서 일정한 요건하에 제3자에 대한 대항력 및 우선변제권을 부여하고 있다.

하지만 이러한 부동산임차권의 물권화에도 불구하고 임차권은 전세권과 같은 물권과 구별되는 채권이라는 기본적 성질에는 변함이 없다. 즉 임차권의 대항력 획득 등으로 완전한 물권적 효력이 발생하는 것은 아니다. 예를 들어 주택 임차인이 대항력을 갖춘 후에 그 지위를 강화하고자 별도로 전세권설정등기를 마쳤더라도 후에 주택임대차등기를 마치지 않은 상황에서 주민등록을 이전하여 대항력을 상실하였다면 주택임대차보호법 제8조 제1항의 소액보증금 우선변제권은 소멸하게 된다.[1)]

---

1) 대판 2007. 6. 28. 2004다69741.

Ⅱ. 임대차계약의 체결

1. 임대차계약의 성질

임대차계약은 유상·쌍무·낙성·불요식의 계약으로 당사자 사이의 의사표시 합치로 계약이 성립한다. 임대목적물은 반드시 부대체물일 필요는 없으며 대체물도 가능하고 부동산은 물론 동산도 가능하다. 권리는 임대차계약의 대상이 되지 못한다(제618조).

2. 타인 물건의 임대

임대인이 목적물의 소유권자일 필요는 없다. 따라서 타인 소유의 부동산을 임대하더라도 임차인이 이를 이유로 계약을 해지할 수는 없으나 목적물이 임대인의 소유일 것을 계약의 내용으로 한 경우에는 중요 부분의 착오(제109조)를 이유로 임대차계약을 취소할 수 있다.[1] 마찬가지로 임대인이 임대차계약 체결 후에 목적물에 대한 소유권을 상실하였다는 이유만으로 그 의무가 불능하게 된 것이라고 단정할 수도 없다.[2] 다만 임대차 기간 중 임차목적물의 소유권을 취득한 제3자의 요구로 임차인이 그 임차목적물을 인도한 경우, 임대차계약은 비로소 이행불능으로 종료하게 된다.[3] 이러한 법리는 임대인에게 임대목적물에 대한 임대 권한이 없는 경우에도 마찬가지이다.[4]

1) 대판 1975. 1. 28. 74다2069.
2) 대판 1994. 5. 10. 93다37977.
3) 대판 1996. 3. 8. 95다15087.
4) 대판 2012. 1. 27. 2010다59660.

"임대차는 당사자 일방이 상대방에게 목적물을 사용, 수익하게 할 것을 약정하고 상대방이 이에 대하여 차임을 지급할 것을 약정하면 되는 것으로서 나아가 임대인이 그 목적물에 대한 소유권 기타 이를 임대할 권한이 있을 것을 성립요건으로 하고 있지 아니하므로, 임대차가 종료된 경우 임대목적물이 타인 소유라고 하더라도 그 타인이 목적물의 반환청구나 임료 내지 그 해당액의 지급을 요구하는 등 특별한 사정이 없는 한 임차인은 임대인에게 그 부동산을 명도하고 임대차 종료일까지의 연체 차임을 지급할 의무가 있음은 물론, 임대차 종료일 이후부터 부동산 명도 완료일까지 그 부동산을 점유·사용함에 따른 차임 상당의 부당이득금을 반환할 의무도 있다고 할 것인바, 이와 같은 법리는 임차인이 임차물을 전대하였다가 임대차 및 전대차가 모두 종료된 경우의 전차인에 대하여도 특별한 사정이 없는 한 그대로 적용된다."[1)]

"임차인이 임차물을 전대한 후 임대차계약이 종료되고 전차인이 임대인으로부터 목적물의 반환청구나 차임 내지 그 해당액의 지급 요구를 받는 등의 이유로 임차인이 전차인으로 하여금 목적물을 사용, 수익하게 할 수가 없게 되면, 임차인의 전대차계약에 기한 채무는 이행불능으로 되고 전차인은 이행불능으로 인한 계약 종료를 이유로 그 이후의 차임 지급 및 부당이득반환의무를 부담하지 않는다."[2)]

1) 대판 2001. 6. 29. 2000다68290.

2) 대판 2019. 5. 30. 2019다202573.

3. 처분의 능력이나 권한 없는 자의 임대차

처분의 능력 또는 권한없는 자가 임대차를 하는 경우에는 임대차 기간이 제한된다. 즉 식목, 채염 또는 석조, 석회조, 연와조 및 이와 유사한 건축을 목적으로 한 토지의 임대차는 10년, 기타 토지의 임대차는 5년, 건물 기타 공작물의 임대차는 3년, 동산의 임대차는 6월을 넘지 못한다(제619조). 이 기간은 갱신할 수 있다. 그러나 그 기간만료 전 토지에 대하여는 1년, 건물 기타 공작물에 대하여는 3월, 동산에 대하여는 1월 내에 갱신하여야 한다(제620조).

Ⅲ. 임대차의 효력

1. 임대인의 의무

임대인은 목적물을 임차인에게 인도하고 계약 존속 중 그 사용·수익에 필요한 상태를 유지하게 할 의무를 부담한다(제623조).

(1) 목적물인도의무

임대인은 임차인이 목적물을 사용·수익하도록 목적물을 인도할 의무가 있다.

(2) 목적물의 사용·수익에 필요한 상태를 유지해 줄 의무

사용대차의 경우와 달리 임대차의 임대인은 임차인이 계약 존속 중에 목적물을 사용·수익할 수 있는 상태에 있도록 유지할 적극적인

의무를 부담한다. 임대인이 수선의무를 이행하지 않으면 임차인은 채무불이행으로 인한 손해배상을 청구할 수도 있으며 그로 인하여 계약의 목적을 달성할 수 없는 경우 등에는 계약을 해지할 수 있다(제546조).

임대인이 임대물의 보존에 필요한 행위를 하는 때에는 임차인은 이를 거절하지 못한다(제624조). 임대인이 임차인의 의사에 반하여 보존행위를 하는 경우에 임차인이 이로 인하여 임차의 목적을 달성할 수 없는 때에는 계약을 해지할 수 있다(제625조).

임차인의 사용·수익에 필요한 상태를 유지해 줄 의무로는 구체적으로 목적물의 훼손에 따른 수선의무와 제3자의 방해에 대한 방해제거의무가 포함된다.

1) 목적물의 수선의무

목적물에 파손 또는 장해가 생긴 경우 그것이 임차인이 별 비용을 들이지 아니하고도 손쉽게 고칠 수 있을 정도의 사소한 것이어서 임차인의 사용·수익을 방해할 정도의 것이 아니라면 임대인은 수선의무를 부담하지 않는다. 하지만 그것을 수선하지 아니하면 임차인이 계약으로 정해진 목적에 따라 사용·수익할 수 없는 상태로 될 정도의 것이라면, 임대인은 그 수선의무를 부담한다.[1] 그리고 이러한 수선의무는 자신에게 귀책사유가 있는 임대차목적물의 훼손인 경우는 물론 자신에게 귀책사유가 없는 훼손의 경우에도 발생한다.[2]

임차인의 책임 있는 사유로 목적물이 훼손된 경우에도 임대인에게 수선의무를 부과할 것인지에 대하여 학설[3]이 대립한다. 임차인은

1) 대판 1994. 12. 9. 94다34692.

2) 대판 2019. 4. 11. 2018다291347.

3) 송덕수, 채권법각론(2019), 253면은 긍정설의 입장이나 김형배, 채권각론(1997), 431면 및 이은영, 채권각론(2007), 417면은 부정설을 따른다.

임차물을 선량한 관리자의 주의로 보관하여야 하고(제374조), 계약관계가 종료된 경우에는 임차물을 원상에 회복하여 반환하여야 한다(제654조, 제615조). 이는 귀책사유로 인한 임차물의 훼손에 대하여 임차인의 수선의무를 전제로 하는 것이어서 이 경우 임대인은 수선의무를 면한다고 보는 것이 타당하다.

임대인의 수선의무는 특약으로 이를 면제하거나 임차인의 부담으로 돌릴 수 있다. 하지만 그러한 특약에서 수선의무의 범위를 명시하고 있는 등의 특별한 사정이 없는 한 그러한 특약에 의한 임대인의 수선의무 면제는 통상 생길 수 있는 파손의 수선 등 소규모의 수선에 제한된다고 할 것이고, 대파손의 수리, 건물의 주요 구성 부분에 대한 대수선, 기본적 설비 부분의 교체 등과 같은 대규모의 수선은 이에 포함되지 아니하고 여전히 임대인이 그 수선의무를 부담한다.[1)]

임대차계약에 있어서 목적물을 사용·수익하게 할 임대인의 의무와 임차인의 차임지급의무는 상호 대응관계에 있으므로 임대인이 목적물을 사용·수익하게 할 의무를 불이행하여 임차인이 목적물을 전혀 사용할 수 없을 경우에는 임차인은 차임의 전부 지급을 거절할 수 있으나, 목적물의 사용·수익이 부분적으로 지장이 있는 상태인 경우에는 그 지장의 한도 내에서 차임의 지급을 거절할 수 있을 뿐 그 전부 지급을 거절할 수는 없다.[2)]

2) 제3자로 인한 방해의 제거의무

임대인의 목적물을 사용, 수익에 필요한 상태로 유지해 줄 의무에는 제3자에 의한 방해가 있을 경우 이러한 방해를 제거해 줄 의무도 포

1) 대판 1994. 12. 9. 94다34692.
2) 대판 1997. 4. 25. 96다44778.

함된다. 임차인은 임대물의 점유자로서 점유보호청구권을 가질 것이지만 이것만으로는 임차인의 보호에 충분하지 않기 때문이다. 임차인은 임대인의 방해제거청구권을 대위 청구하는 것도 가능하다(제404조).

> "지하도 상가의 운영을 목적으로 한 도로 점용 허가를 받은 자로서 그 상가의 소유자 겸 관리주체인 시에 대하여 그 상가 내 각 점포의 사용을 청구할 수 있는 권리를 가지는 자는, 시에 대한 위 각 점포사용청구권을 보전하기 위하여 그 점포들의 소유자인 시가 불법 점유자들에 대하여 가지는 명도청구권을 대위 행사할 수 있고, 이러한 경우 불법 점유자들에 대하여 직접 자기에게 그 점포들을 명도할 것을 청구할 수도 있다."[1]

(3) 유익비와 필요비의 상환의무

임차인이 임차물에 필요비나 유익비를 지출한 경우 임차인은 이를 임대인에게 청구할 수 있다. 이러한 비용의 상환 청구는 임대인이 물건의 반환을 받은 날로부터 6개월 내에 하여야 한다(제654조, 제617조). 필요비와 유익비는 임차목적물에 관하여 생긴 채권(제320조)이므로 유치권의 대상이 된다. 필요비나 유익비의 상환에 관한 규정은 강행규정이 아니므로 이를 포기하는 특약은 가능하다.

1) 필요비의 상환

임차인이 임차물의 보존에 관한 필요비를 지출한 때에는 임대인에 대하여 그 상환을 청구할 수 있다(제626조 제1항). 여기서 필요비란

---

1) 대판 1995. 5. 12. 93다59502.

목적물을 통상의 용도에 적합한 상태로 보존하기 위하여 지출된 비용을 말한다. 임대인은 목적물을 사용·수익에 필요한 상태로 유지해 줄 의무를 부담하므로 임차인이 이를 위해 지출한 필요비는 원칙적으로 임대인이 부담하여야 한다. 하지만 임차인의 귀책사유로 발생한 목적물의 훼손에 대하여는 임차인이 부담하여야 한다. 당사자의 특약으로 필요비를 임차인이 부담하기로 합의한 경우에도 임대인의 필요비상환의무는 면제된다.

유익비와 달리 필요비는 지출한 때에 즉시 상환을 청구할 수 있고, 따라서 소멸시효도 이때부터 진행한다.

2) 유익비의 상환

임차인이 임차목적물에 유익비를 지출한 경우에는 임대인은 임대차 종료 시에 그 가액의 증가가 현존한 때에 한하여 임차인이 지출한 금액이나 그 증가액을 상환하여야 한다(제626조 제2항).

유익비는 임차목적물의 객관적 가치를 증대시키는데 들인 비용을 말하는 것으로[1] 비용의 지출에 의한 개량이 임차목적물의 구성 부분으로 되어 그 소유권이 임대인에게 귀속되는 경우에만 해당이 된다. 예를 들어 건물을 개축하거나 보일러 설비 등을 교체한 경우가 여기에 해당할 것이다. 하지만 임차인이 임차 건물에서 간이음식점을 경영하기 위하여 부착시킨 시설물에 불과한 간판 등은 건물의 객관적 가치를 증가시키기 위한 것이라고 보기 어려울 뿐만 아니라, 그로 인한 가액의 증가가 현존하는 것도 아니어서 그 간판 설치비를 유익비라 할 수 없다.[2] 개량물이 임차물과 별개의 독립된 것으로서 그 소유권이 임차인에게 귀속하는 경우에는 유익비의 상환이 아니라 부속물

---

1) 대판 1991. 8. 27. 91다15591.

2) 대판 1994. 9. 30. 94다20389.

매수청구권(제646조)이 문제될 뿐이다.

유익비는 임대차 종료 시에 비로소 청구하는 것이므로 증가된 가액이 임대차 종료 시에 현존하여야 한다(제626조 제2항 전문). 유익비의 상환 청구에 대하여 법원은 임대인의 청구로 상당한 상환 기간을 허여할 수 있다(제626조 제2항 후문). 이 경우 허여된 상환 기간 중에는 유치권을 행사하지 못한다.

임대차계약에서 부동산의 반환 기일 전에 임차인의 부담으로 원상복구하기로 약정한 경우, 이는 임차인이 임차목적물에 지출한 각종 유익비의 상환청구권을 미리 포기하기로 한 취지의 특약이라고 해석된다.[1] 이 경우에도 지상물매수청구권(제643조)이나 부속물매수청구권(646조)은 행사할 수 있다(제652조).

(4) 담보책임

유상계약에 해당하는 임대차계약도 매매에 관한 규정이 준용되므로, 임대인도 매도인과 같이 담보책임을 부담한다(제567조). 예를 들어 건물 일부의 임대차계약을 체결하면서 임차인이 건물 면적의 일정한 수량이 있는 것으로 믿고 계약을 체결하였고, 임대인도 그 일정 수량이 있는 것으로 명시적 또는 묵시적으로 표시하였으며, 또한 임대차보증금과 월 임료 등도 그 수량을 기초로 하여 정하였는데, 임차인이 인도받은 실제 건물의 면적이 이에 미치지 못하였다면 임차인은 부족한 부분의 비율로 감액을 청구할 수 있으며, 잔존한 부분만이라면 매수인이 이를 매수하지 아니하였을 때에는 선의의 매수인은 계약 전부를 해제할 수 있다(제574조, 제572조).[2]

1) 대판 1995. 6. 30. 95다12927.
2) 대판 1995. 7. 14. 94다38342.

(5) 보호의무

보호의무란 계약의 일방이 상대방의 신체나 재산을 보호해 주어야 할 의무로 임대차의 경우 임대목적물로부터 발생하는 위험으로부터 임차인을 보호할 의무의 형태로 나타난다. 통상 임대인의 임차인에 대한 보호의무는 부정된다. 즉 임대인은 임차인에게 임대목적물을 제공하여 임차인이 이를 사용·수익하게 함에 그치는 것이고, 더 나아가 임차인의 안전을 배려하여 주거나 도난을 방지하는 등의 보호의무까지 부담한다고 볼 수 없다. 반면 공중접객업자는 고객에 대하여 안전한 객실을 이용하도록 할 의무가 있다는 점에서 보호의무가 긍정된다.

> "임차인이 임대차계약의 체결 당시 임차목적물이 대로변 3층 건물의 반지하에 위치한 관계로 주위의 담장이 낮고 별도의 대문도 없으며 방범창이 설치되지 아니하고 차면 시설이 불량하였던 사정을 잘 알면서도 이를 임차하였고, 나아가 임대인은 임차목적물에서 발생한 임차인의 1차 도난 사건 직후 임대목적물에 방범창을 설치하여 주었음을 알 수 있는바, 사정이 이러하다면, 임대인으로서는 임차목적물을 사용, 수익하게 할 임대인으로서의 의무를 다하였다고 할 것이고, 여기에서 더 나아가 임차인에 대한 안전배려의무까지 부담한다고 볼 수는 없다."[1)]

> "공중접객업인 숙박업을 경영하는 자가 투숙객과 체결하는 숙박계약은 숙박업자가 고객에게 숙박을 할 수 있는 객실을 제공하

1) 대판 1999. 7. 9. 99다10004.

여 고객으로 하여금 이를 사용할 수 있도록 하고 고객으로부터 그 대가를 받는 일종의 일시 사용을 위한 임대차계약으로서 객실 및 관련 시설은 오로지 숙박업자의 지배 아래 놓여 있는 것이므로 숙박업자는 통상의 임대차와 같이 단순히 여관 등의 객실 및 관련 시설을 제공하여 고객으로 하여금 이를 사용, 수익하게 할 의무를 부담하는 것에서 한 걸음 더 나아가 고객에게 위험이 없는 안전하고 편안한 객실 및 관련 시설을 제공함으로써 고객의 안전을 배려하여야 할 보호의무를 부담하며 이러한 의무는 숙박계약의 특수성을 고려하여 신의칙상 인정되는 부수적인 의무로서 숙박업자가 이를 위반하여 고객의 생명, 신체를 침해하여 투숙객에게 손해를 입힌 경우 불완전이행으로 인한 채무불이행책임을 부담하고, 이 경우 피해자로서는 구체적 보호의무의 존재와 그 위반 사실을 주장·입증하여야 하며 숙박업자로서는 통상의 채무불이행에 있어서와 마찬가지로 그 채무불이행에 관하여 자기에게 과실이 없음을 주장·입증하지 못하는 한 그 책임을 면할 수는 없다고 할 것이고, 이와 같은 법리는 장기 투숙의 경우에도 마찬가지이다."[1]

2. 임차인의 의무

(1) 차임지급의무

1) 차임 및 전세금

임차인은 임차물을 사용, 수익하는 대가로 차임을 지급하여야 한

1) 대판 1997. 10. 10. 96다47302.

다(제618조). 채권적 전세계약에 있어서는 전세금에 대한 이자 상당액이 점유·사용에 따른 임료 상당액과 대가관계에 있게 된다.

전세계약 기간 종료 후에도 당사자 일방의 목적물 명도채무와 다른 일방의 전세금반환채무는 특단의 사정이 없는 한 동시이행관계에 있고 따라서 전세계약 기간 종료 후 전세금을 반환하지 않고 있는 동안의 전세 건물 부분의 점유를 불법 점유라 할 수 없고 점유 사용에 따른 임료 상당액과 전세금에 대한 이자 상당액은 서로 대가관계에 있으므로[1] 임차인은 그 외에 추가적인 부당이득반환의 의무를 부담하지 않는다.

2) 동시이행

목적물을 사용, 수익하게 해 줄 임대인의 의무와 임차인의 차임지급의무는 동시이행의 관계에 있다. 다만 목적물의 사용·수익이 부분적으로 지장이 있는 경우에는 그 지장의 한도 내에서 차임의 지급을 거절할 수 있다.[2]

이러한 법리는 임대인이 수선의무를 이행함으로써 목적물의 사용·수익에 지장이 초래된 경우에도 마찬가지이다. 따라서 충전소 임대차계약 당시 충전소 운영 개선의 필요로 시설물을 설치, 철거, 변경하는 경우에 그로 인하여 영업상의 손해 및 손실이 발생하더라도 이를 이유로 임차인이 임대인에게 배상 또는 보상을 청구하지 아니하기로 약정하였다면, 이는 영업상의 손해에 관한 것일 뿐 임대차목적물을 사용·수익하지 못함으로 인한 차임지급거절권까지 배제하는 것으로 보기 어려우며 임대인이 수선의무의 이행으로 한 충전소의 구조변경 공사로 인하여 임대차목적물의 사용·수익에 지장을 받은 임차인

1) 대판 1976. 10. 26. 76다1184.

2) 대판 1997. 4. 25. 96다44778.

은 그에 상응하는 차임의 지급을 거절할 수 있다.[1)]

3) 차임의 증감

임차물 일부가 임차인의 과실없이 멸실 기타 사유로 인하여 사용·수익할 수 없는 때에는 임차인은 그 부분의 비율에 따른 차임의 감액을 청구할 수 있다(제627조 제1항). 나아가 목적물의 잔존 부분으로 임차의 목적을 달성할 수 없는 때에는 임차인은 계약을 해지할 수 있다(제627조 제2항).

임대물에 대한 공과 부담의 증감 기타 경제 사정의 변동으로 인하여 약정한 차임이 상당하지 아니하게 된 때에는 당사자는 장래에 대한 차임의 증감을 청구할 수 있다(제628조). 다만 주택임대차보호법(제7조), 상가건물임대차보호법(제11조)은 이러한 사정변경으로의 차임 증액의 비율을 일정한 한도로 제한하고 있다.

4) 차임 지급 시기

차임의 지급 시기에 관하여 합의가 있으면 그에 따를 것이지만 그러한 합의가 없는 경우 동산, 건물이나 대지에 대하여는 매월 말에, 기타 토지에 대하여는 매년 말에 지급하여야 한다(제633조 전문). 그러나 수확기 있는 것에 대하여는 그 수확 후 지체 없이 지급하여야 한다(제633조 후문).

5) 공동 임차인의 차임에 대한 연대채무

수인이 공동으로 물건을 임차한 때에는 연대하여 그 의무를 부담한다(제654조, 제616조). 이러한 연대채무는 차임지급의무는 물론 임차

1) 대판 2015. 2. 26. 2014다65724.

인의 다른 의무의 위반으로 발생하는 손해배상의 경우에도 마찬가지로 적용된다.

(2) 임차인의 하자통지의무

임차물의 수리가 필요하거나 임차물에 대하여 권리를 주장하는 자가 있는 때에는 임차인은 지체 없이 임대인에게 이를 통지하여야 한다(제634조 본문). 그러나 임대인이 이미 이를 안 때에는 그러하지 아니하다(제634조 단서). 임차인의 통지의무는 일종의 책무에 해당하여 통지의 지연으로 발생한 손해에 대하여는 임차인이 스스로 이를 감수하여야 한다.

(3) 임차목적물의 보존의무 및 반환의무

1) 임차인의 보존의무

임차인은 임차목적물을 계약 또는 그 목적물의 성질에 의하여 정하여진 용법으로 이를 사용·수익하여야 하며(제654조, 제610조 제1항), 임차물의 보존에 관하여 선량한 관리자의 주의를 하여야 할 계약상 의무를 부담한다(제374조).

임차인의 임차물반환채무가 이행불능이 된 경우에, 임차인은 그 이행불능으로 인한 손해배상책임을 면하려면 원칙적으로 그 이행불능이 자신의 귀책사유로 인한 것이 아님을 입증하여야 한다. 다만 이러한 입증책임의 부담은 이행불능의 원인이 임차인의 지배 관리 영역에 소재하는 경우로 제한된다.

예를 들어 임차 건물이 건물 구조의 일부인 전기 배선의 이상으로 인한 화재로 소훼되어 임차인의 임차목적물반환채무가 이행불능이 된 사안에서, 당해 임대차가 장기간 계속되었고 화재의 원인이 된 전기 배선을 임차인이 직접 하였으며 임차인이 전기 배선의 이상을 미리 알았거나 알 수 있었던 경우에는, 당해 전기 배선에 대한 관리는 임차인의 지배 관리 영역 내에 있었다 할 것이므로, 위와 같은 전기 배선의 하자로 인한 화재는 특별한 사정이 없는 한 임차인이 임차목적물의 보존에 관한 선량한 관리자의 주의의무를 다하지 아니한 결과 발생한 것이므로 임차인의 손해배상책임을 인정하였다.[1] 이에 반해 그 화재가 건물 소유자 측이 설치하여 건물 구조의 일부를 이루는 전기 배선과 같이 임대인이 지배·관리하는 영역에 존재하는 하자로 인하여 발생한 것으로 추단된다면, 그 하자를 보수·제거하는 것은 임대차목적물을 사용·수익하기에 필요한 상태로 유지할 의무를 부담하는 임대인의 의무에 속하는 것이므로, 그 화재로 인한 목적물반환의무의 이행불능 등에 관한 손해배상책임을 임차인에게 물을 수 없다.[2]

> "임차인이 임대인 소유 건물의 일부를 임차하여 사용·수익하던 중 임차 건물 부분에서 화재가 발생하여 임차 건물 부분이 아닌 건물 부분(이하 '임차 외 건물 부분'이라 한다)까지 불에 타 그로 인해 임대인에게 재산상 손해가 발생한 경우에, (임차 외 건물 부분이 구조상 불가분의 일체를 이루는 관계에 있는 부분이라 하더라도 그 부분에 발생한 손해에 대하여 임대인이 임차인을 상대로 채무불이행을 원인으로 하는 배상을 구하려면) 임차인이 보존·관리의무를 위반하여 화재가 발생한 원인을 제공하는 등 화재 발생과 관련된 임차인의 계약상 의무 위반이 있었고, 그러한 의무 위반과 임차 외 건물 부분의 손해 사이에 상당인과관계가 있으며, 임차 외 건물 부분의 손해가 그러한 의무 위반에 따른 통상의 손해에 해당하거나, 임차

1) 대판 2006. 1. 13. 2005다51013.

2) 대판 2009. 5. 28. 2009다13170.

> 인이 그 사정을 알았거나 알 수 있었을 특별한 사정으로 인한 손해에 해당하여 임차 외 건물 부분의 손해가 의무 위반에 따라 민법 제393조에 의하여 배상하여야 할 손해의 범위 내에 있다는 점에 대하여 (…) 임대인이 주장·증명하여야 한다."[1)]

2) 임차목적물의 반환 및 원상회복의무

임차인은 임대차 기간이 종료한 후 임차목적물을 임대인에게 반환하여야 한다. 이때 임차인은 원칙적으로 목적물을 원상에 회복하여야 한다(제654조, 제615조). 임대인의 귀책사유로 계약이 해지된 경우, 임차인은 임대인에 대하여 손해배상청구를 할 수 있을 뿐 임차인의 원상회복의무가 면제되는 것은 아니다.[2)]

대법원은 당사자 사이에 특약으로 '보수 및 시설은 임차인이 해야 하며 앞으로도 임대인은 해주지 않는다. 임차인은 설치한 모든 시설물에 대하여 임대인에게 시설비를 요구하지 않기로 한다.' 등의 약정을 한 경우, 임차인은 시설 비용이나 보수 비용의 상환청구권을 포기하는 대신 원상복구의무도 부담하지 않기로 하는 합의가 있었다고 해석하는 반면,[3)] 임차인이 영업 시설비를 청구하지 않기로 약정한 사정만으로 그 시설에 대한 원상회복의무를 면제한다는 합의가 있었다고 볼 수는 없다고 한다.[4)]

1) 대판(전) 2017. 5. 18. 2012다86895.
2) 대판 2002. 12. 6. 2002다42278.
3) 대판 1998. 5. 29. 98다6497.
4) 대판 2006. 10. 13. 2006다39720.

3. 임차인의 권리

(1) 임차권

1) 의의

임차권이란 임차목적물을 계약 또는 목적물의 성질에 의한 용법에 따라 사용·수익할 수 있는 임차인의 권리를 말한다. 이러한 임차인의 목적물에 대한 사용·수익의 권리는 지상권이나 전세권에서도 인정되지만, 지상권이나 전세권은 설정자뿐만 아니라 제3자에 대하여서도 행사할 수 있는 대세적 권리로서의 물권인 반면, 임차권은 단지 임대인에게만 행사할 수 있는 상대권으로서 채권이라는 점에서 큰 차이를 보인다.

2) 대항력

a. 채권적 권리로서의 임차권은 계약 상대방인 임대인 이외의 제3자에 대하여서는 권리를 행사하지 못하지만, 민법은 부동산임차권에 등기할 수 있는 길을 열어 대항력을 부여하고 있다. 즉 부동산 임차인은 당사자 간에 반대 약정이 없으면 임대인에 대하여 그 임대차등기절차에 협력할 것을 청구할 수 있다(제621조 제1항). 부동산임대차를 등기한 때에는 그때부터 제3자에 대하여 효력이 생긴다(제621조 제2항).

여기서 제3자에 대하여 효력이 생긴다는 것은 대항력을 취득한다는 것으로 해석되어 등기된 임대차 기간 동안은 소유권자가 매매 등으로 변경된다고 하더라도 임차인은 자신의 임차권을 주장할 수 있으며, 등기된 보증금도 임차관계 종료 후 새로운 소유권자에게 반환청구 할 수 있게 된다. 즉 임차목적물의 새로운 소유권자는 구 소유권자의 임대인 지위를 승계하게 된다.

"등기된 임차권에는 용익권적 권능 외에 임차보증금반환채권에 대한 담보권적 권능이 있고, 임대차 기간이 종료되면 용익권적 권능은 임차권등기의 말소등기 없이도 곧바로 소멸하나 담보권적 권능은 곧바로 소멸하지 않는다고 할 것이어서, 임차권자는 임대차 기간이 종료한 후에도 임차보증금을 반환받기까지는 임대인이나 그 승계인에 대하여 임차권등기의 말소를 거부할 수 있다고 할 것이고, 따라서 임차권등기가 원인 없이 말소된 때에는 그 방해를 배제하기 위한 청구를 할 수 있다."[1)]

b. 건물의 소유를 목적으로 한 토지임대차의 경우 임차인이 그 지상 건물을 등기한 때에는 토지에 대해 등기하지 아니한 경우에도 제3자에 대하여 토지임대차의 대항력이 발생한다(제622조 제1항). 반면 임차인이 그 지상 건물을 등기하기 전에 제3자가 그 토지에 관하여 물권취득의 등기를 한 때에는 그 제3자에 대하여 대항력을 갖지 못한다.[2)]

c. 건물의 소유를 목적으로 한 토지의 임차인으로부터 소유권이전등기를 통한 건물의 소유권과 함께 토지의 임차권을 취득한 사람이더라도 임차권의 양도에 관하여 토지 임대인의 동의가 없었다면 그에게 임차권의 취득을 주장하지 못하며,[3)] 이러한 사정은 경매를 통하여 건물의 소유권을 취득한 경락인도 마찬가지이다.[4)] 이 경우 토지 임대인은 원칙적으로 채무불이행을 이유로 토지임대차계약을 해지할 수 있으며(제629조 제2항),[5)] 임차인은 지상물매수청구권을 행사하지 못한

1) 대판 2002. 2. 26. 99다67079.
2) 대판 2003. 2. 28. 2000다65802.
3) 대판 1996. 2. 27. 95다29345.
4) 대판 1993. 4. 13. 92다24950.
5) 대판 2003. 4. 22. 2003다7685.

다.[1] 건물이 임대차 기간 만료 전에 멸실 또는 후폐한 때에는 토지임대차의 대항력은 그때로부터 상실된다(제622조 제2항).

(2) 임차권의 양도와 전대차

1) 의의

임차권의 양도는 임차인이 종래의 계약관계에서 벗어나고 양수인이 새로운 임차인으로 임대인과 계약관계를 갖는 것을 말한다. 임차권의 양도를 채권의 양도로 보는 견해[2]도 있지만, 이 경우 채권 양도의 통지만으로 임대인에게 대항할 수 있게 되어 신뢰관계를 전제로 하는 임대차관계에 비추어 타당하지 않다. 임대인의 동의를 전제로 새로운 임차인이 기존 임대인과 임차인의 계속적 법률관계를 승계한다는 점에서 계약인수[3]로 보는 것이 타당하다.

이에 반해 전대차는 임차인이 계약상의 지위를 유지하면서 제3자인 전차인과 임대차계약을 체결하고 임차목적물을 사용·수익할 수 있도록 하는 계약이다.

임대차관계는 목적물의 사용·수익에 관하여 임대인과 임차인의 신뢰관계를 전제로 한다. 임대인의 동의 없이 임차인이 임차권을 양도하거나 전대하여 준 경우 이러한 신뢰관계가 파괴되어 임대인은 임대차계약을 해지할 수 있다(제629조 제2항).

2) 임차권 양도의 효과

① 임대인의 동의를 얻은 경우

1) 대판 1991. 4. 23. 90다19695.
2) 곽윤직, 채권각론(2014), 205면; 송덕수, 채권법각론(2019), 266면.
3) 김형배, 채권각론(1997), 465면; 이은영, 채권각론(2007), 440면.

임대인의 동의를 얻어서 임차권이 양도되면 구임차인은 임대차관계에서 벗어나고 새로운 임차인이 임대인과 임대차관계를 갖게 된다. 새로운 임차인은 기존 임대차관계에 따라 차임지급의무를 지며 임대인도 새로운 임차인에 대하여 남은 임대차 기간 동안 목적물을 사용·수익할 수 있도록 해주어야 한다.

임차권의 양도가 있기 이전에 구임차인에게 발생한 연체 차임이나 관리비는 새로운 임차인에게 이전하지 않는다.

"임대차보증금반환채권이 가압류 또는 압류된 후 임차권이 양도된 경우에 임대인이 위 임차권의 양도를 승낙하였다면 임대인과 구 임차인과의 임대차관계는 종료되어 구 임차인은 임대차관계로부터 이탈하게 되고, 구 임차인의 임대차보증금반환채권은 구 임차인과 임대인과의 임대차관계의 종료로 인하여 임대인의 임차권 양도 승낙 시에 이행기에 도달하게 된다고 보아야 한다.
이 경우, 임대차보증금에 관한 구 임차인의 권리의무관계는 구 임차인이 임대인과 사이에 임대차보증금을 신 임차인의 채무불이행의 담보로 하기로 약정하거나 신 임차인에 대하여 임대차보증금반환채권을 양도하기로 하는 등의 특별한 사정이 없는 한 신 임차인에게 승계되지 아니하며, 구 임차인이 임대인과 사이에 임대차보증금을 신 임차인의 채무의 담보로 하기로 약정하거나 신 임차인에 대하여 임대차보증금반환채권을 양도하기로 한 때에도 그 이전에 임대차보증금반환채권이 제3자에 의하여 가압류 또는 압류되어 있는 경우에는 위와 같은 합의나 양도의 효력은 압류권자 등에게 대항할 수 없으므로, 신 임차인이 차임지급을 연체하는 등 새로운 채무를 부담하게 되었다고 하여 그 연체차임 등을 구 임차인에게 반환할 임대차보증금에서 공제할 수는 없다."[1]

② 임대인의 동의를 얻지 않은 경우

임차인이 임대인의 동의 없이 임차권을 양도하였다면, 양도인과 양수인 사이에 채권적 효력이 발생하지만,[2] 임대인에 대한 관계에서는 임차인의 처분권이 없는 관계로 임차권의 양도 효력이 발생하지 않는다. 하지만 양도인은 임대인의 동의를 받아 줄 의무를 지며 이를 얻지 못한 경우에는 담보책임을 부담한다(제567조). 따라서 양도인이 이러한 동의를 얻지 못하는 경우에는 양수인은 계약을 해제할 수 있으나 그러한 사정을 알고서 양도계약을 체결하였다면 손해배상을 청구하지 못한다(제570조).

임차인이 임차권을 무단 양도하더라도 임대인이 임대차계약을 해지하지 않는 한 임대인과 기존 임차인 사이에는 여전히 임대차관계가 유지된다. 따라서 임대인은 임차인에 대하여 차임지급청구권을 행사할 수 있으므로 그 한도에서 손해가 없으므로 제3자에 대한 손해배상청구나 부당이득반환청구를 할 수 없다.[3]

"임대인의 동의없는 임차권의 양도는 당사자 사이에서는 유효하다 하더라도 다른 특약이 없는 한 임대인에게는 대항할 수 없는 것이고 임대인에 대항할 수 없는 임차권의 양수인으로서는 임대인의 권한을 대위 행사할 수 없다."[4]

---

1) 대판 1998. 7. 14. 96다17202.

2) 대판 1986. 2. 25. 85다카1812.

3) 대판 2008. 2. 28. 2006다10323.

4) 대판 1985. 2. 8. 84다카188.

3) 전대차의 효과

① 임대인의 동의를 받은 경우

전대인이 임대인의 동의를 얻어서 전대한 경우에 임대인과 임차인 사이의 임대차관계는 유지되고 임차인과 전차인 사이에 새로운 임대차관계가 발생한다. 즉 전차인은 임차인에 대하여 목적물을 사용·수익하게 해 줄 것을 청구할 수 있고, 임차인은 전차인에 대하여 차임지급청구권을 갖는다.

임대인과 전차인 사이는 직접적으로 계약을 체결하지 않은 관계로 전차인은 전대인에 대하여 계약상 채무를 부담하는 반면 임대인에 대하여는 직접적인 채무를 부담하지 않게 될 것이다. 하지만 민법은 임대인을 보호하기 위하여 임차인이 임대인의 동의를 얻어 임차물을 전대한 때에는 전차인은 직접 임대인에 대하여 의무를 부담하도록 하고 있다(제630조 제1항 전문). 이에 따라 전차인은 목적물의 보관의무, 차임지급의무, 계약 종료 후 목적물반환의무를 부담한다. 다만 이 경우에도 전차인은 전대차계약으로 전대인에 대하여 부담하는 의무 이상으로 임대인에게 의무를 지지 않고 동시에 임대차계약으로 임차인이 임대인에 대하여 부담하는 의무 이상으로 임대인에게 의무를 지지 않는다.[1] 임대인의 전대차에 대한 동의 이후에 전대차계약의 내용이 변경된 경우에도 임대인의 보호를 위한 제630조 제1항의 취지에 반하지 않는 한 전차인은 임대인에 대하여 변경된 내용을 주장할 수 있다. 예를 들어 전대인과 전차인이 전대차계약상의 차임을 감액한 경우 전차인은 감액된 차임으로 임대인에게 대항할 수 있다.[2]

차임지급의무와 관련하여 민법 제630조 제1항 단서는 “이 경우에 전차인은 전대인에 대한 차임의 지급으로써 임대인에게 대항할 수 없

1) 대판 2018. 7. 11. 2018다200518.

2) 대판 2018. 7. 11. 2018다200518.

다”라고 규정하고 있다. 이 규정에 따라 전차인은 임대인의 청구가 있으면 전차인과의 계약과 상관없이 임대인에게 차임을 지급하여야 한다. 다만 대법원은 이 규정에 따라 전차인이 임대인에게 대항할 수 없는 차임의 범위를 전대차계약상의 차임 지급 시기를 기준으로 하여 그 전에 전대인에게 지급한 차임에 한정하고, 그 이후에 지급한 차임으로는 임대인에게 대항할 수 있다고 보았다. 즉 전대차계약에서 정한 차임 지급 시기보다 앞서서 전대인에게 지급된 차임으로는 임대인에게 대항할 수 없지만, 그 시기 이후에 전대인에게 이미 차임을 지급한 경우라면 임대인의 차임 청구에 대하여 차임이 이미 지급된 것으로 항변할 수 있는 것이다.[1] 전대차계약상의 차임 지급 시기 전에 전차인이 전대인에게 차임을 지급하였지만, 임대인의 차임 청구 전에 전대차계약상의 차임 지급 시기가 도래한 경우라면 마찬가지로 그 지급으로 임대인에게 대항할 수 있다.[2]

이러한 해석을 근거로 대법원은 전대차계약 종료와 전대차목적물의 반환 당시 전차인의 연체 차임은 전대차보증금에서 당연히 공제되어 소멸되고, 이는 전대차계약상의 차임 지급 시기 이후에 발생한 채무소멸사유로서 전차인은 이러한 사유로 임대인에게 대항할 수 있다고 보았다.[3]

임대차계약과 전대차계약이 동시에 종료하는 경우뿐만 아니라 임대차계약이 차임 연체 등 채무불이행을 이유로 해지된 경우에도 이를 전제로 하는 전대차계약도 종료하게 되는데, 이때 전차인은 임대인에 대하여 목적물을 반환할 의무가 발생한다(제630조 제1항). 임대인에게 전대목적물을 반환하면 이것으로 전대인에 대한 목적물반환의무도

1) 대판 2017. 12. 28. 2017다265266.
2) 대판 2018. 7. 11. 2018다200518.
3) 대판 2008. 3. 27. 2006다45459.

함께 이행한 것이 된다.[1] 이 경우 전차인이 자신의 전대인에 대한 보증금반환채권을 기초로 임대인에 대하여 동시이행의 항변권을 주장할 수는 없다. 하지만 임대인에 대한 보증금반환채권을 피보전채권으로 하여 임차인의 동시이행의 항변권을 대위행사할 수 있다고 보아야 할 것이다.

임차인이 임대인의 동의를 얻어 임차물을 전대한 경우에는 임대인과 임차인의 합의로 계약을 종료한 때에도 전차인의 권리는 소멸하지 아니한다(제631조). 이 경우 전대차계약이 종료한 때에 비로소 전차인의 목적물반환의무가 변제기에 이른다. 또한 임대차계약이 해지의 통고로 인하여 종료된 경우에도 임대인은 전차인에 대하여 그 사유를 통지하지 아니하면 해지로써 전차인에게 대항하지 못한다(제638조).

이러한 전대차에 관한 규정은 건물의 임차인이 그 건물의 소부분을 타인에게 사용하게 하는 경우에 적용되지 않는다(제632조).

② 임대인의 동의를 받지 못한 경우

임대인의 동의를 얻지 못하였다고 하더라도 전대인과 전차인 사이의 전대차계약은 유효하다. 전대차계약은 준물권행위에 해당하는 임차권의 양도와 달리 채권계약에 불과하기 때문이다. 이 경우 전대인은 전차인에 대하여 목적물을 사용, 수익하게 하여 줄 의무를 부담하고, 전차인은 전대인에게 차임을 지급할 의무를 부담한다. 임대인은 이 경우에 임대인에 대하여 임대차계약을 해지할 수 있고, 물권적 반환청구권을 행사하여 목적물의 반환을 청구할 수도 있다. 또한 임차인에 대하여 채무불이행책임(제390조)을 물어 손해배상청구권을 행사할 수 있다.

---

1) 대판 1995. 12. 12. 95다23996.

(3) 부속물매수청구권

1) 의의

부속물매수청구권이란 건물 기타 공작물의 임차인이 그 사용의 편익을 위하여 임대인의 동의를 받아 이에 부속한 물건이 있는 때에 임대차의 종료 시에 임대인에 대하여 그 부속물의 매수를 청구할 수 있는 권리를 말한다(제646조). 임대인으로부터 매수한 부속물도 부속물매수청구권의 대상이 된다. 부속물매수청구권은 편면적 강행규정으로 합의하였다고 하더라도 임차인으로부터 박탈하지 못한다(제652조). 반면 임차인에게 불리하지 않은 매수청구권 포기의 특약은 그 효력이 인정된다.

"건물 임차인인 피고들이 증·개축한 시설물과 부대시설을 포기하고 임대차 종료 시의 현상대로 임대인의 소유에 귀속하기로 하는 대가로 임대차계약의 보증금 및 월차임을 파격적으로 저렴하게 하고, 그 임대 기간도 장기간으로 약정하고, 임대인은 임대차계약의 종료 즉시 임대 건물을 철거하고 그 부지에 건물을 신축하려고 하고 있으며 임대차계약 당시부터 임차인도 그와 같은 사정을 알고 있었다면 임대차계약 시 임차인의 부속 시설의 소유권이 임대인에게 귀속하기로 한 특약은 단지 부속물매수청구권을 배제하기로 하거나 또는 부속물을 대가 없이 임대인의 소유에 속하게 하는 약정들과는 달라서 임차인에게 불리한 약정이라고 할 수 없다."[1)]

1) 대판 1982. 1. 19. 81다1001.

2) 요건

① 부속물

부속물매수청구권의 대상이 되는 부속물이란 건물에 부속된 물건으로서 임차인의 소유에 속하고, 건물의 구성부분으로는 되지 아니한 것으로서 건물의 사용에 객관적인 편익을 주는 물건을 말한다. 따라서 부속된 물건이 오로지 임차인의 특수 목적에 사용하기 위하여 부속된 것일 때에는 이에 해당하지 않으며, 당해 건물의 객관적인 사용 목적은 그 건물 자체의 구조와 임대차계약 당시 당사자 사이에 합의된 사용 목적, 기타 건물의 위치, 주위 환경 등 제반 사정을 참작하여 정하여진다.

임차한 상가에서 삼계탕집을 경영하기 위하여 보일러, 온돌방, 방문틀, 주방 내부, 합판을 이용한 점포 장식, 가스, 실내 전등, 계단 전기 등을 설치하고 페인트 도색을 하는 등 공사를 한 경우 사무실로 이용되던 건물의 본래 용도 및 임차인의 이용실태 등에 비추어 임차인이 지출한 비용은 어디까지나 임차인이 이 건물에서 삼계탕집을 경영하기 위한 것이지 건물의 보존을 위한다거나 그 객관적 가치를 증가시키기 위한 것이 아니어서 이를 필요비 또는 유익비라고 할 수 없고, 건물의 구성 부분으로 되었거나 임차인의 삼계탕집 경영이라는 특수한 목적에 사용하기 위한 것이므로 매수 대상이 되는 부속물에 해당하지 않는다.[1)]

반면 5층 건물의 등기부등본, 건축물관리대장에 지하 1층 및 임차인이 임차한 1, 2층은 그 용도가 음식점으로 되어 있고, 임대차계약서에도 그 용도가 대중음식점으로 되어 있으며, 임차 당시 건물 부분은 상·하수도, 화장실, 전기 배선 등 기본 시설만 되어 있었는데 임차인

1) 대판 1993. 10. 8. 93다25738.

이 임차 후 이를 식당으로 사용하기 위하여 그 주장과 같은 각종 시설을 하였다면 건물의 객관적인 사용 목적은 대중음식점이라고 보아야 할 것이다. 따라서 임차인이 한 각종 시설물 중 음식점 영업의 편익을 위한 것은 이 사건 건물의 사용에 객관적인 편익을 가져오게 하는 것으로 부속물매수청구권의 대상이 된다.[1)]

② 임대인의 설치 동의가 있었거나 임대인으로부터 매수한 부속물

부속물의 설치에 대하여 임대인의 동의가 있었거나 부속물을 임대인으로부터 매수하였어야 한다. 임대인의 동의는 묵시적으로도 가능하며 임대의 목적에 대한 임대인의 양해가 있었다면 부속물의 설치에 대한 묵시적 동의가 있었다고 볼 것이다.

건물 기타 공작물의 임차인이 적법하게 전대한 경우에 전차인이 그 사용의 편익을 위하여 임대인의 동의를 얻어 이에 부속한 물건이 있는 때에는 전대차의 종료 시에 임대인에 대하여 그 부속물의 매수를 청구할 수 있다. 임대인으로부터 매수하였거나 그 동의를 얻어 임차인으로부터 매수한 부속물에 대하여도 마찬가지이다(제647조).

③ 임대차의 종료

부속물매수청구권은 임대차가 종료한 때에 인정되는 권리이다. 임대차계약이 임차인의 무단 전대나 임차인의 차임 연체 등 임차인의 채무불이행을 이유로 해지되었다면 부속물매수청구권이 인정되지 않는다.[2)]

---

1) 대판 1993. 2. 26. 92다41627.

2) 대판 1996. 2. 27. 95다29345.

3) 부속물매수청구권 행사의 효과

부속물매수청구권은 형성권으로 임차인의 일방적 의사표시에 의하여 매매계약이 성립한다. 매매계약의 성립으로 임차인은 매매대금의 지급 시까지 부속물의 인도를 거절할 수 있다.

"점포의 최초 임차인이 임대인 측의 묵시적 동의하에 유리 출입문, 새시 등 영업에 필요한 시설을 부속시킨 후, 그 점포의 소유권이 임차보증금반환채무와 함께 현 임대인에게 이전되고 점포의 임차권도 임대인과의 사이에 시설비 지급 여부 또는 임차인의 원상회복의무에 관한 아무런 논의 없이 현 임차인에게 전전 승계되어 왔다면, 그 시설대금이 이미 임차인 측에 지급되었다거나 임차인의 지위가 승계될 당시 유리 출입문 등의 시설은 양도 대상에서 특히 제외하기로 약정하였다는 등의 특별한 사정이 인정되지 않는 한, 종전 임차인의 지위를 승계한 현 임차인으로서는 임차 기간의 만료로 임대차가 종료됨에 있어 임대인에 대하여 부속물매수청구권을 행사할 수 있다."[1)]

(4) 토지임차인의 지상물매수청구권

1) 의의

건물 기타 공작물의 소유 또는 식목, 채염, 목축을 목적으로 한 토지임대차의 기간이 만료한 상황에서 건물 기타 공작물이나 수목이 현존하고 있다면 토지 임차인은 먼저 계약의 갱신을 청구할 수 있다(제

1) 대판 1995. 6. 30. 95다12927.

643조, 제283조 제1항). 이는 순수한 청구권으로 임대인은 이를 거절할 수 있다. 이 경우 토지 임차인은 형성권으로서 상당한 가액으로 그 지상물의 매수를 청구할 수 있다(제643조, 제283조 제2항).

지상물매수청구권에 관한 규정도 편면적 강행규정으로 임차인에게 불리한 합의 내용은 그 효력이 발생하지 않는다(제652조).

> "임차인의 매수청구권에 관한 민법 제643조의 규정은 강행규정이므로 이 규정에 위반하는 약정으로서 임차인에게 불리한 것은 그 효력이 없는바, 임차인에게 불리한 약정인지의 여부는 우선 당해 계약의 조건 자체에 의하여 가려져야 하지만 계약체결의 경위와 제반 사정 등을 종합적으로 고려하여 실질적으로 임차인에게 불리하다고 볼 수 없는 특별한 사정을 인정할 수 있을 때에는 위 강행규정에 저촉되지 않는 것으로 보아야 한다(토지를 점유할 권원이 없어 건물을 철거하여야 할 처지에 있는 건물 소유자에게 토지 소유자가 은혜적으로 명목상 차임만을 받고 토지의 사용을 일시적으로 허용하는 취지에서 토지임대차계약이 체결된 경우라면, 임대인의 요구 시 언제든지 건물을 철거하고 토지를 인도한다는 특약이 임차인에게 불리한 약정에 해당하지 않는다고 한 사례)."[1)]

2) 요건

① 지상물

지상물이란 임차된 토지 위에 건설된 건물 기타 공작물 및 수목을 말한다. 매수청구권의 대상이 되는 건물은 그것이 토지의 임대 목적에 반하여 축조되고, 임대인이 예상할 수 없을 정도의 고가의 것이라

1) 대판 1997. 4. 8. 96다45443.

는 특별한 사정이 없는 한 임대차 기간 중에 축조되었다고 하더라도 그 만료 시에 그 가치가 잔존하고 있으면 그 범위에 포함되는 것이고, 반드시 임대차계약 당시의 기존건물이거나 임대인의 동의를 얻어 신축한 것에 한정되지 않는다.[1] 행정관청의 허가를 받은 적법한 건물이 아니더라도 무허가이기 때문에 곧 철거될 운명에 놓여 있다는 등의 사정이 없는 한 임차인의 건물매수청구권의 대상이 될 수 있다.[2]

매수청구의 대상이 되는 건물에는 임차인이 임차 토지상에 그 건물을 소유하면서 그 필요에 따라 설치한 것으로서 건물로부터 용이하게 분리될 수 없고 그 건물을 사용하는 데 객관적인 편익을 주는 부속물이나 부속 시설 등이 포함되는 것이지만, 이와 달리 임차인이 자신의 특수한 용도나 사업을 위하여 설치한 물건이나 시설은 이에 해당하지 않는다고 보아야 한다.[3]

> "건물의 소유를 목적으로 한 토지임대차계약의 기간이 만료함에 따라 지상 건물 소유자가 임대인에 대하여 행사하는 민법 제643조 소정의 매수청구권은 매수 청구의 대상이 되는 건물에 근저당권이 설정되어 있는 경우에도 인정된다. 이 경우에 그 건물의 매수 가격은 건물 자체의 가격 외에 건물의 위치, 주변 토지의 여러 사정 등을 종합적으로 고려하여 매수청구권 행사 당시 건물이 현존하는 대로의 상태에서 평가된 시가 상당액을 의미하고, 여기에

1) 대판 1993. 11. 12. 93다34589. 나아가 대법원(대판 2002. 5. 31. 2001다42080)은 지상 건물이 객관적으로 경제적 가치가 있는지 여부나 임대인에게 소용이 있는지 여부가 그 행사요건이라고 볼 수 없다고 하나 경제적 가치가 전혀 없는 물건에 대한 매수 청구가 가능한지 의문이다. 다만 이 판결이 다룬 사안은 지은 지 30년 된 건물에 관한 것으로 경제적 가치가 전혀 없는 것은 아니었다.

2) 대판 1997. 12. 23. 97다37753.

3) 대판 2002. 11. 13. 2002다46003. 따라서 건물에 부착된 찜질방 간판 및 가구는 물론 찜질방 영업용의 제반 시설물의 가격 등은 매매 가격에서 제하여 계산하도록 하였다.

서 근저당권의 채권 최고액이나 피담보채무액을 공제한 금액을 매수 가격으로 정할 것은 아니다. 다만, 매수청구권을 행사한 지상 건물 소유자가 위와 같은 근저당권을 말소하지 않는 경우 토지 소유자는 민법 제588조에 의하여 위 근저당권의 말소등기가 될 때까지 그 채권 최고액에 상당한 대금의 지급을 거절할 수 있다."[1]

② 기간 만료 후 갱신의 거절

지상물매수청구권은 기간 만료 후 갱신이 이루어지지 않은 경우에 발생한다. 다만 기간의 정함이 없는 경우 당사자는 언제든지 해지 통고를 할 수 있으므로(제635조), 이 경우에는 임차인의 계약 갱신 청구 유무와 관계없이 지상물매수청구권이 인정된다.[2] 계약의 해지 통고 후 일정 기간이 지나면 계약은 해지가 되는 것이므로 계약 갱신 청구는 의미가 없기 때문이다. 또한 임차인의 채무불이행 등 사유로 인하여 임대차계약이 해지되었다면 임차인에게 계약갱신권이나 매수청구권을 행사할 수 없다.[3]

③ 청구권자

지상물매수청구권은 지상물에 대한 처분권이 있는 자에 의하여 행사되어야 하므로 원칙적으로 지상물의 소유자에 제한된다. 따라서 토지 임차인이 임대차 기간이 만료하기 전에 토지 위에 건립된 건물을 제3자에게 양도하였다면 토지 임차인은 더 이상 건물에 대한 소유자가 아니어서 건물에 대한 매수청구권을 행사할 수 없다.[4] 다만 종전

1) 대판 2008. 5. 29. 2007다4356.
2) 대판 1995. 12. 26. 95다42195.
3) 대판 1972. 12. 26. 72다2013.
4) 대판 1993. 7. 27. 93다6386.

임차인으로부터 미등기 무허가 건물을 매수하여 점유하고 있는 임차인도 비록 소유자로서의 등기 명의가 없어 소유권을 취득하지 못하였다 하더라도 그 점유 중인 건물에 대하여 법률상 또는 사실상의 처분권을 가지고 있다고 보아야 할 것이므로 임대인에 대하여 지상물매수청구권을 행사할 수 있는 지위에 있다.[1)]

3) 효과

지상물매수청구권은 형성권으로, 그 행사에 따라 임대인과 임차인 사이에는 지상물에 대한 매매계약이 성립한다. 그 결과 임차인의 건물 명도 및 그 소유권이전등기의무와 토지 임대인의 건물대금지급의무는 서로 대가관계에 있는 채무로 동시이행의 관계에 있게 된다.[2)] 다만 이 경우에도 임차인이 지상 건물 등의 점유·사용으로 그 부지를 계속하여 점유·사용하였다면, 부지의 임료 상당액은 부당이득으로서 이를 임대인에게 반환할 의무가 있다.[3)]

건물의 매수 가격은 건물 자체의 가격 외에 건물의 위치, 주변 토지의 여러 사정 등을 종합적으로 고려하여, 매수청구권 행사 당시 건물이 현존하는 그 상태에서 평가된 시가가 된다. 따라서 임대인과 임차인이 토지와 그 지상의 건물에 관하여 임대차계약을 체결한 후 임차인이 임대인의 동의하에 그 건물을 철거하고 새로운 건물을 건축하였다면, 당초의 임대차계약은 신축건물의 소유를 목적으로 하는 토지임대차계약으로 변경되었다고 할 것이고, 이 경우 기간이 만료됨에 따라 지상 건물의 소유자가 임대인에 대하여 지상물매수청구권을 행사하면 그 지상 건물의 시가는 지상물매수청구권 행사 당시의 건물

1) 대판 2013. 11. 28. 2013다48364.

2) 대판 1998. 5. 8. 98다2389.

3) 대판 2001. 6. 1. 99다60535.

시가를 대금으로 하는 매매계약이 체결된 것과 같은 효과가 발생하는 것일 뿐, 임대인이 종전의 건물을 철거하는데 든 비용을 포함하여 임차인이 임차지 상의 건물을 신축하기 위하여 지출한 모든 비용을 보상하는 것은 아니다.[1)]

4. 임대차보증금

(1) 의의

임대차보증금은 보증금계약에 따라 임차인이 부담하는 차임 기타 채무를 담보하기 위하여 임차인이 임대인에게 교부하는 금전 기타 유가물을 말한다.

보증금의 구체적인 피담보채무의 범위에 대하여는 당사자의 합의에 따를 것이나 구체적인 합의가 없는 경우 임대차보증금은 부동산임대차에 있어서 임차인이 임대인에게 지급하는 보증금은 임대차관계가 종료되어 목적물을 반환하는 때까지 그 임대차관계에서 발생하는 임차인의 모든 채무를 담보한다. 따라서 임차인의 채무불이행이 없으면 그 전액을 반환하여야 하지만 차임이 연체되거나, 목적물을 멸실·훼손하여 부담하는 손해배상채무는 물론 임대차 종료 후 목적물 반환시까지 목적물의 사용으로 인한 손해배상 내지 부당이득반환채무도 보증금 중에서 공제하고 반환하면 된다.[2)]

그러나 임대차관계와 사실상 관련된 채무라고 하더라도, 임대인과 임차인 사이에서 장래 임대목적물 반환 시 원상복구 비용의 보증금 명목으로 지급하기로 약정한 금액 등과 같이, 임대차관계에서 당연히

---

1) 대판 2002. 11. 13. 2002다46003.

2) 대판 1987. 6. 23. 87다카98.

발생하는 임차인의 채무가 아니라 임대차계약과 별도로 이루어진 약정 등을 근거로 하여 비로소 발생하는 채무의 경우에는 반환할 임대차보증금에서 당연히 공제할 수 있는 것은 아니다.[1)]

부동산의 매수인이 매매목적물에 관한 임대차보증금반환채무 등을 인수하는 한편, 그 채무액을 매매대금에서 공제하기로 약정한 경우, 그 인수는 특별한 사정이 없는 이상 매도인을 면책시키는 면책적 채무인수가 아니라 이행인수로 보아야 하고, 면책적 채무인수로 보기 위해서는 이에 대한 채권자 즉, 임차인의 승낙이 있어야 한다.[2)]

(2) 보증금 수수의 효과

1) 임차인채무의 담보

임대차보증금은 임대차계약이 종료된 후 임차인이 목적물을 명도할 때까지 발생하는 차임 및 기타 임차인의 채무를 담보하기 위하여 교부되는 것이므로 임차인은 보증금의 존재를 이유로 차임의 지급을 거절하거나 그 연체에 따른 채무불이행책임을 면할 수는 없다.[3)] 즉 임대인은 임대차계약이 종료되거나 목적물이 인도되기 전에 임대인이 연체된 차임 등을 임대차보증금에서 공제한다는 의사표시를 함으로써 이를 공제할 수 있지만,[4)] 보증금으로 연체 차임에 충당하지 않고 차임의 지급을 청구할 수도 있다. 임대차계약이 종료되었다 하더라도 목적물이 명도되지 않았다면 임차인은 보증금이 있음을 이유로 연체 차임의 지급을 거절할 수 없다.[5)]

---

1) 대판 2013. 6. 27. 2012다65881.
2) 대판 2001. 4. 27. 2000다69026.
3) 대판 1994. 9. 9. 94다4417.
4) 대판 2019. 4. 3. 2015다247745.
5) 대판 1999. 7. 27. 99다24881.

2) 보증금의 반환

① 피담보채무의 공제

수수된 보증금의 피담보채무 상당액은 임대차관계의 종료 후 목적물이 반환될 때에 특별한 사정이 없는 한 별도의 의사표시 없이 보증금에서 당연히 공제된다.[1] 보증금이 수수된 임대차계약에서 차임채권이 양도되었다고 하더라도, 임차인은 임대차계약이 종료되어 목적물을 반환할 때까지 연체한 차임 상당액을 보증금에서 공제할 것을 주장할 수 있다.[2]

임대차계약상의 차임채권에 관하여 압류 및 추심 명령이 있더라도 임대차 종료 후 목적물의 반환 시 그때까지 추심되지 않은 잔존 차임채권액도 임대차보증금에서 당연히 공제된다.[3] 또한 임대차보증금 반환채권에 대하여 임대인이 아무런 이의를 보류하지 않고 그 양도를 승낙하였다고 하여도 임대인은 임대차관계로부터 발생한 채무에 대하여는 당연히 그 공제를 주장할 수 있다.[4]

"임차 건물의 양수인이 임대인의 지위를 승계하면, 양수인은 임차인에게 임대보증금반환의무를 부담하고 임차인은 양수인에게 차임지급의무를 부담한다. 그러나 임차 건물의 소유권이 이전되기 전에 이미 발생한 연체 차임이나 관리비 등은 별도의 채권 양도 절차가 없는 한 원칙적으로 양수인에게 이전되지 않고 임대인만이 임차인에게 청구할 수 있다. 차임이나 관리비 등은 임차 건물을 사용한 대가로서 임차인에게 임차 건물을 사용하도록 할

1) 대판 1999. 12. 7. 99다50729.
2) 대판 2015. 3. 26. 2013다77225.
3) 대판 2004. 12. 23. 2004다56554.
4) 대판 2002. 12. 10. 2002다52657.

당시의 소유자 등 처분 권한 있는 자에게 귀속된다고 볼 수 있기 때문이다.
임대차계약에서 임대차보증금은 임대차계약 종료 후 목적물을 임대인에게 명도할 때까지 발생하는, 임대차에 따른 임차인의 모든 채무를 담보한다. 따라서 이러한 채무는 임대차관계 종료 후 목적물이 반환될 때에 특별한 사정이 없는 한 별도의 의사표시 없이 보증금에서 당연히 공제된다. 임차 건물의 양수인이 건물 소유권을 취득한 후 임대차관계가 종료되어 임차인에게 임대차보증금을 반환해야 하는 경우에 임대인의 지위를 승계하기 전까지 발생한 연체 차임이나 관리비 등이 있으면 이는 특별한 사정이 없는 한 임대차보증금에서 당연히 공제된다. 일반적으로 임차 건물의 양도 시에 연체 차임이나 관리비 등이 남아있더라도 나중에 임대차관계가 종료되는 경우 임대차보증금에서 이를 공제하겠다는 것이 당사자들의 의사나 거래 관념에 부합하기 때문이다."[1]

"민법 제495조는 "소멸시효가 완성된 채권이 그 완성 전에 상계할 수 있었던 것이면 그 채권자는 상계할 수 있다."라고 규정하고 있다. 이는 당사자 쌍방의 채권이 상계적상에 있었던 경우에 당사자들은 채권·채무관계가 이미 정산되어 소멸하였다고 생각하는 것이 일반적이라는 점을 고려하여 당사자들의 신뢰를 보호하기 위한 것이다. 다만 이는 '자동채권의 소멸시효 완성 전에 양 채권이 상계적상에 이르렀을 것'을 요건으로 하는데, 임대인의 임대차보증금 반환채무는 임대차계약이 종료된 때에 비로소 이

1) 대판 2017. 3. 22. 2016다218874.

행기에 도달하므로, 임대차 존속 중 차임채권의 소멸시효가 완성된 경우에는 소멸시효 완성 전에 임대인이 임대차보증금반환채무에 관한 기한의 이익을 실제로 포기하였다는 등의 특별한 사정이 없는 한 양 채권이 상계할 수 있는 상태에 있었다고 할 수 없다. 그러므로 그 이후에 임대인이 이미 소멸시효가 완성된 차임채권을 자동채권으로 삼아 임대차보증금반환채무와 상계하는 것은 민법 제495조에 의하더라도 인정될 수 없지만, 임대차 존속 중 차임이 연체되고 있음에도 임대차보증금에서 연체 차임을 충당하지 않고 있었던 임대인의 신뢰와 차임 연체 상태에서 임대차관계를 지속해 온 임차인의 묵시적 의사를 감안하면 연체 차임은 민법 제495조의 유추적용에 의하여 임대차보증금에서 공제할 수는 있다."[1]

② 보증금의 반환과 동시이행의 항변권

공제된 나머지 보증금의 반환의무와 임차목적물의 반환의무는 동시이행의 관계에 있다. 따라서 임차보증금을 이행하였다거나 그 이행을 제공하였다는 사정이 없는 한 임차목적물의 점유는 불법 점유라고 할 수 없어 그로 인한 손해배상책임을 지지 않는다.[2] 하지만 이 경우에도 사용, 수익으로 인하여 실질적으로 얻은 이익이 있으면 부당이득으로서 반환하여야 한다.[3] 임대차 종료 후 임차인이 임대인의 동시이행의 항변권을 소멸시키고 임대보증금 반환의 지체책임을 지우기 위해서는 임차인이 임대인에게 임차목적물의 명도의 이행제공을 하여야 하는데, 임차인이 임차목적물에서 퇴거하면서 그 사실을 임대인

1) 대판 2016. 11. 25. 2016다211309.
2) 대판 1990. 12. 21. 90다카24076.
3) 대판 1998. 7. 10. 98다15545.

에게 알리지 않았다면 임대인은 임차보증금에 대한 지체책임을 부담하지 않는다.[1]

반면 주택임대차보호법 제3조의3에 따른 임차권등기는 이미 임대차계약이 종료하였음에도 임대인이 그 보증금을 반환하지 않는 상태에서 경료되게 되므로, 이미 사실상 이행지체에 빠진 임대인의 임대차보증금의 반환의무와 그에 대응하는 임차인의 권리를 보전하기 위하여 새로이 경료하는 임차권등기에 대한 임차인의 말소의무를 동시이행관계에 있는 것으로 해석할 것은 아니고, 특히 위 임차권등기는 임차인으로 하여금 기왕의 대항력이나 우선변제권을 유지하도록 해주는 담보적 기능만을 주목적으로 하는 점 등에 비추어 볼 때, 임대인의 임대차보증금의 반환의무가 임차인의 임차권등기 말소의무보다 먼저 이행되어야 할 의무이다.[2]

보증금반환채권은 그 물건에 관하여 생긴 채권에 해당하지 않으므로 유치권은 성립하지 않는다.[3]

(3) 임대차보증금반환채권에 대한 압류와 임차권의 양도

임대차보증금반환채권이 가압류 또는 압류된 후 임차권이 양도된 경우에 임대인이 위 임차권의 양도를 승낙하였다면 임대인과 구 임차인과의 임대차관계는 종료되고, 따라서 임대인으로서는 임차권 양도 승낙 시에 구 임차인에게 임대차보증금을 반환할 의무를 부담하게 되었으므로, 그 후에 신 임차인이 차임 지급을 연체하는 등 새로운 채무를 부담하게 되었다고 하여 그 연체 차임 등을 구 임차인에게 반환할

1) 대판 2002. 2. 26. 2001다77697.
2) 대판 2005. 6. 9. 2005다4529.
3) 대판 1976. 5. 11. 75다1305.

임대차보증금에서 공제할 수는 없다.[1]

임대차보증금반환채권에 대하여 임대인이 아무런 이의를 보류하지 않고 그 양도를 승낙하였다고 하여도 임대인은 임대차관계로부터 발생한 채무에 대하여는 당연히 그 공제를 주장할 수 있다.[2]

(4) 대항력과 보증금의 증액

대항력을 갖춘 임차인이 저당권설정등기 이후에 임대인과 보증금을 증액하기로 합의하고 초과부분을 지급한 경우 임차인이 저당권설정등기 이전에 취득하고 있던 임차권으로 선순위로서 저당권자에게 대항할 수 있음은 물론이나 저당권설정등기 후에 건물주와의 사이에 임차보증금을 증액하기로 한 합의는 건물주가 저당권자를 해치는 법률행위를 할 수 없게 된 결과 그 합의 당사자 사이에서만 효력이 있는 것이고 저당권자에게는 대항할 수 없다고 할 수밖에 없으므로 임차인은 위 저당권을 근거로 하여 건물을 경락받은 소유자의 건물 명도 청구에 대하여 증액 전 임차보증금을 상환받을 때까지 그 건물을 명도할 수 없다고 주장할 수 있을 뿐이고 저당권설정등기 이후에 증액한 임차보증금으로써는 소유자에게 대항할 수 없다.[3] 이러한 법리는 대항력을 갖춘 임차인이 체납 처분에 의한 압류등기 이후나,[4] 가등기 이후에[5], 임대인과 보증금을 증액하기로 합의하고 초과 부분을 지급한 경우에도 마찬가지로 적용된다.[6] 또한 주택임대차보호법의 적용을 받

1) 대판 1998. 7. 14. 96다17202.
2) 대판 2002. 12. 10. 2002다52657.
3) 대판 1990. 8. 14. 90다카11377.
4) 대판 2010. 5. 13. 2010다12753.
5) 대판 1986. 9. 9. 86다카757.
6) 대판 2010. 5. 13. 2010다12753.

는 임대 목적 부동산에 관하여 제3자가 가등기를 하고 그 가등기에 기하여 본등기가 마쳐진 경우에 있어서는 임대인과 임차인 사이에 그 가등기 후 그 보증금을 인상하기로 약정하였다 하더라도 그 인상분에 대하여는 그 등기 권리자에게 대항하지 못한다.[1]

(5) 보증금의 담보를 위한 전세권설정계약

임대차보증금채권을 담보하기 위하여 임대차계약 당사자 사이에 보증금을 전세금으로 하는 전세권설정등기를 하는 경우가 자주 있다. 판례는 이러한 전세권설정계약 및 등기가 주로 채권담보의 목적으로 하더라도 장차 전세권자가 목적물을 사용·수익하는 것을 완전히 배제하는 것이 아니라면, 그 전세권의 효력을 부인할 수는 없다는 입장이다.[2]

이때 임대차보증금에서 연체 차임 등을 공제하고 남은 돈을 전세금으로 하는 합의가 당사자 사이에서는 인정될 것이지만, 이러한 전세권설정계약은 외관상으로는 그 내용에 차임 지급 약정이 존재하지 않고 이에 따라 전세금이 연체 차임으로 공제되지 않는 등 임대인과 임차인의 진의와 일치하지 않는 부분이 존재하게 되어 그러한 전세권설정계약은 임대차계약과 양립할 수 없는 범위에서 통정 허위 표시에 해당하여 무효가 된다.[3] 즉 전세금에서 연체 차임을 공제하는 합의는 당사자 사이에서 통정 허위 표시로 효력을 갖지 못한다(제108조 제1항). 그리고 전세권설정계약에 의하여 형성된 법률관계에 기초하여 새로이 법률상 이해관계를 가지게 된 제3자가 그와 같은 사정을 알고 있었던 경우에는 그 무효를 주장할 수 있다. 즉 임대인은 연체 차임

---

1) 대판 1986. 9. 9. 86다카757.

2) 대판 1995. 2. 10. 94다18508.

3) 대판 2021. 12. 30. 2020다257999.

을 공제한 보증금을 전세금이라고 주장하여 그 보증금만 반환하면 된다.[1] 하지만 제3자가 그러한 사정을 모르는 경우에는 연체 차임을 공제하지 못하고 보증금 전액을 전세금으로 반환하여야 한다(제108조 제2항).[2]

여기서 제3자는 전세권설정계약의 당사자를 상대로 하여 직접 법률상 이해관계를 가지는 경우 외에도 그 법률상 이해관계를 바탕으로 하여 다시 위 전세권설정계약에 의하여 형성된 법률관계와 새로이 법률상 이해관계를 가지게 되는 경우도 포함된다.[3] 예를 들어 갑이 을의 임차보증금반환채권을 담보하기 위하여 을에게 전세권설정등기를 마친 후 병이 이러한 사정을 알면서도 을에 대한 채권을 담보하기 위하여 위 전세권에 대하여 전세권근저당권설정등기를 마쳤는데, 그 후 정이 병의 전세권근저당권부 채권을 가압류하였다가 이를 본압류로 이전하는 압류 명령을 받은 경우 정이 통정 허위 표시에 관하여 선의라면 비록 병이 악의라 하더라도 허위 표시자는 그에 대하여 전세권이 통정 허위 표시에 의한 것이라는 이유로 대항할 수 없다.[4]

임대인과 임차인이 임대차계약을 체결하면서 임대차보증금을 전세금으로 하는 전세권설정등기를 경료한 경우 임대차보증금은 전세금의 성질을 겸하게 되므로, 당사자 사이에 다른 약정이 없는 한 임대차보증금반환의무는 민법 제317조에 따라 전세권설정등기의 말소의무와도 동시이행관계에 있다.[5]

---

1) 대판 2021. 12. 30. 2018다268538.
2) 대판 2021. 12. 30. 2018다233860.
3) 대판 2021. 12. 30. 2020다257999.
4) 대판 2013. 2. 15. 2012다49292.
5) 대판 2011. 3. 24. 2010다95062.

5. 권리금

권리금이란 특정 영업용 건물의 영업 시설·비품 등 유형물이나 거래처, 신용, 영업상의 노하우(know-how) 혹은 점포 위치에 따른 영업상 이점 등 무형의 재산적 가치의 양도 대가 또는 일정 기간의 이용 대가를 의미한다.[1] 임차인은 이러한 유형 또는 무형의 재산적 가치를 임차권의 양도 또는 전대차에 부수한 권리금계약을 통하여 회수할 수 있는 기회를 가진다.

권리금계약은 임대차계약이나 임차권 양도계약 등에 수반되어 체결되고 임대차계약 등과는 별개의 계약이지만 이 두 계약의 체결 경위와 계약 내용 등에 비추어 볼 때, 권리금계약이 임차권 양도계약과 결합하여 전체가 경제적·사실적으로 일체로 행하여진 것으로서, 어느 하나의 존재 없이는 당사자가 다른 하나를 의욕하지 않았을 것으로 보이는 경우에는 그 계약 전부가 하나의 계약인 것과 같은 불가분의 관계에 있는 것으로 다루어야 한다.[2]

통상 권리금은 새로운 임차인으로부터만 지급받을 수 있을 뿐이고 임대인에 대하여는 지급을 구할 수 없는 것이 원칙이다. 다만 임대인의 개인적인 사정으로 임차목적물의 명도를 요구하거나 점포에 대한 임대차계약의 갱신을 거절하고 타에 처분하면서 권리금을 지급받지 못하도록 하는 등으로 임차인의 권리금 회수 기회를 박탈하거나 권리금 회수를 방해하는 경우에는 임대인에 대하여 직접 권리금 전부 또는 일부의 지급을 요구할 수 있다.[3] 상가건물임대차보호법은 임차인의 권리금 회수 기회를 보호하는 규정을 두고 있다(상가건물임대차보호법 제10조의4).

1) 대판 2002. 7. 26. 2002다25013.
2) 대판 2017. 7. 11. 2016다261175.
3) 대판 2000. 9. 22. 2000다26326.

Ⅳ. 임대차의 종료

1. 존속기간이 정해진 경우

임대차계약에 존속기간이 정해진 경우 존속기간의 만료로 임대차는 종료한다. 당사자는 합의로 당연히 계약을 갱신할 수 있다. 처분능력 또는 권한없는 자가 임대차를 하는 경우에는 그 기간 만료 전 토지에 대하여는 1년, 건물 기타 공작물에 대하여는 3월, 동산에 대하여는 1월 내에 갱신하여야 한다(제620조).

임대차계약상 존속기간이 만료하였더라도 임차인이 임차물의 사용, 수익을 계속하는 경우에 임대인이 상당한 기간 내에 이의를 하지 아니한 때에는 전임대차와 동일한 조건으로 다시 임대차한 것으로 본다(제639조 제1항 전문). 이 경우 존속기간을 정하지 않은 임대차관계가 되어 당사자는 제635조의 규정에 따라 언제든지 해지의 통고를 할 수 있다(제639조 제1항 후문). 묵시의 갱신에도 불구하고 전임대차에 대하여 제3자가 제공한 담보는 본래의 임대차 기간의 만료로 인하여 소멸한다(제639조 제2항).

2. 존속기간이 정해지지 않은 경우

임대차 기간의 약정이 없는 때에는 당사자는 언제든지 계약 해지의 통고를 할 수 있다(제635조 제1항). 토지, 건물 기타 공작물에 대하여 임대인이 해지를 통고한 경우에는 임차인이 그 통고를 받은 날로부터 6개월, 동산의 경우에는 5일이 경과하면 해지의 효력이 생긴다. 토지, 건물 기타 공작물에 대하여 임차인이 해지를 통고한 경우에는 임차인이 그 통고를 받은 날로부터 1개월, 동산의 경우에는 5일이 경과하면 해지의 효력이 생긴다(제635조 제2항).

이러한 내용은 임대차 기간의 약정이 있더라도 당사자 일방 또는 쌍방이 그 기간 내에 해지할 권리를 보류한 때에도 준용된다(제646조).

임차인이 파산 선고를 받은 경우에는 임대차 기간의 약정이 있는 때에도 임대인 또는 파산 관재인은 이러한 계약 해지의 통고를 할 수 있다(제637조 제1항). 이 경우 각 당사자는 상대방에 대하여 계약 해지로 인하여 생긴 손해의 배상을 청구하지 못한다(제637조 제2항).

임대차계약이 이상의 해지의 통고로 인하여 종료된 경우에 그 임대물이 적법하게 전대되었을 때에는 임대인은 전차인에 대하여 그 사유를 통지하지 아니하면 해지로써 전차인에게 대항하지 못한다(제638조 제1항). 이러한 임차인에 대한 해지의 통고 후 전차인이 그 통지를 받은 때에는 제635조 제2항의 규정이 준용된다(제638조 제2항).

3. 차임 연체와 해지

임차인의 차임 연체액이 2기의 차임액에 달하는 때에는 임대인은 계약을 해지할 수 있다(제640조, 제641조). 차임 지급의 연체는 연속될 것을 요하지 않는다.

임대인 지위가 양수인에게 승계된 경우 이미 발생한 연체차임채권은 따로 채권 양도의 요건을 갖추지 않는 한 승계되지 않고, 따라서 상가건물임대차보호법상 양수인이 연체차임채권을 양수받지 않은 이상 승계 이후의 연체 차임액이 3기 이상의 차임액에 달하여야만 비로소 임대차계약을 해지할 수 있게 된다.[1] 이 경우의 해지는 해지 통고와 달리 임대차관계는 해지의 의사표시가 도달한 때에 장래를 향하여 즉시로 소멸한다. 다만 건물 기타 공작물의 소유 또는 식목, 채염, 목

1) 대판 2008. 10. 9. 2008다3022.

축을 목적으로 한 토지임대차의 경우에 그 지상에 있는 건물 기타 공작물이 담보물권의 목적이 된 때에는 임대인은 저당권자에게도 해지의 통지를 하여야 하고 저당권자가 해지 통지를 받은 후 상당한 기간이 경과함으로써 그 효력이 생긴다(제642조, 제288조).

4. 차임채권의 보호

토지 임대인이 임대차에 관한 채권에 의하여 임차지에 부속 또는 그 사용의 편익에 공용한 임차인의 소유 동산 및 그 토지의 과실을 압류한 때에는 질권과 동일한 효력이 있다(제648조). 토지 임대인이 변제기를 경과한 최후 2년의 차임채권에 의하여 그 지상에 있는 임차인 소유의 건물을 압류한 때에는 저당권과 동일한 효력이 있다(제649조). 건물 기타 공작물의 임대인이 임대차에 관한 채권에 의하여 그 건물 기타 공작물에 부속한 임차인 소유의 동산을 압류한 때에는 질권과 동일한 효력이 있다(제650조). 제648조 및 제650조의 규정은 일시 사용하기 위한 임대차 또는 전대차인 것이 명백한 경우에는 적용하지 아니한다(제653조).

V. 주택임대차보호법

1. 법의 목적

주택임대차보호법(이하 '법')은 국민 주거생활의 안정을 보장함을 목적으로 주거용 건물의 임대차에 관하여 민법에 대한 특례를 규정한 법이다(법 제1조). 이 법에 위반한 약정으로 임차인에게 불리한 것은 효력이 없다(법 제10조).

2. 적용 범위

이 법은 주거용 건물, 즉 주택의 전부 또는 일부의 임대차와 주거용 건물의 일부가 주거 외의 목적으로 사용되는 경우에 적용된다(법 제2조). 하지만 일시 사용을 위한 주택임대차에 대하여는 적용되지 않는다(법 제11조)

(1) 주거용 건물의 전부 또는 일부

주거용 건물에 해당하는지는 임대차목적물의 공부상 표시만을 기준으로 할 것이 아니라 임대차의 목적, 전체 건물과 임대차목적물의 구조와 형태 및 임차인의 임대차목적물의 이용관계 그리고 임차인이 그곳에서 일상생활을 영위하는지 여부 등을 고려하여 합목적적으로 결정하여야 한다.[1] 주택에 해당하는 이상 비록 그 건물에 관하여 아직 등기를 마치지 아니하였거나 등기가 이루어질 수 없는 사정이 있다고 하더라도 다른 특별한 규정이 없는 한 같은 법의 적용 대상이 된다.[2] 나아가 이 법은 건물 등기부상 '건물 내역'을 제한하고 있지도 않으므로, 점포 및 사무실로 사용되던 건물에 근저당권이 설정된 후 그 건물이 주거용 건물로 용도 변경되어 이를 임차한 소액 임차인도 특별한 사정이 없는 한 법 제8조에 의하여 보증금 중 일정액을 근저당권자보다 우선하여 변제받을 권리가 있다.[3]

1) 대판 1996. 3. 12. 95다51953.
2) 대판(전) 2007. 6. 21. 2004다26133.
3) 대판 2009. 8. 20. 2009다26879.

(2) 주거용 건물의 일부가 주거 외의 목적으로 사용되는 경우

이 법은 주거용 건물의 전부 또는 일부의 임대차 뿐만 아니라 임차주택의 일부가 주거 외의 목적으로 사용되는 경우도 적용된다. 따라서 비주거용으로 사용되는 부분이 더 넓기는 하지만 주거용으로 사용되는 부분도 상당한 면적이고, 주거용 부분이 가족의 유일한 주거인 경우 주거용 건물로 인정된다.[1] 이에 반하여 비주거용 건물의 일부를 주거 목적으로 사용하는 경우에는 이 법이 적용되지 않는다. 따라서 방 2개와 주방이 딸린 다방이 영업용으로서 비주거용 건물이라고 보여지고, 설사 그 중 방 및 다방의 주방을 주거 목적에 사용한다고 하더라도 이는 어디까지나 다방의 영업에 부수적인 것으로서 주거용 건물에 해당한다고 볼 수 없다.[2]

(3) 임대 권한을 가진 자와의 임대차계약 체결

이 법에 따라 보호를 받기 위해서는 적법한 임대 권한을 가진 자와 임대차계약이 체결되어야 한다. 다만 반드시 임차인과 주택의 소유자인 임대인 사이에 임대차계약이 체결된 경우에 한정된다고 할 수는 없고, 주택의 소유자는 아니나 주택에 관하여 적법한 임대 권한을 가진 자와 임대차계약을 체결하여 대항요건을 구비한 경우에도 임차인은 제3자에게 임차권을 주장할 수 있다.[3] 임대인이 소유권을 취득하였다가 계약해제로 소유권을 상실하게 된 경우, 그 계약해제 전에 동법 소정의 대항요건을 갖춘 임차인은 제548조 제1항의 제3자에 해

1) 대판 1995. 3. 10. 94다52522.
2) 대판 1996. 3. 12. 95다51953.
3) 대판 2012. 7. 26. 2012다45689.

당하여 새로운 소유자에게 대항할 수 있다.[1)]

> "갑이 임의 경매 절차에서 최고가 매수 신고인의 지위에 있던 을과 주택임대차계약을 체결한 후 주택을 인도받아 전입신고를 마치고 임대차계약서에 확정일자를 받았는데, 다음날 을이 매각대금을 완납하고 병 주식회사에 근저당권설정등기를 마쳐준 사안에서, 을이 최고가 매수 신고인이라는 것 외에는 임대차계약 당시 적법한 임대 권한이 있었음을 인정할 자료가 없는데도, 갑이 아직 매각대금을 납부하지도 아니한 최고가 매수 신고인에 불과한 을로부터 주택을 인도받아 전입신고 및 확정일자를 갖추었다는 것만으로 주택임대차보호법 제3조의2 제2항에서 정한 우선변제권을 취득하였다고 본 원심 판결에 법리 오해 등의 위법이 있다."[2)]

> "매도인이 악의인 계약명의신탁에서 명의수탁자로부터 명의신탁의 목적물인 주택을 임차하여 주택 인도와 주민등록을 마침으로써 주택임대차보호법 제3조 제1항에 의한 대항요건을 갖춘 임차인은 '부동산 실권리자명의 등기에 관한 법률' 제4조 제3항의 규정에 따라 명의신탁 약정 및 그에 따른 물권변동의 무효를 대항할 수 없는 제3자에 해당하므로 명의수탁자의 소유권이전등기가 말소됨으로써 등기 명의를 회복하게 된 매도인 및 매도인으로부터 다시 소유권이전등기를 마친 명의신탁자에 대해 자신의 임차권을 대항할 수 있고, 이 경우 임차인 보호를 위한 주택임대차보호법의 입법 목적 및 임차인이 보증금반환청구권을 행사하는 때

1) 대판 1996. 8. 20. 96다17653.

2) 대판 2014. 2. 27. 2012다93794.

의 임차주택 소유자로 하여금 임차보증금반환채무를 부담하게 함으로써 임차인을 두텁게 보호하고자 하는 주택임대차보호법 제3조 제4항의 개정 취지 등을 종합하면 위의 방법으로 소유권 이전등기를 마친 명의신탁자는 주택임대차보호법 제3조 제4항에 따라 임대인의 지위를 승계한다."[1]

(4) 자연인으로서의 임차인

국민 주거생활의 안정적인 보장을 목적으로 하는 이 법은 원칙적으로 자연인인 사람을 보호하려는 취지에서 제정된 것이므로 법인을 그 보호 대상으로 삼고 있다고는 할 수 없고, 또 법인은 대항요건의 하나인 주민등록을 구비할 수 없는 점 등에 비추어 보면, 법인의 직원이 주민등록을 마쳤다 하여 이를 법인의 주민등록으로 볼 수는 없으므로, 법인이 임차주택을 인도받고 임대차계약서상의 확정일자를 구비하였다 하더라도 우선변제권을 주장할 수는 없다.[2] 다만 주택 도시기금을 재원으로 하여 저소득층 무주택자에게 주거생활 안정을 목적으로 전세 임대 주택을 지원하는 법인이 주택을 임차한 후 지방자치단체의 장 또는 그 법인이 선정한 입주자가 그 주택을 인도받고 주민등록을 마쳤을 때에는 대항력을 취득한다(법 제3조 제2항). 또한 중소기업기본법 제2조에 따른 중소기업에 해당하는 법인이 소속 직원의 주거용으로 주택을 임차한 후 그 법인이 선정한 직원이 해당 주택을 인도받고 주민등록을 마쳤을 때에도 대항력을 취득한다(법 제3조 제3항).

1) 대판 2022. 3. 17. 2021다210720.

2) 대판 1997. 7. 11. 96다7236.

(5) 채권적 전세

주택의 등기를 하지 아니한 전세계약에 관하여 이 법이 준용된다. 이 경우 전세금은 임대차의 보증금으로 본다(법 제12조).

3. 대항력

(1) 의의

주택임대차는 그 등기가 없는 경우에도 임차인이 주택의 인도와 주민등록을 마친 때에는 그다음 날부터 제3자에 대하여 효력이 생긴다(법 제3조 제1항). 대항력을 취득한 임차인은 자기보다 후순위권리자에 대하여 임차목적물을 계속 사용·수익하며 인도를 거절할 수 있다.

(2) 요건

주택임차인이 등기 없이 제3자에 대한 대항력을 취득하기 위해서는 주택의 인도와 주민등록이 있어야 한다.

1) 주택의 인도

주택의 인도란 주택에 대한 사실상의 점유가 임차인에게 이전되는 것을 말한다. 간이 인도에 의한 점유 이전은 인정될 것이나 대항력과 관련한 제3자 보호의 측면에서 점유 개정이나 목적물반환청구권 양도에 의한 인도로는 주택의 인도가 행해지지 않았다고 보아야 할 것이다.

주택 임차인이 대항력을 취득하기 위해서는 주거를 위하여 실제로 주택을 점유하고 있어야 한다. 따라서 채권자가 채무자 소유의 주택에 관하여 채무자와 임대차계약을 체결하고 전입신고를 마친 다음 그곳에 거주하여 형식적으로 주택임대차로서의 대항력을 취득한 외관을 갖추었다고 하더라도 임대차계약의 주된 목적이 주택을 사용, 수익하려는 것에 있는 것이 아니고, 실제적으로는 대항력 있는 임차인으로 보호받아 후순위권리자 기타 채권자보다 우선하여 채권을 회수하려는 것에 있었던 경우에는 그러한 임차인에게 이 법이 정하고 있는 대항력을 부여할 수 없다.[1]

법 제3조 제1항에 정한 대항요건은 임차인이 당해 주택에 거주하면서 이를 직접 점유하는 경우뿐만 아니라 타인의 점유를 매개로 하여 이를 간접 점유하는 경우에도 인정된다. 이 경우 해당 주택에 실제로 거주하는 직접 점유자가 자신의 주민등록을 마쳐야 한다.[2] 다만 이 경우에도 임대인의 동의를 얻지 않은 전대에 대하여 임대인은 임대차를 해지할 수 있으므로(제629조 제2항), 계약이 해지된 경우 임차인은 물론 전차인도 대항력을 상실하게 된다. 다만 임대인의 부도로 임차인이 임차보증금을 반환받지 못한 채 그곳에 계속 거주해 오던 중 다른 도시로 이사를 해야 할 사정이 생겼고, 임대인에게 보증금 반환을 요청하였음에도 그 회답을 받지도 못한 상황에서 주택을 전대하고 전대인이 이를 인도받아 거주하면서 주민등록을 마친 경우라면, 이 전대는 임대인에 대한 신뢰관계를 파괴하는 배신적 행위라고 할 수 없는 특별한 사정이 있는 것이어서 적법 유효하고, 이 경우에는 전차인의 직접 점유와 주민등록으로서 임차인의 대항요건이 유지 존속한다고 보아야 할 것이다.[3]

1) 대판 2007. 12. 13. 2007다55088.

2) 대판 2001. 1. 19. 2000다55645.

3) 대판 2007. 11. 29. 2005다64255.

2) 주민등록

임차인은 거주하는 임대차 건물에 주민등록을 이전하여야 한다. 임차인뿐만 아니라 가족의 주민등록이 있는 경우에도 요건이 충족된다. 따라서 가족의 주민등록을 그대로 둔 채 임차인만 주민등록을 일시 옮긴 경우에도 대항력을 상실하지 않는다.[1]

주민등록은 거래의 안전을 위하여 임대차의 존재를 제3자가 명백히 인식할 수 있게 하는 공시의 역할을 한다.[2] 따라서 신축 중인 연립주택 중 1층 소재 주택의 임차인이 주민등록 이전 시 잘못된 현관문의 표시대로 '1층 201호'라고 전입신고를 마쳤는데, 준공 후 그 주택이 공부상 '1층 101호'로 등재된 경우, 이 법에 따른 대항력이 없다.[3]

반면 주민등록은 신고가 아니라 수리된 때에 효력을 발생한다. 따라서 신고인이 전입신고서를 행정청에 제출하였다가 행정청이 이를 수리하기 전에 그 전입신고서의 내용을 수정함으로써 그 수정된 전입신고서가 행정청에 의하여 수리되었다면 수정된 사항에 따라서 그 전입신고가 이루어졌다고 보아야 한다.[4] 임차인이 전입신고를 올바르게 하였는데 담당 공무원의 착오로 주민등록표상에 신거주지 지번이 다소 틀리게 기재된 경우에도 임대차의 대항력이 발생한다.[5]

이른바 다가구 주택의 경우 임차인이 위 건물의 일부나 전부를 임차하고, 전입신고를 하는 경우 지번만 기재하는 것으로 충분하고, 나아가 위 건물 거주자의 편의상 구분하여 놓은 호수까지 기재할 의무나 필요가 있다고 할 수 없고, 임차인이 건물의 소유자나 거주자 등이 부르는 대로 잘못 기재하였다고 하더라도 대항력에는 영향을 미치지

---

1) 대판 1996. 1. 26. 95다30338.
2) 대판 1997. 7. 11. 97다10024.
3) 대판 1995. 8. 11. 95다177.
4) 대판 2009. 1. 30. 2006다9255.
5) 대판 1991. 8. 13. 91다18118.

않는다.[1] 이에 반하여 다세대 주택의 경우에는 동, 호수의 표시를 정확하게 하여야 한다.[2] 처음에 다가구용 단독 주택으로 소유권보존등기가 경료된 건물 일부를 임차한 임차인은 이를 인도받고 임차 건물의 지번을 정확히 기재하여 전입신고를 하면 이 법에 따른 소정의 대항력을 적법하게 취득하고, 나중에 다가구용 단독 주택이 다세대 주택으로 변경되었다는 사정만으로 임차인이 이미 취득한 대항력을 상실하게 되는 것은 아니다.[3]

달리 공시 방법이 없는 주택임대차에 있어서 주택의 인도 및 주민등록이라는 대항요건은 그 대항력 취득 시에만 구비하면 족한 것이 아니고 그 대항력을 유지하기 위해서라도 계속 존속하고 있어야 한다. 따라서 주택의 임차인이 그 주택의 소재지로 전입신고를 마치고 그 주택에 입주함으로써 일단 임차권의 대항력을 취득한 후 어떤 이유에서든지 그 가족과 함께 일시적이나마 다른 곳으로 주민등록을 이전하였다면 이는 전체적으로나 종국적으로 주민등록의 이탈이라고 볼 수 있으므로 그 대항력은 그 전출 당시 이미 대항요건의 상실로 소멸되는 것이고, 그 후 그 임차인이 얼마 있지 않아 다시 원래의 주소지로 주민등록을 재전입하였다 하더라도 이로써 소멸되었던 대항력이 당초에 소급하여 회복되는 것이 아니라 그 재전입한 때부터 그와는 동일성이 없는 새로운 대항력이 다시 발생한다.[4] 하지만 주택임차인이 그 가족과 함께 그 주택에 대한 점유를 계속하고 있으면서 그 가족의 주민등록을 그대로 둔 채 임차인만 주민등록을 일시 다른 곳으로 옮긴 경우라면, 임대차의 제3자에 대한 대항력을 상실하지 아니한

1) 대판 1997. 11. 14. 97다29530.
2) 대판 1996. 2. 23. 95다48421.
3) 대판 2007. 2. 8. 2006다70516.
4) 대판 1998. 1. 23. 97다43468.

다.[1)]

주민등록이 주택 임차인의 의사에 의하지 않고 제3자에 의하여 임의로 이전되었고 그와 같이 주민등록이 잘못 이전된 데 대하여 주택 임차인에게 책임을 물을 만한 사유도 없는 경우, 주택 임차인이 이미 취득한 대항력은 주민등록의 이전에도 불구하고 그대로 유지된다. 예를 들어 임대인이 임차인의 대항력을 상실시켜 추가로 융자금을 대출받기 위하여 임차인의 동의를 받지 아니한 채 임의로 건물 소재지에서 퇴거한다는 취지의 전입신고를 하고 은행으로부터 대출을 받으면서 이 건물에 관하여 근저당권설정등기를 경료한 후, 임차인이 다시 건물 소재지로 전입한다는 취지의 전입신고를 임대인이 하였더라도 근저당권의 실행으로 소유권을 취득한 낙찰자에게 임대인은 대항할 수 있다.[2)]

3) 임차권을 매개로 하는 점유관계

대항력의 요건으로 규정하고 있는 주민등록은 거래의 안전을 위하여 임차권의 존재를 제3자가 명백히 인식할 수 있게 하는 공시 방법으로 마련된 것으로서, 주민등록이 어떤 임대차를 공시하는 효력이 있는가의 여부는 그 주민등록으로 제3자가 임차권의 존재를 인식할 수 있는가에 따라 결정된다고 할 것이므로, 주민등록이 대항력의 요건을 충족시킬 수 있는 공시 방법이 되려면 단순히 형식적으로 주민등록이 되어 있다는 것만으로는 부족하고, 주민등록에 의하여 표상되는 점유관계가 임차권을 매개로 하는 점유임을 제3자가 인식할 수 있는 정도는 되어야 한다.

“갑이 주택에 관하여 소유권이전등기를 경료하고 주민등록 전입

1) 대판 1996. 1. 95다30338.
2) 대판 2000. 9. 29. 2000다37012.

신고까지 마친 다음 처와 함께 거주하다가 을에게 매도함과 동시에 그로부터 이를 다시 임차하여 계속 거주하기로 약정하고 임차인을 갑의 처로 하는 임대차계약을 체결한 후에야 을 명의의 소유권이전등기가 경료된 경우, 제3자로서는 주택에 관하여 갑으로부터 을 앞으로 소유권이전등기가 경료되기 전에는 갑의 처의 주민등록이 소유권 아닌 임차권을 매개로 하는 점유라는 것을 인식하기 어려웠다 할 것이므로, 갑의 처의 주민등록은 주택에 관하여 을 명의의 소유권이전등기가 경료되기 전에는 주택임대차의 대항력 인정의 요건이 되는 적법한 공시 방법으로서의 효력이 없고 을 명의의 소유권이전등기가 경료된 날에야 비로소 갑의 처와 을 사이의 임대차를 공시하는 유효한 공시 방법이 된다고 할 것이며, 주택임대차보호법 제3조 제1항에 의하여 유효한 공시 방법을 갖춘 다음날인 을 명의의 소유권이전등기일 익일부터 임차인으로서 대항력을 갖는다."[1]

"갑이 병 회사 소유 임대 아파트의 임차인인 을로부터 아파트를 임차하여 전입신고를 마치고 거주하던 중, 을이 병 회사로부터 위 아파트를 분양받아 자기 명의로 소유권이전등기를 경료한 후 근저당권을 설정한 사안에서, 비록 임대인인 을이 갑과 위 임대차계약을 체결한 이후에, 그리고 갑이 위 전입신고를 한 이후에 위 아파트에 대한 소유권을 취득하였다고 하더라도, 주민등록상 전입신고를 한 날로부터 소유자 아닌 갑이 거주하는 것으로 나타나 있어서 제3자들이 보기에 갑의 주민등록이 소유권 아닌 임차권을 매개로 하는 점유라는 것을 인식할 수 있었으므로 위 주

1) 대판 2000. 2. 11. 99다59306.

민등록은 갑이 전입신고를 마친 날로부터 임대차를 공시하는 기능을 수행하고 있었다고 할 것이고, 따라서 갑은 을 명의의 소유권이전등기가 경료되는 즉시 임차권의 대항력을 취득하였다."[1]

(3) 대항력의 발생

제3자에 대한 대항력은 주택 임차인이 주택의 인도와 주민등록을 마친 때에는 그 다음 날부터 제3자에 대하여 효력이 생긴다(법 제3조 제1항). 대항력의 구체적인 내용은 다음과 같다.

1) 대항력의 발생 시기

임차인의 대항력은 주택의 인도와 주민등록을 마친 다음 날 오전 0시부터 발생한다.[2] 이는 인도나 주민등록이 등기와 달리 간이 공시방법이어서 인도 및 주민등록과 제3자 명의의 등기가 같은 날 이루어진 경우에 그 선후관계를 밝혀 선순위권리자를 정하는 것이 사실상 곤란한 데다가, 제3자가 인도와 주민등록을 마친 임차인이 없음을 확인하고 등기까지 경료하였음에도 그 후 같은 날 임차인이 인도와 주민등록을 마침으로 인하여 입을 수 있는 불측의 피해를 방지하기 위하여 임차인보다 등기를 경료한 권리자를 우선시하고자 하는 취지이다.[3] 따라서 임차인의 점유와 주민등록이 있던 날 주택에 대한 저당권 등기가 이루어지게 되면 저당권이 우선하게 된다.

1) 대판 2001. 1. 30. 2000다58026.
2) 대판 1999. 5. 25. 99다9981.
3) 대판 1997. 12. 12. 97다22393.

2) 임대할 권리를 승계한 자에 의한 임대인 지위의 승계

a. 주택의 양수인을 포함하여 주택의 임대할 권리를 승계한 자는 임대인의 지위를 승계한 것으로 본다(법 제3조 제4항). 임대인의 지위를 '승계'한다고 함은 종전의 임대인과 임차인 간에 존재하는 임대차계약상 임대인의 지위가 양수인에게 이전되는 한편 종전의 임대인은 임대차계약관계에서 이탈하는 것을 의미한다.[1)]

b. 주택의 양수인은 종래의 임대인과 임차인 사이의 임대차와 동일한 관계를 갖게 된다. 따라서 임대인은 임차인에 대하여 종래의 임대인이 행사하여 온 차임채권 등을 행사할 수 있을 뿐, 임대 기간 동안에 임차인의 퇴거 등을 청구할 수 없다. 다만 이미 발생한 연체차임채권은 따로 채권 양도의 요건을 갖추지 않는 한 새로운 임대인에게 승계되지 않고, 따라서 양수인이 연체차임채권을 양수받지 않은 이상 승계 이후의 차임 연체만을 이유로 임대차계약을 해지할 수 있다.[2)]

c. 임차인도 임대차관계가 종료한 경우 양수인에 대하여 보증금반환채권을 행사할 수 있다. 따라서 임대 주택의 양도 전에 보증금반환채권을 가압류한 가압류권자는 임대주택의 양도인이 아니라 양수인에 대하여만 위 가압류의 효력을 주장할 수 있다.[3)] 주택의 양수인이 임차인에게 임대차보증금을 반환하였다 하더라도, 이는 자신의 채무를 변제한 것에 불과할 뿐, 양도인의 채무를 대위 변제한 것이라거나, 양도인이 위 금액 상당의 반환채무를 면함으로써 법률상 원인 없이 이익을 얻고 양수인이 그로 인하여 위 금액 상당의 손해를 입었다

1) 대판 1993. 11. 23. 93다4083.
2) 대판 2008. 10. 9. 2008다3022.
3) 대판(전) 2013. 1. 17. 2011다49523.

고 할 수 없다.[1] 또한 제3자에 대한 대항력을 갖춘 임차인이 임차목적물을 양수한 경우, 임차보증금반환채권은 혼동으로 소멸하므로, 임차주택의 양도로 인하여 임대인의 보증금반환채무가 소멸하는 것을 가리켜 특별한 사정이 없는 한 임대인이 부당이득을 한 것이라고 할 수는 없다.[2]

d. 임대할 권리를 승계한 자란 임차주택의 소유권을 취득하지는 않았으나 사실상으로 임차주택의 소유자로서 지위가 인정되는 자를 말한다. 예를 들어 건물이 미등기 무허가 건물이어서 양도인으로부터 소유권이전등기를 경료받지는 못하였다 하더라도 건물을 인도받아 소유자로서 권리를 배타적으로 행사하고 있는 자는 임차주택의 양수인과 동일하게 취급되어 임대인의 지위를 승계한다.[3] 이에 반해 이른바 주택의 양도담보의 경우는 채권담보를 위하여 신탁적으로 양도담보권자에게 주택의 소유권이 이전될 뿐이어서, 특별한 사정이 없는 한 양도담보권자가 주택의 사용수익권을 갖게 되는 것이 아니고 또 주택의 소유권이 양도담보권자에게 확정적, 종국적으로 이전되는 것도 아니므로 양도담보권자는 이 법 조항에서 말하는 '양수인'에 해당되지 아니한다고 보는 것이 상당하다.[4]

e. 주택의 임차인이 제3자에 대한 대항력을 갖춘 후 임차주택의 소유권이 양도되어 그 양수인이 임대인의 지위를 승계하는 경우에는 임대차보증금의 반환채무도 부동산의 소유권과 결합하여 일체로서 이

1) 대판 1993. 7. 16. 93다17324.
2) 대판 1996. 11. 22. 96다38216.
3) 대판 1987. 3. 24. 86다카164.
4) 대판 1993. 11. 23. 93다4083.

전하는 것이므로 양도인의 임대인으로서 지위나 보증금반환채무는 소멸하게 된다.[1] 따라서 대항요건을 갖춘 임차인의 임대차보증금반환채권에 대한 압류 및 전부 명령이 확정되어 임차인의 임대차보증금반환채권이 집행채권자에게 이전된 경우 집행채권자는 주택을 그 후에 양도한 임대인에게는 전부금 지급을 청구하지 못한다.[2]

반면 임대인의 지위 승계를 원하지 않는 경우 주택의 임차인은 임대차계약을 해지할 수 있다. 즉 대법원은 임차인의 보호를 위한 주택임대차보호법의 입법 취지에 비추어 임차인이 임대인의 지위 승계를 원하지 않는 경우에는 임차인이 임차주택의 양도 사실을 안 때로부터 상당한 기간 내에 이의를 제기함으로써 승계되는 임대차관계의 구속에서 벗어날 수 있고, 그와 같은 경우에는 양도인의 임차인에 대한 임대차보증금 반환채무는 소멸하지 않는다는 입장이다.[3] 특히 임차주택이 임대차 기간의 만료 전에 경매되는 경우 임대차계약을 해지함으로써 종료시키고 우선 변제를 청구할 수 있는데 이 경우 임차인에게 인정되는 해지권은 임차인의 사전 동의 없이 임대차목적물인 주택이 경락으로 양도됨에 따라 임차인이 임대차의 승계를 원하지 아니할 경우에는 스스로 임대차를 종료시킬 수 있어야 한다는 공평의 원칙 및 신의성실의 원칙에 근거한 것이므로, 해지 통고 즉시 그 효력이 생긴다. 따라서 임대차의 목적물인 주택이 경매되는 경우에 대항력을 갖춘 임차인이 임대차 기간이 종료되지 아니하였음에도 경매 법원에 배당 요구를 하는 것은, 스스로 더 이상 임대차관계의 존속을 원하지 아니함을 명백히 표명하는 것이어서 다른 특별한 사정이 없는 한 이를 임대차 해지의 의사표시로 볼 수 있고, 경매 법원이 임대인에게 배당 요구

1) 대판 2009. 5. 28. 2009다15794.

2) 대판 2005. 9. 9. 2005다23773.

3) 대판 2021. 11. 11. 2021다251929.

사실의 통지를 하면 결국 임차인의 해지 의사가 경매 법원을 통하여 임대인에게 전달되어 그때 해지 통지가 임대인에게 도달된 것으로 볼 것이니, 임대차관계는 그 배당 요구 통지의 임대인에 대한 도달 즉시 해지로 종료된다.[1)]

3) 저당권 기타 다른 권리와의 관계

이 법에 따라 대항력을 취득한 임차인은 그보다 후순위의 권리에 우선하여 대항력을 갖는다. 예를 들어 주택 임차인이 대항력을 취득한 이후에 저당권이 설정되었고 이 저당권을 근거로 하여 임차주택이 경매되고 낙찰되더라도 낙찰자는 임대인의 지위를 양수한 자에 불과하여 임대인의 지위를 승계하게 되므로(법 제3조 제4항), 임차인은 여전히 자신의 임차권을 주장할 수 있고 임대차계약 기간이 만료한 이후에는 그에 대하여 보증금반환채권도 행사할 수 있다. 반면 경매 목적 부동산이 경락된 경우에는 소멸된 선순위저당권보다 뒤에 등기되었거나 대항력을 갖춘 임차권은 함께 소멸하게 되므로 임차인은 경락인에게 대항하지 못한다.[2)] 마찬가지로 후순위저당권의 실행으로 목적 부동산이 경락되어 그 선순위저당권이 함께 소멸한 경우 비록 후순위 저당권자에게는 대항할 수 있는 임차권이더라도 소멸된 선순위저당권보다 뒤에 등기되었거나 대항력을 갖춘 임차권은 함께 소멸하므로 임차인은 경락인에 대하여 대항력을 갖지 못한다.[3)]

이 법상 대항력을 가진 임차인이 해당 주택에 대하여 전세권설정계약과 보증금을 전세금으로 하는 전세권설정등기를 하는 경우 최선순위 전세권자로서 배당 요구를 하여 전세권이 매각으로 소멸되었다

1) 대판 1996. 7. 12. 94다37646.
2) 대판 2000. 2. 11. 99다59306.
3) 대결 1990. 1. 23. 89다카33043.

하더라도 변제받지 못한 나머지 보증금을 근거로 하여 대항력을 행사할 수 있고, 그 범위 내에서 임차주택의 매수인은 임대인의 지위를 승계한 것으로 보고 있다.[1] 임차인이 주택임대차보호법상의 대항요건을 먼저 갖춘 후 임대인이 자신의 채권자를 위하여 해당 주택에 저당권설정등기가 이루어지고 다시 임차인이 보증금을 전세금으로 하는 전세권설정등기를 한 경우 저당권의 실행으로 전세권이 말소되었지만, 경락을 받은 자에 대하여 임차인은 여전히 주택임대차보호법상의 대항력을 갖는다.[2]

4. 보증금의 우선변제권

(1) 의의

주택의 임차인이 대항요건과 임대차계약증서상의 확정일자를 갖춘 경우 민사집행법에 따른 경매 또는 국세징수법에 따른 공매를 할 때에 임차주택의 환가대금에서 후순위권리자나 그 밖의 채권자보다 우선하여 보증금을 변제받을 권리가 있다(법 제3조의2 제2항). 이를 보증금의 우선변제권이라고 한다.

(2) 요건

1) 대항요건과 확정일자

a. 주택임차인이 임대차보증금에 대하여 우선변제권을 행사하기 위해서는 이 법상의 대항요건을 갖추어야 한다. 달리 공시 방법이 없

1) 대결 2010. 7. 26. 2010마900.

2) 대판 1993. 11. 23. 93다10552.

는 주택임대차에 있어서 임차인이 이 법에 따른 대항력과 우선변제권을 인정받기 위한 주택의 인도와 주민등록이라는 요건은 그 대항력 및 우선변제권의 취득 시에만 구비하면 족한 것이 아니고 경매 절차의 배당 요구의 종기인 경락 기일까지 계속 존속하고 있어야 한다.[1)]

b. 임대차계약서에 확정일자를 받아야 한다(법 제3조의2 제2항). 확정일자의 요건을 규정한 것은 임대인과 임차인 사이의 담합으로 임차보증금의 액수를 사후에 변경하는 것을 방지하고자 하는 취지일 뿐, 대항요건으로 규정된 주민등록과 같이 당해 임대차의 존재 사실을 제3자에게 공시하고자 하는 것은 아니므로, 확정일자를 받은 임대차계약서가 당사자 사이에 체결된 당해 임대차계약에 관한 것으로서 진정하게 작성된 이상, 위와 같이 임대차계약서에 임대차목적물을 표시하면서 아파트의 명칭과 그 전유부분의 동·호수의 기재를 누락하였다는 사유만으로 확정일자의 요건을 갖추지 못하였다고 볼 수는 없다.[2)]

c. 계약 당시 임차보증금이 전액 지급되어 있을 것을 요구하지는 않는다. 따라서 임차인이 임대인에게 임차보증금 일부만을 지급하고 주택임대차보호법 제3조 제1항에서 정한 대항요건과 임대차계약증서상의 확정일자를 갖춘 다음 나머지 보증금을 나중에 지급하였다고 하더라도 특별한 사정이 없는 한 대항요건과 확정일자를 갖춘 때를 기준으로 임차보증금 전액에 대해서 후순위권리자나 그 밖의 채권자보다 우선하여 변제받을 권리를 갖는다고 보아야 한다.[3)]

1) 대판 2002. 8. 13. 2000다61466.
2) 대판 1999. 6. 11. 99다7992.
3) 대판 2017. 8. 29. 2017다212194.

d. 확정일자 부여 기관은 해당 주택의 소재지, 확정일자 부여일, 차임 및 보증금 등을 기재한 확정일자부를 작성하여야 한다(법 제3조의6 제2항). 주택의 임대차에 이해관계가 있는 자는 확정일자 부여 기관에 해당 주택의 확정일자 부여일, 차임 및 보증금 등 정보의 제공을 요청할 수 있다(법 제3조의6 제3항).

2) 배당 요구

임차권자가 우선 변제를 받기 위하여서는 배당 요구의 종기까지 배당 요구를 하여야 한다(민사소송법 제605조 제1항). 주택 임차인이 그 권리 신고를 하기 전에 임차목적물에 대한 경매 절차의 진행 사실에 관한 통지를 받지 못한 경우, 낙찰 허가 결정에 대한 불복사유가 되지 못한다.[1]

배당 요구를 하지 아니하여 그를 배당에서 제외하는 것으로 배당표가 작성·확정되고 그 확정된 배당표에 따라 배당이 실시되었다면 그가 적법한 배당 요구를 한 경우에 배당받을 수 있었던 금액 상당의 금원이 후순위채권자에게 배당되었다고 하여 이를 법률상 원인이 없는 것이라고 할 수 없다.[2]

(3) 효과

1) 의의

대항요건과 확정일자를 갖춘 임차인은 임차주택과 그 대지의 환가대금에서 후순위권리자나 그 밖의 채권자보다 우선하여 보증금을 변제받을 권리가 있다(법 제3조의2 제2항). 대항요건 및 확정일자를 갖

1) 대결 2000. 1. 31. 99마7663.

2) 대판 1998. 10. 13. 98다12379.

춘 임차인은 임차주택과 그 대지가 함께 경매될 경우뿐만 아니라 임차주택과 별도로 그 대지만이 경매될 경우에도 그 대지의 환가대금에 대하여 우선변제권을 행사할 수 있고, 이와 같은 우선변제권은 이른바 법정담보물권의 성격을 갖는 것으로서 임대차 성립 시의 임차목적물인 임차주택 및 대지의 가액을 기초로 임차인을 보호하고자 인정되는 것이므로, 임대차 성립 당시 임대인의 소유였던 대지가 타인에게 양도되어 임차주택과 대지의 소유자가 서로 달라지게 된 경우에도 마찬가지이다.[1] 이러한 법리는 여러 필지의 임차주택 대지 중 일부가 타인에게 양도되어 일부 대지만이 경매되는 경우에도 적용된다.[2]

2) 선순위의 판단

선순위인지의 여부는 대항요건 및 확정일자를 모두 갖춘 날을 기준으로 판단한다. 따라서 주택 임차인이 주택의 인도와 주민등록을 마친 당일 또는 그 이전에 임대차계약서에 확정일자를 받았다면 우선변제권은 대항요건을 갖춘 다음 날에 발생한다.[3]

주택의 임차인이 임차권의 대항력을 취득한 후 다른 곳으로 주민등록을 이전하였다가 다시 그 주택의 소재지로 주민등록을 이전하였다면 대항력은 당초에 소급하여 회복되는 것이 아니라 재전입한 때로부터 새로운 대항력이 다시 발생한다. 이 경우 전출 이전에 이미 임대차계약서상에 확정일자를 갖추었고 임대차계약도 재전입 전후를 통하여 그 동일성을 유지한다면, 임차인은 재전입 시 임대차계약서상에 다시 확정일자를 받을 필요 없이 재전입 이후에 그 주택에 관하여 담

1) 대판(전) 2007. 6. 21. 2004다26133.
2) 대판 2012. 7. 26. 2012다45689.
3) 대판 1999. 3. 23. 98다46938.

보물권을 취득한 자보다 우선하여 보증금을 변제받을 수 있다.[1)]

3) 구체적인 경우

a. 임차인이 대항력과 확정일자를 갖춘 후에 임대차계약이 갱신되더라도 대항력과 확정일자를 갖춘 때를 기준으로 종전 임대차 내용에 따른 우선변제권을 행사할 수 있다.[2)] 다만 대항력을 갖춘 임차인이 저당권설정등기 이후에 임차인과의 합의하여 보증금을 증액한 경우 보증금 중 증액 부분에 관하여는 저당권을 근거로 하여 건물을 경락받은 소유자에게 대항할 수 없다.[3)]

"주택임대차보호법 제3조 제1항에 의한 대항력을 갖춘 주택 임차인이 임대인의 동의를 얻어 적법하게 임차권을 양도하거나 전대한 경우, 양수인이나 전차인에게 점유가 승계되고 주민등록이 단절된 것으로 볼 수 없을 정도의 기간 내에 전입신고가 이루어졌다면 비록 위 임차권의 양도나 전대에 의하여 임차권의 공시 방법인 점유와 주민등록이 변경되었다 하더라도 원래의 임차인이 갖는 임차권의 대항력은 소멸되지 아니하고 동일성을 유지한 채로 존속한다고 보아야 한다. 이러한 경우 임차권 양도에 의하여 임차권은 동일성을 유지하면서 양수인에게 이전되고 원래의 임차인은 임대차관계에서 탈퇴하므로 임차권 양수인은 원래의 임차인이 주택임대차보호법 제3조의2 제2항 및 같은 법 제8조 제1항에 의하여 가지는 우선변제권을 행사할 수 있고, 전차인은 원래의 임차인이 주택임대차보호법 제3조의2 제2항 및 같은

1) 대판 1998. 12. 11. 98다34584.

2) 대판 2012. 7. 26. 2012다45689.

3) 대판 1990. 8. 14. 90다카11377.

법 제8조 제1항에 의하여 가지는 우선변제권을 대위 행사할 수 있다."[1]

b. 임대차계약증서에 확정일자를 갖춘 경우에는 부동산 담보권에 유사한 권리가 인정되어 부동산담보권자보다 선순위의 가압류채권자가 있는 경우에 그 담보권자가 선순위의 가압류채권자와 채권액에 비례한 평등 배당을 받을 수 있는 것과 마찬가지로 우선변제권을 갖게 되는 임차보증금채권자도 선순위의 가압류채권자와는 평등 배당의 관계에 있게 된다.[2]

이 법의 입법 목적과 주택 임차인의 임차보증금반환채권에 우선변제권을 인정한 제도의 취지 등에 비추어 볼 때, 우선변제권을 행사할 수 있는 주택임차인으로부터 임차보증금반환채권을 양수하였다고 하더라도 채권 양수인은 임차주택에 대한 경매 절차에서 주택임대차보호법상의 임차보증금 우선변제권자의 지위에서 배당 요구를 할 수 없다.[3]

c. 대항요건과 확정일자를 받은 임차인이더라도 그 지위에서 경매를 신청할 권한은 없다. 다만 임대차 기간이 만료한 후 보증금 반환청구 소송을 통한 집행권원으로 강제 경매를 신청하거나[4] 다른 채권자에 의해 개시된 경매 절차에서 배당 요구를 하는 경우 우선변제권을 행사할 수 있다.

"주택임대차보호법상의 대항력과 우선변제권의 두 가지 권리를

1) 대판 2010. 6. 10. 2009다101275.
2) 대판 1992. 10. 13. 92다30597.
3) 대판 2010. 5. 27. 2010다10276.
4) 대판 2013. 11. 14. 2013다27831.

함께 가지고 있는 임차인이 우선변제권을 선택하여 제1경매 절차에서 보증금 전액에 대하여 배당 요구를 하였으나 보증금 전액을 배당받을 수 없었던 때에는 경락인에게 대항하여 이를 반환받을 때까지 임대차관계의 존속을 주장할 수 있을 뿐이고, 임차인의 우선변제권은 경락으로 인하여 소멸하는 것이므로 제2경매 절차에서 우선변제권에 의한 배당을 받을 수 없는바, 이는 근저당권자가 신청한 1차 임의경매 절차에서 확정일자 있는 임대차계약서를 첨부하거나 임차권등기 명령을 받아 임차권등기를 하였음을 근거로 하여 배당 요구를 하는 방법으로 우선변제권을 행사한 것이 아니라, 임대인을 상대로 보증금 반환청구 소송을 제기하여 승소 판결을 받은 뒤 그 확정판결에 기하여 1차로 강제경매를 신청한 경우에도 마찬가지이다."[1]

5. 소액보증금 우선 변제

(1) 의의

주택임대차보호법상의 대항요건을 갖춘 주택 임차인은 법률이 정하는 일정의 소액보증금에 대하여 다른 담보물권자보다 우선 변제를 받을 수 있다(법 제8조 제1항).

(2) 요건

경매신청등기 전에 주택임대차보호법상의 대항요건을 갖추어야

1) 대판 2006. 2. 10. 2005다21166.

한다. 소액 임차인의 우선변제권이 인정되기 위하여 그 외에 임차주택에 등기가 되어 있어야 하는 것은 아니다. 대지에 대하여 소액의 우선변제권을 주장하기 위해서는 대지에 대한 경매신청 등기 이전에 대항요건을 갖추면 족하다.[1)]

(3) 효과

대통령령(법 시행령)으로 정한 주택 임차인은 일정액의 한도에서 담보된 채권이나 조세 등에 우선하여 보증금을 변제받을 수 있다(법 제8조). 임차주택과 대지가 함께 경매될 경우뿐만 아니라 임차주택과 별도로 대지만이 경매될 경우, 여러 필지의 임차주택 대지 중 일부가 타인에게 양도되어 일부 대지만이 경매되는 경우도 마찬가지라 할 것이다.[2)] 대지와 건물이 동시에 매각되어 주택 임차인에게 그 경매 대가를 동시에 배당하는 때에는 민법 제368조 제1항을 유추적용하여 대지와 건물의 경매 대가에 비례하여 그 채권의 분담을 정하여야 한다.[3)] 하지만 대지에 저당권 설정된 후에 신축된 지상 건물의 소액 임차인은 대지의 환가대금에 대하여 우선 변제를 받을 수 없다.[4)] 대항요건과 확정일자를 갖춘 임차인들이 소액 임차인의 지위를 겸하는 경우, 소액 임차인으로서 보호받는 일정액을 우선 배당하고 나머지 임차보증금채권액에 대하여는 대항요건과 확정일자를 갖춘 임차인으로서의 순위에 따라 배당하여야 한다.[5)]

임차인의 보증금 중 일정액이 주택가액의 1/2을 초과하는 경우에

1) 대판(전) 2007. 6. 21. 2004다26133.
2) 대판 2012. 7. 26. 2012다45689.
3) 대판 2003. 9. 5. 2001다66291.
4) 대판 1999. 7. 23. 99다25532.
5) 대판 2007. 11. 15. 2007다45562.

는 주택가액의 1/2에 해당하는 금액까지만 우선변제권이 있다(법 제8조 제3항 후문).

6. 임차권등기 명령 제도

(1) 의의

임대차가 끝난 후 보증금이 반환되지 아니한 경우 임차인은 임차주택의 소재지를 관할하는 지방 법원·지방 법원 지원 또는 시·군 법원에 임차권등기 명령을 신청할 수 있다(법 제3조의3 제1항). 아직 보증금을 반환받지 못한 임차인이 임대차가 종료된 후 다른 곳으로 이사하는 경우 대항요건의 상실로 인하여 우선변제권을 상실할 위험으로부터 임차인을 보호하기 위한 제도이다. 임차권등기가 경료되면 대항력을 갖춘 임차인이라면 주거나 주민등록을 이전하더라도 대항력 및 우선변제권이 그대로 유지되며, 아직 대항요건을 갖추지 못한 임차인은 이로 대항력 및 우선변제권을 취득하게 된다.

(2) 임차권등기의 효과

임차권등기에 의하여 임차인은 우선변제권을 취득하고 이미 대항력이나 우선변제권을 취득한 경우 그 효력이 유지된다. 임차권등기가 첫 경매개시결정등기 전에 등기된 경우, 배당받을 채권자의 범위에 관하여 규정하고 있는 민사집행법 제148조 제4호의 '저당권·전세권, 그 밖의 우선변제청구권으로서 첫 경매개시결정등기 전에 등기되었고 매각으로 소멸하는 것을 가진 채권자'에 준하여, 그 임차인은 별도로 배당 요구를 하지 않아도 당연히 배당받을 채권자에 속하는 것으로 보아야 한다.[1] 임차권등기명령의 집행에 따른 임차권등기가 끝난 주택을 그 이후에 임차한 임차인은 제8조에 따른 우선 변제를 받을 권리가 없다(법 제3조의3 제6항).

> "주택임대차보호법 제3조의3 규정에 의한 임차권등기는 이미 임대차계약이 종료하였음에도 임대인이 그 보증금을 반환하지 않는 상태에서 경료되게 되므로, 이미 사실상 이행지체에 빠진 임대인의 임대차보증금의 반환의무와 그에 대응하는 임차인의 권리를 보전하기 위하여 새로이 경료하는 임차권등기에 대한 임차인의 말소의무를 동시이행관계에 있는 것으로 해석할 것은 아니고, 특히 위 임차권등기는 임차인으로 하여금 기왕의 대항력이나 우선변제권을 유지하도록 해 주는 담보적 기능만을 주목적으로 하는 점 등에 비추어 볼 때, 임대인의 임대차보증금의 반환의무가 임차인의 임차권등기 말소의무보다 먼저 이행되어야 할 의무이다."[2]

7. 계약의 존속 및 해지

(1) 존속기간

주택임대차의 존속기간은 당사자가 자유로 정할 수 있는 것이 원칙이다. 하지만 법은 임차인의 보호를 위하여 기간을 정하지 아니하거나 2년 미만으로 정한 임대차는 그 기간을 2년으로 본다(법 제4조 제1항 본문). 다만, 임차인은 2년 미만으로 정한 기간이 유효함을 주장할

1) 대판 2005. 9. 15. 2005다33039.

2) 대판 2005. 6. 9. 2005다4529.

수 있다(법 제4조 제1항 단서). 임대차 기간이 끝난 경우에도 임차인이 보증금을 반환받을 때까지는 임대차관계가 존속되는 것으로 본다(법 제4조 제2항).

(2) 묵시의 갱신

임대인이 임대차 기간이 끝나기 6개월 전부터 2개월 전까지의 기간에 임차인에게 갱신 거절의 통지를 하지 아니하거나 계약조건을 변경하지 아니하면 갱신하지 아니한다는 뜻의 통지를 하지 아니한 경우에는 그 기간이 끝난 때에 전 임대차와 동일한 조건으로 다시 임대차한 것으로 본다(법 제6조 제1항 전문). 임차인이 임대차 기간이 끝나기 1개월 전까지 통지하지 아니한 경우에도 또한 같다(법 제6조 제1항 후문). 이러한 경우 임대차의 존속기간은 2년으로 본다(법 제6조 제2항). 묵시적 갱신의 경우 임차인은 언제든지 임대인에게 계약 해지를 통지할 수 있다(법 제6조의2 제1항). 이 경우 임대인이 그 통지를 받은 날부터 3개월이 지나면 그 효력이 발생한다(법 제6조의2 제2항). 2기의 차임액에 달하도록 연체하거나 그 밖에 임차인으로서 의무를 현저히 위반한 임차인에 대하여는 계약의 묵시적 갱신에 관한 규정을 적용하지 아니한다(법 제6조 제3항).

(3) 갱신청구권

임차인이 임대차 기간이 끝나기 2개월 전까지 계약 갱신을 요구할 경우 임대인은 정당한 사유 없이 이를 거절하지 못한다(법 제6조의3 제1항 본문). 그러나 임차인이 2기의 차임액에 해당하는 금액에 이르도록 차임을 연체한 사실이 있는 경우(제6조의3 제1항 제1호), 임대인(임대인의 직계 존속·직계 비속을 포함한다)이 목적 주택에 실제 거주하려는 경우(제

6조의3 제1항 제8호) 등에는 계약의 갱신을 거절할 수 있다(법 제6조의3 제1항 단서). 임대인이 제1항 제8호의 사유로 갱신을 거절하였음에도 불구하고 갱신 요구가 거절되지 아니하였더라면 갱신되었을 기간이 만료되기 전에 정당한 사유 없이 제3자에게 목적 주택을 임대한 경우 임대인은 갱신 거절로 인하여 임차인이 입은 손해를 배상하여야 한다(제6조3 제5항).

임차인은 제1항에 따른 계약갱신요구권을 1회에 한하여 행사할 수 있다(법 제6조의3 제2항 전문). 이 경우 갱신되는 임대차의 존속기간은 2년으로 본다(법 제6조의3 제2항 후문). 임차인은 언제든지 해지가 가능하고, 그 후 3개월이 지나면 해지는 효력을 발생한다(법 제6조의3 제4항, 제6조의2).

(4) 차임증감청구권

당사자는 약정한 차임이나 보증금이 임차주택에 관한 조세, 공과금, 그밖의 부담의 증감이나 경제 사정의 변동으로 인하여 적절하지 아니하게 된 때에는 장래에 대하여 그 증감을 청구할 수 있다(법 제7조 제1항 본문). 증액 청구는 임대차계약 또는 약정한 차임이나 보증금의 증액이 있은 후 1년 이내에는 하지 못한다(법 제7조 제1항 단서). 증액의 경우 약정한 차임이나 보증금의 1/20을 초과하지 못한다(법 제7조 제2항).

8. 주택 임차인의 사망과 임차권의 승계

임차인이 상속인 없이 사망한 경우에는 그 주택에서 가정 공동생활을 하던 사실상의 혼인관계에 있는 자가 임차인의 권리와 의무를 승계한다(법 제9조 제1항). 따라서 사실상의 혼인관계에 있는 자는 존속기간 동안 임차권을 가지며 임차 기간 종료 후에는 보증금반환청구권도 갖는다. 만약 임차인이 사망한 때에 사망 당시 상속인이 그 주택에서 가정 공동생활을 하고 있지 아니한 경우에는 그 주택에서 가정 공동생활을 하던 사실상의 혼인관계에 있는 자와 2촌 이내의 친족이 공동으로 임차인의 권리와 의무를 승계한다(법 제9조 제2항). 임차인의 권리와 의무가 승계되는 경우 임대차관계에서 생긴 채권·채무는 임차인의 권리·의무를 승계한 자에게 귀속된다(법 제9조 제4항).

임차인이 사망한 후 1개월 이내에 사실상의 혼인관계에 있는 자나 2촌 이내의 친족이 임차권의 승계에 대한 반대 의사를 임대인에게 표시한 경우에는 승계가 이루어지지 아니한다(법 제9조 제3항).

Ⅵ. 상가건물임대차보호법

1. 법의 목적

상가건물임대차보호법(이하 '법')은 상가건물임대차에 관하여 민법에 대한 특례를 규정하여 국민 경제생활의 안정을 보장함을 목적으로 한다(법 제1조).

2. 적용 범위

(1) 상가건물의 임대차

이 법은 상가건물의 임대차에 대하여 적용한다. 여기서 동법이 적용되는 상가건물 임대차는 사업자등록 대상이 되는 건물로서 임대차 목적물인 건물을 영리를 목적으로 하는 영업용으로 사용하는 임대차를 가리킨다.

"상가건물 임대차보호법의 목적과 같은 법 제2조 제1항 본문, 제3조 제1항에 비추어 보면, 상가건물 임대차보호법이 적용되는 상가건물 임대차는 사업자 등록 대상이 되는 건물로서 임대차목적물인 건물을 영리를 목적으로 하는 영업용으로 사용하는 임대차를 가리킨다. 그리고 상가건물 임대차보호법이 적용되는 상가건물에 해당하는지는 공부상 표시가 아닌 건물의 현황·용도 등에 비추어 영업용으로 사용하느냐에 따라 실질적으로 판단하여야 하고, 단순히 상품의 보관·제조·가공 등 사실행위만이 이루어지는 공장·창고 등은 영업용으로 사용하는 경우라고 할 수 없으나 그곳에서 그러한 사실행위와 더불어 영리를 목적으로 하는 활동이 함께 이루어진다면 상가건물 임대차보호법 적용 대상인 상가건물에 해당한다.

임차인이 상가건물의 일부를 임차하여 도금 작업을 하면서 임차부분에 인접한 컨테이너 박스에서 도금 작업의 주문을 받고 완성된 도금 제품을 고객에 인도하여 수수료를 받는 등 영업 활동을 해 온 사안에서, 임차 부분과 이에 인접한 컨테이너 박스는 일체로서 도금 작업과 더불어 영업 활동을 하는 하나의 사업장이므로 위 임차부분은 상가건물 임대차보호법이 적용되는 상가건물에 해당한다고 보아야 한다."[1)]

(2) 보증금액의 상한

이 법은 대항력(법 제3조), 계약갱신요구권(법 제10조), 차임증감청구권(법 제10조의2), 권리금의 회수기회보호(법 제10조의4) 등을 제외하고

1) 대판 2011. 7. 28. 2009다40967.

대통령령(법 시행령 제2조)으로 정하는 보증금액을 초과하는 임대차에 대하여는 원칙적으로 적용되지 않는다(법 제2조 제1항).

3. 효과

(1) 대항력

동법 제2조의 요건을 충족하는 상가건물의 임대차는 그 등기가 없는 경우에도 임차인이 건물의 인도와 부가가치세법 제8조, 소득세법 제168조 또는 법인세법 제111조에 따른 사업자등록을 신청하면 그다음 날부터 제3자에 대하여 효력이 생긴다(법 제3조 제1항). 임대할 권리를 승계한 자를 포함한 임차 건물의 양수인은 임대인의 지위를 승계한 것으로 본다(법 제3조 제2항).

(2) 우선변제권

대항요건을 갖추고 관할 세무서장으로부터 임대차계약서상의 확정일자를 받은 임차인은 민사집행법에 따른 경매 또는 국세징수법에 따른 공매 시 임대인 소유의 대지를 포함한 임차건물의 환가대금에서 후순위권리자나 그 밖의 채권자보다 우선하여 보증금을 변제받을 권리가 있다(법 제5조 제2항).

(3) 임차권등기 명령

임대차가 종료된 후 보증금이 반환되지 아니한 경우 임차인은 임차 건물의 소재지를 관할하는 지방 법원, 지방 법원 지원 또는 시·군 법원에 임차권등기 명령을 신청할 수 있다(법 제6조 제1항). 임차권등기 명령의 집행에 따른 임차권등기를 마치면 임차인은 대항력과 우선변제권을 취득한다. 임차인이 임차권등기 이전에 이미 대항력 또는 우선변제권을 취득한 경우에는 그 대항력 또는 우선변제권이 그대로 유지된다(법 제6조 제5항).

4. 존속기간 및 계약의 갱신요구권

기간을 정하지 아니하거나 기간을 1년 미만으로 정한 임대차는 그 기간을 1년으로 본다. 다만, 임차인은 1년 미만으로 정한 기간이 유효함을 주장할 수 있다(법 제9조 제1항). 임대차가 종료한 경우에도 임차인이 보증금을 돌려받을 때까지는 임대차관계는 존속하는 것으로 본다(법 제9조 제2항).

임대인은 임차인이 임대차 기간이 만료되기 6개월 전부터 1개월 전까지 사이에 계약갱신을 요구할 경우 정당한 사유 없이 거절하지 못한다(법 제10조 제1항). 임차인의 계약갱신요구권은 최초의 임대차 기간을 포함한 전체 임대차 기간이 10년을 초과하지 아니하는 범위에서만 행사할 수 있다(법 제10조 제2항).

임대인이 임대차 기간이 만료되기 6개월 전부터 1개월 전까지 임차인에게 갱신 거절의 통지 또는 조건 변경의 통지를 하지 아니한 경우에는 그 기간이 만료된 때에 전 임대차와 동일한 조건으로 다시 임대차한 것으로 본다. 이 경우에 임대차의 존속기간은 1년으로 본다(법 제10조 제4항).

"임차인의 계약갱신요구권은 임차인이 임대차 기간이 만료되기 6개월 전부터 1개월 전까지 사이에 계약의 갱신을 요구하면 그 단서에서 정하는 사유가 없는 한 임대인이 그 갱신을 거절할 수 없는 것을 내용으로 하여서 임차인의 주도로 임대차계약의 갱신을 달성하려는 것이다. 이에 비하여 같은 조 제4항은 임대인이 위와 같은 기간 내에 갱신거절의 통지 또는 조건 변경의 통지를 하지 아니하면 임대차 기간이 만료된 때에 임대차의 갱신을 의제하는 것으로서, 기간의 만료로 인한 임대차관계의 종료에 임대인의 적극적인 조치를 요구한다. 이와 같이 이들 두 법 조항상의 각 임대차 갱신 제도는 그 취지와 내용을 서로 달리하는 것이므로, 임차인의 갱신요구권에 관하여 전체 임대차 기간을 5년으로 제한하는 같은 조 제2항의 규정은 같은 조 제4항에서 정하는 법정갱신에 대하여는 적용되지 아니한다."[1]

5. 보증금증감청구권

차임 또는 보증금이 임차 건물에 관한 조세, 공과금, 그 밖의 부담의 증감이나 경제 사정의 변동으로 인하여 상당하지 아니하게 된 경우에는 당사자는 장래의 차임 또는 보증금에 대하여 대통령령(법 시행령 제4조)으로 정하는 기준을 초과하지 않는 한도에서 그 증감을 청구할 수 있다(법 제11조 제1항). 증액 청구는 임대차계약 또는 약정한 차임 등의 증액이 있은 후 1년 이내에는 하지 못한다(법 제11조 제2항).

6. 권리금

(1) 의의

권리금이란 임대차목적물인 상가건물에서 영업하는 자 또는 영업

1) 대판 2010. 6. 10. 2009다64307

하려는 자가 영업 시설·비품, 거래처, 신용, 영업상의 노하우, 상가건물의 위치에 따른 영업상의 이점 등 유형·무형의 재산적 가치의 양도 또는 이용 대가로서 임대인, 임차인에게 보증금과 차임 이외에 지급하는 금전 등의 대가를 말한다(법 제10조의3 제1항).

(2) 권리금의 반환청구

권리금은 영업 시설·비품 등 유형물이나 거래처, 신용, 영업상의 노하우 또는 점포 위치에 따른 영업상의 이점 등 무형의 재산적 가치의 양도 또는 일정 기간 동안의 이용대가에 해당하므로 유형·무형의 재산적 가치의 양수 또는 약정 기간 동안의 이용이 유효하게 이루어진 이상 임대인은 그 권리금의 반환의무를 지지 아니한다. 다만 임대인이 그 임대차의 종료에 즈음하여 그 재산적 가치를 도로 양수한다든지 권리금 수수 후 일정한 기간 이상으로 그 임대차를 존속시켜 그 가치를 이용케 하기로 약정하였음에도 임대인의 사정으로 중도 해지됨으로써 약정 기간 동안의 그 재산적 가치를 이용케 해주지 못하였다는 등의 특별한 사정이 있을 때에는 임대인은 그 권리금 전부 또는 일부의 반환의무를 부담한다.[1)]

(3) 권리금의 회수

임차인은 임대차에서 반대되는 약정이 없는 한 임차권의 양도 또는 전대차의 기회에 부수하여 자신도 그 재산적 가치를 다른 사람에게 양도 또는 이용케 함으로써 권리금 상당액을 회수할 수 있다. 이에

1) 대판 2013. 12. 26. 2013다63257.

이 법은 임차인의 이러한 권리금 회수의 기회를 보호하고 이를 침해한 임대인에 대하여 손해배상책임을 부과하고 있다.

즉 임차인이 주선한 신규 임차인이 되려는 자에게 권리금을 요구하거나 임차인이 주선한 신규 임차인이 되려는 자로부터 권리금을 수수하는 행위(법 제10조의4 제1항 제1호), 임차인이 주선한 신규 임차인이 되려는 자로 하여금 임차인에게 권리금을 지급하지 못하게 하는 행위(법 제10조의4 제1항 제2호), 임차인이 주선한 신규 임차인이 되려는 자에게 상가건물에 관한 조세, 공과금, 주변 상가건물의 차임 및 보증금, 그 밖의 부담에 따른 금액에 비추어 현저히 고액의 차임과 보증금을 요구하는 행위(법 제10조의4 제1항 제3호), 그 밖에 정당한 사유 없이 임대인이 임차인이 주선한 신규 임차인이 되려는 자와 임대차계약의 체결을 거절하는 행위(법 제10조의4 제1항 제4호)를 하지 못한다. 이를 위반하여 임차인에게 손해가 발생한 경우 임대인은 손해를 배상하여야 한다(법 제10조의4 제3항 전문).

7. 소액보증금의 보호

임차인은 보증금 중 일정액을 다른 담보물권자보다 우선하여 변제받을 권리가 있다. 이 경우 임차인은 건물에 대한 경매신청의 등기 전에 상가건물 임대차보호법 제3조 제1항의 대항요건을 갖추어야 한다(법 제14조 제1항). 우선 변제를 받을 임차인 및 보증금 중 일정액의 범위와 기준은 임대인 소유의 대지 가액을 포함한 임대 건물 가액의 1/2의 범위에서 해당 지역의 경제 여건, 보증금 및 차임 등을 고려하여 대통령령(법 시행령 제6조, 제7조)으로 정한다.

8. 차임 연체와 계약 해지

임차인의 차임 연체액이 3기분의 차임액에 이른 때에는 임대인은 계약을 해지할 수 있다(법 제10조의8).

제7장
고용

Ⅰ. 의의

1. 개념

고용계약은 당사자 일방이 노무를 제공하고 상대방이 그에 대한 보수를 지급하는 것을 내용으로 하는 유상·쌍무계약이다(제655조). 고용계약은 특정한 일의 완성을 내용으로 하는 도급계약과 달리 보수를 지급하는 사용자의 지시에 따라 노무를 제공할 의무만을 부담한다는 점에서 위임계약과 유사하다. 하지만 사용자의 지시에 따라 노무를 제공하는 고용계약은 위임인의 지시에 따라 독립적으로 사무를 처리하는 위임계약과도 구별된다.

"근로계약은 근로자가 사용자에게 근로를 제공하고 사용자는 이에 대하여 임금을 지급하는 것을 목적으로 체결된 계약으로서(근로기준법 제2조 제1항 제4호) 기본적으로 그 법적 성질이 사법상 계약이므로 계약체결에 관한 당사자들의 의사표시에 무효 또는 취소의 사유가 있으면 상대방은 이를 이유로 근로계약의 무효 또는 취소를 주장하여 그에 따른 법률효과의 발생을 부정하거나 소멸시킬 수 있다. 다만 그와 같이 근로계약의 무효 또는 취소를 주장할 수 있다 하더라도 근로계약에 따라 그동안 행하여진 근로자의 노무 제공의 효과를 소급하여 부정하는 것은 타당하지 않으므로 이미 제공된 근로자의 노무를 기초로 형성된 취소 이전의 법률관계까지 효력을 잃는다고 보아서는 아니 되고, 취소의 의사표시 이후 장래에 관하여만 근로계약의 효력이 소멸된다고 보아야 한다."[1]

2. 고용계약과 근로계약

민법이 규율하고 있는 고용계약은 사적자치의 원칙에 바탕을 둔 평등한 당사자 사이의 노무공급계약이다. 그런데 근대에 들어 종래의 가내 공업을 중심으로 하는 산업 형태에서 자본에 바탕을 둔 공장 중심의 산업 형태로 바뀌면서 노무자와 사용자 사이의 관계는 평등의 관계가 아닌 지휘·명령의 상하관계로 바뀌게 되었고, 계약의 체결도 사용자가 일방적으로 결정하는 부종계약이 되었다. 이에 따라 노무자들의 노동 여건은 악화되었고 산업 발전에 따른 자본의 축적에도 불구하고 노동자들의 삶은 비참한 상황에 이르게 되었다. 결국 이러한 상황을 개선하여 노무자들에게도 사용자와의 대등한 협상력을 부여하고 노동자들의 최저한의 근로조건을 인정하려는 근로 관련 법규들이 제정되게 되었다. 그리고 이러한 근로 관련 법규의 규제를 받는 계약을 근로계약이라고 한다.

1) 대판 2017. 12. 22. 2013다25194, 25200.

학설에 따라서는 근로계약을 종속적인 노무공급계약으로 한정하고 고용계약은 자주적, 독립적인 노동의 제공은 물론 종속적 노무의 제공도 포함되는 노무공급계약으로 이해하는 견해가 있다.[1] 하지만 근로기준법상 근로자도 '직업의 종류와 관계없이 임금을 목적으로 사업이나 사업장에 근로를 제공하는 사람'(근로기준법 제2조 제1호)을 말하고 있어서 고용계약상의 노무자와 다를 바가 없다. 단지 '상시 5인 이상의 근로자를 사용하는 사업 또는 사업장'(근로기준법 제11조 제1항)에만 원칙적으로 동법이 적용될 뿐이다. 결국 근로계약과 고용계약은 그 본질에 있어서 동일하다고 보아야 할 것이다.[2]

Ⅱ. 노무자의 의무

1. 노무제공의무

(1) 노무의 내용

노무자는 계약에 따라 노무를 제공할 의무를 부담한다. 사용자가 계약에서 정한 것 이외의 노무를 요구할 경우 노무자는 이를 거절할 수 있고 고용계약을 해지할 수도 있다(제658조 제1항). 고용계약에서 노무의 내용이 구체적으로 적시되지 않은 경우 노무자는 사용자의 지시에 따라 노무를 제공할 의무를 부담한다. 이 경우에도 사용자가 지시하는 노무의 내용은 법률에 위반되거나 선량한 풍속에 반하지 않아야

1) 김형배, 채권각론(1997), 539면 이하.

2) 곽윤직, 채권각론(2014), 237면 이하; 송덕수, 채권법각론(2019), 324면; 이은영, 채권각론(2007), 496면.

하며 위법하거나 반사회적인 내용의 노무 요구에 대해 노무자는 이를 거절할 수 있다.

약정한 노무가 특수한 기능을 요하는 경우에 노무자가 그 기능이 없는 때에는 사용자가 계약을 해지할 수 있다(제658조 제2항).

(2) 노무제공의무의 일신전속성

노무자는 원칙적으로 자신의 노무를 제공하여야 한다. 다만 사용자의 동의가 있는 경우에는 제3자로 하여금 자기에 갈음하여 노무를 제공하게 할 수 있다(제657조 제2항). 마찬가지로 사용자도 노무자의 동의 없이 노무자에 대한 권리를 제3자에게 양도하지 못한다(제657조 제1항). 다만 영업이 양도된 경우에는 노무자의 지위가 양수 기업에 포괄적으로 승계된다. 이러한 규정에 위반한 경우 당사자에 대하여 상대방은 계약을 해지할 수 있다(제657조 제3항).

> "영업의 양도라 함은 일정한 영업 목적에 의하여 조직화된 업체, 즉 인적·물적 조직을 그 동일성은 유지하면서 일체로서 이전하는 것으로서, 이러한 영업 양도가 이루어진 경우에는 원칙적으로 해당 근로자들의 근로관계가 양수하는 기업에 포괄적으로 승계된다."[1)]

2. 성실의무

노무자는 노무를 성실하게 제공할 신의칙상의 의무를 부담한다.

---

1) 대판 2003. 5. 30. 2002다23826.

노무자의 성실의무는 선관주의를 기준으로 추상적으로 판단하는 것이 원칙이다. 하지만 성실의무의 위반으로 인한 배상의 문제를 일률적으로 판단할 수는 없다. 사용자가 노무자에게 지시한 작업장의 위험성이나 노무자가 다루어야 하는 기계에 조작의 난이도나 그에 대한 숙련도, 노무자의 근로 경험 등이 종합적으로 고려되어야 한다.[1)]

Ⅲ. 사용자의 의무

1. 보수지급의무

사용자는 노무자의 노무 제공에 대하여 보수를 지급할 의무를 진다. 보수의 종류와 액수는 당사자의 약정으로 정하여지나, 약정이 없으면 관습에 따른다(제656조 제1항). 보수의 지급는 약정한 시기에 지급하여야 하고 그에 관한 약정이 없으면 관습에 의하고 관습도 없으면 약정한 노무를 종료한 후에 즉시 지급하여야 한다(제656조 제2항).

2. 보호의무

사용자는 노무자가 노무를 제공하는 과정에서 침해될 수 있는 생명, 신체, 건강을 보호할 의무를 부담한다.[2)]

"상법 제64조에서 5년의 상사시효를 정하는 것은 대량, 정형, 신속이라는 상거래관계 특성상 법률관계를 신속하게 해결할 필요

1) 곽윤직, 채권각론(2014), 243면.
2) 대판 1999. 2. 23. 97다12082.

성이 있기 때문이다. 사용자가 상인으로서 영업을 위하여 근로자와 체결하는 근로계약이 보조적 상행위에 해당하더라도 사용자가 근로계약에 수반되는 신의칙상의 부수적 의무인 보호의무를 위반하여 근로자에게 손해를 입힘으로써 발생한 근로자의 손해배상청구와 관련된 법률관계는 근로자의 생명, 신체, 건강 침해 등으로 인한 손해의 전보에 관한 것으로서 그 성질상 정형적이고 신속하게 해결할 필요가 있다고 보기 어렵다. 따라서 근로계약상 보호의무 위반에 따른 근로자의 손해배상청구권은 특별한 사정이 없는 한 10년의 민사 소멸시효 기간이 적용된다고 봄이 타당하다."[1]

Ⅳ. 고용의 종료

고용은 고용 기간의 만료 외에 당사자의 합의나 해지 통고, 해지에 의하여 종료한다.

1. 고용 기간의 만료

고용계약에서 고용 기간을 정한 경우 약정된 고용 기간이 만료함으로써 고용관계가 종료된다. 그러나 고용 기간이 만료한 후에도 노무자가 노무를 계속하고 사용자가 상당한 기간 내에 이의를 제기하지 않은 때에는 전 고용과 동일한 조건으로 다시 고용한 것으로 본다(제662조 제1항 본문). 이 경우라도 기간의 종료로 제3자가 제공한 담보는

1) 대판 2021. 8. 19. 2018다270876.

종료한다(제662조 제2항). 고용계약이 묵시로 갱신된 경우 고용 기간에 관한 약정이 없는 것으로 되어 당사자는 언제든지 계약 해지의 통고를 할 수 있고, 통고가 도달된 후 1개월이 경과하면 계약이 종료한다(제662조 제1항 단서).

고용의 약정 기간이 3년을 넘거나 당사자의 일방 또는 제3자의 종신까지로 된 경우, 각 당사자는 3년이 지난 후에는 언제든지 계약 해지의 통고를 할 수 있고(제659조 제1항), 통고가 상대방에게 도달한 때로부터 3개월이 지나면 해지의 효력이 생긴다(제659조 제2항).

2. 고용 기간의 약정이 없는 경우

고용 기간의 약정이 없는 경우 당사자는 언제든지 계약 해지의 통고를 할 수 있고(제660조 제1항), 통고를 받은 날로부터 1개월이 경과하면 계약이 종료된다(제660조 제2항). 기간으로 보수를 정한 때에는 상대방이 해지의 통고를 받은 그 기간 후의 다음 기간이 경과한 때에 해지의 효력이 생긴다(제660조 제3항).

3. 계약의 해지

고용 기간의 약정이 있더라도 부득이한 사유가 있는 때에는 각 당사자는 계약을 해지할 수 있다(제661조 본문). 그러나 그 사유가 당사자 일방의 과실로 인하여 생긴 때에는 상대방에게 손해를 배상하여야 한다(제661조 단서).

사용자가 파산한 경우에는 고용 기간의 약정과 상관없이 노무자 또는 파산 관재인은 계약을 해지할 수 있다(제663조 제1항). 파산의 경우에는 계약 해지로 인한 손해배상책임이 발생하지 않는다(제663조 제2항).

그 외에 노무청구권을 사용자가 동의없이 양도한 경우(제657조 제

3항), 노무자가 동의없이 제3자로 하여금 자기에 갈음하는 노무를 제공하도록 한 경우(제657조 제2항), 사용자의 약정에 반하는 노무 제공의 요구(제658조 제1항), 특수한 기능을 노무자가 갖추지 못한 경우(제658조 제2항)에 상대방은 계약을 해지할 수 있다.

> "민법 제661조 소정의 '부득이한 사유'라 함은 고용계약을 계속하여 존속시켜 그 이행을 강제하는 것이 사회 통념상 불가능한 경우를 말하고, 고용은 계속적 계약으로 당사자 사이의 특별한 신뢰관계를 전제로 하므로 고용관계를 계속하여 유지하는 데 필요한 신뢰관계를 파괴하거나 해치는 사실도 부득이한 사유에 포함되며, 따라서 고용계약상 의무의 중대한 위반이 있는 경우에도 부득이한 사유에 포함된다."[1)]

4. 합의에 의한 종료

고용의 당사자는 합의로 고용계약을 종료할 수 있다. 대표적인 경우가 의원 면직이나 명예퇴직의 방법에 따른 경우가 여기에 해당한다.

> "사용자가 근로자로부터 사직서를 제출 받고 이를 수리하는 의원면직의 형식을 취하여 근로계약관계를 종료시킨 경우, 사직의 의사 없는 근로자로 하여금 어쩔 수 없이 사직서를 작성, 제출케 하였다면 실질적으로 사용자의 일방적인 의사에 의하여 근로계약관계를 종료시키는 것이어서 해고에 해당한다고 할 것이나,

1) 대판 2004. 2. 27. 2003다51675.

그렇지 않은 경우에는 사용자가 사직서 제출에 따른 사직의 의사표시를 수락함으로써 사용자와 근로자의 근로계약관계는 합의 해지에 의하여 종료되는 것이므로 사용자의 의원 면직 처분을 해고라고 볼 수 없다."[1]

"명예퇴직은 근로자가 명예퇴직의 신청(청약)을 하면 사용자가 요건을 심사한 후 이를 승인(승낙)함으로써 합의에 의하여 근로관계를 종료시키는 것으로, 명예퇴직의 신청은 근로계약에 대한 합의 해지의 청약에 불과하여 이에 대한 사용자의 승낙이 있어 근로계약이 합의 해지되기 전에는 근로자가 임의로 그 청약의 의사표시를 철회할 수 있다."[2]

---

1) 대판 2003. 4. 11. 2002다60528.

2) 대판 2003. 4. 25. 2002다11458.

제8장
도급

Ⅰ. 의의

1. 개념

도급은 당사자 일방이 어느 일을 완성할 것을 약정하고 상대방이 그 일의 결과에 대하여 보수를 지급할 것을 내용으로 하는 유상·쌍무·불요식의 계약이다(제664조). 도급계약은 하는 채무라는 점에서 고용(제655조)이나 위임(제680조)과 유사하지만 특정한 일의 완성을 내용으로 한다는 점에서 노무를 제공하는 고용계약이나 타인 사무의 처리를 내용으로 하는 위임과 구별된다.

2. 제작물공급계약

제작물공급계약이란 당사자의 일방이 상대방의 주문에 따라 자기 소유의 재료를 사용하여 만든 물건을 공급하기로 하고 상대방이 대가를 지급하는 것을 내용으로 하는 계약을 말한다. 제작물공급계약은 제작이라는 측면에서 보면 일의 완성이라는 도급의 성격을 가지나 대가에 따른 공급의 측면에서는 매매의 성격을 갖는다. 판례는 계약에 따라 제작 공급하여야 할 물건이 대체물인 경우에는 매매에 관한 규정이 적용되지만, 물건이 특정 주문자의 수요를 만족시키기 위한 부대체물인 경우에는 당해 재료의 공급과 함께 그 제작이 계약의 주목적이 되어 도급의 규정이 적용되어야 한다는 입장이다.

"갑 회사가 을 회사와 승강기 제작 및 설치 공사계약을 체결한 사안에서, 갑 회사가 위 계약에 따라 제작·설치하기로 한 승강기가 을 회사가 신축하는 건물에 맞추어 일정한 사양으로 특정되어 있으므로, 그 계약은 대체가 어렵거나 불가능한 제작물의 공급을 목적으로 하는 계약으로서 도급의 성질을 갖고 있고, 그 계약의 내역상 승강기의 매매대금과 설치대금의 구분 없이 총 계약 금액이 정해지고, 을 회사의 승강기에 관한 소유권 취득과 관계없이 계약금 및 중도금의 지급 시기가 정하여져 있으므로, 위 계약에 따른 대금 중 승강기 매매에 상응하는 대금만을 별도로 구분하여 을 회사가 승강기의 소유권을 취득할 때까지 그 대금지급의무의 소멸시효 기간이 진행되지 않는다고 할 수는 없다."[1)]

1) 대판 2010. 11. 25. 2010다56685.

Ⅱ. 도급의 효력

1. 수급인의 의무와 책임

(1) 일을 완성할 의무

수급인은 계약에 따른 일을 완성할 의무를 진다. 당사자 사이에 특약이 있거나 일의 성질상 수급인 자신이 하지 않으면 채무의 본지에 따른 이행이 될 수 없다는 등의 특별한 사정이 없는 한 반드시 수급인 자신이 직접 일을 완성하여야 하는 것은 아니므로 작업 과정에서 제3자를 사용하였는지 여부는 원칙적으로 문제되지 않는다. 따라서 수급인이 제3자와 사이에 공사에 관한 약속을 한 후 도급인에게 그 약속 사실을 알려주지 않았다고 하더라도 이를 도급인에 대한 기망행위라고 할 수 없다.[1] 수급인은 이행보조자에 해당하는 제3자의 고의나 과실에 대하여 무과실책임을 부담할 뿐이다(제391조).

일의 완성에 관한 증명은 일의 결과에 대한 보수의 지급을 청구하는 수급인이 부담한다.[2] 즉, 수급인은 약정한 마지막 공정까지 종료하였고 목적물의 주요 구조 부분이 약정된 대로 시공되어 사회 통념상 일반적으로 요구되는 성능을 갖추고 있다는 점까지 주장·증명하여야 한다.[3]

> "도급인이 계약상 의무를 부담하는 공사 기성 부분에 대한 공사 대금지급의무를 지체하고 있고, 수급인이 공사를 완공하더라도

1) 대판 2002. 4. 12. 2001다82545.
2) 대판 1994. 11. 22. 94다26684.
3) 대판 2006. 10. 13. 2004다21862.

도급인이 공사대금의 지급채무를 이행하기 곤란한 현저한 사유가 있는 경우에는 수급인은 그러한 사유가 해소될 때까지 자신의 공사 완공의무를 거절할 수 있다."[1]

(2) 완성물인도의무

1) 의의

목적물의 인도를 요하지 아니하는 경우에는 그 일의 완성으로 변제가 이루어져 수급인의 채무는 소멸한다. 하지만 수급인이 목적물에 대한 작업을 완성하여 인도하여야 하는 경우 도급계약은 도급인에게 목적물을 인도함으로써 비로소 소멸하게 된다.

여기서 목적물의 인도는 단순한 점유의 이전만을 의미하는 것이 아니라 도급인이 목적물을 검사한 후 그 목적물이 계약의 내용대로 완성되었음을 명시적 또는 묵시적으로 시인하는 것까지 포함하는 것으로 이해된다.

완성된 목적물의 인도와 보수지급은 동시이행의 관계에 있다(제665조 제1항 전문). 도급계약의 당사자들은 통상 '수급인이 공급한 목적물을 도급인이 검사하여 합격하면, 도급인은 수급인에게 보수를 지급한다.'라고 정하는 경우가 많다. 그런데 이러한 약정은 도급인의 수급인에 대한 보수지급의무와 동시이행관계에 있는 수급인의 목적물인도의무를 확인한 것에 불과하고 '검사 합격'은 법률행위의 효력 발생을 좌우하는 조건으로 볼 수 없고 보수지급 시기에 관한 불확정 기한으로 보아야 한다. 따라서 수급인이 도급계약에서 정한 일을 완성한 다음 검사에 합격한 때 또는 약정에 따른 객관적 성능을 갖추었음에

1) 대판 2005. 11. 25. 2003다60136.

도 불구하고 검사를 거부하여 합격이 불가능한 것으로 확정된 때 보수지급청구권의 기한이 도래한다.[1)]

2) 완성물의 소유권 귀속

도급인이 재료의 전부 또는 주요 부분을 공급하여 수급인이 목적물을 완성한 경우 그 목적물은 동산이나 부동산의 여부와 상관없이 원시적으로 도급인의 소유로 귀속된다.[2)] 따라서 가공에 관한 제259조는 적용되지 않는다. 반면 수급인이 자기의 재료와 노력으로 건물을 건축한 경우에 특별한 의사표시가 없는 한 도급인이 도급대금을 지급하고 건물의 인도를 받기까지는 그 소유권은 수급인에게 있다.[3)] 하지만 이 경우에도 도급인과 수급인 사이에 도급인 명의로 건축허가를 받아 소유권보존등기를 하기로 하는 등 완성된 건물의 소유권을 도급인에게 귀속시키기로 합의한 것으로 보여질 경우에는 그 건물의 소유권은 도급인에게 원시적으로 귀속된다.[4)] 그렇다고 건축허가서에 건축주로 기재된 자가 건물의 소유권을 취득하는 것은 아니다. 건축허가서는 실체적 권리의 득실 변경을 공시하는 방법도 아니고 추정력도 인정되지 않는다. 따라서 자기 비용과 노력으로 건물을 신축한 자는 그 건축허가가 타인의 명의로 된 여부에 관계없이 그 소유권을 원시취득한다.[5)] 따라서 건축주의 사정으로 사회 통념상 독립한 건물이라고 볼 수 없는 미완성의 건물을 인도받아 자기의 비용과 노력으로 나머지 공사를 하여 완공하였다면 그는 건물의 원시 취득자가 된다.[6)]

---

1) 대판 2019. 9. 10. 2017다272486.
2) 대판 1962. 7. 6. 4292민상876.
3) 대판 1980. 7. 8. 80다1014.
4) 대판 1997. 5. 30. 97다8601.
5) 대판 2002. 4. 26. 2000다16350.
6) 대판 2006. 5. 12. 2005다68783.

완성된 목적물이 도급인의 소유인 경우 그 목적물을 점유하고 있는 수급인은 유치권을 행사할 수 있다(제320조 제1항).

> "건축업자가 타인의 대지를 매수하여 계약금만 지급하거나 대금을 전혀 지급하지 아니한 채 그 지상에 자기의 노력과 재료를 들여 건물을 건축하면서 건축허가 명의를 대지 소유자로 하는 경우에는 그 목적이 대지대금채무를 담보하기 위한 경우가 일반적이고, 채무의 담보를 위하여 채무자가 자기의 비용과 노력으로 신축하는 건물의 건축허가 명의를 채권자 명의로 하였다면 이는 완성될 건물을 담보로 제공하기로 하는 합의로서 법률행위에 의한 담보권의 설정이라 할 것이므로, 완성된 건물의 소유권은 일단 이를 건축한 채무자가 원시적으로 취득한 후 채권자 명의로 소유권보존등기를 마침으로써 담보목적의 범위 내에서 채권자에게 그 소유권이 이전된다고 보아야 한다."[1]

(3) 이행지체 및 지체상금

수급인이 약정된 기일까지 일을 완성하지 못하는 경우 수급인은 도급인에 대하여 지체책임을 부담한다(제390조). 건물 신축이나 기타 건설 공사의 경우 공사가 장기간에 걸쳐 진행되기 때문에 그 사이에 공사의 완성에 장애가 된 사정이 발생할 가능성이 많으므로 이러한 경우에 대비하여 계약 당사자 사이에 지체상금을 약정하는 경우가 많다. 이러한 지체상금은 손해배상액 예정으로 추정되므로 지체상금이 과다한 경우 법원은 적당히 감액할 수 있다(제398조 제2항). 계약 당

1) 대판 2001. 3. 13. 2000다48517.

시 일방의 책임으로 계약이 해지되면 계약 이행 보증금이 상대방에게 귀속된다고 정한 경우 계약 이행 보증금은 위약금으로서 손해배상액의 예정으로 추정된다.[1] 반면 계약 이행 보증금과 함께 지체상금의 약정도 있는 경우 특별한 사정이 없는 한 계약 이행 보증금은 위약벌 또는 제재금의 성질을 가지고, 지체상금은 손해배상의 예정으로 이해된다.[2]

수급인이 완공 기한 내에 공사를 완성하지 못한 채 완공 기한을 넘겨 도급계약이 해제된 경우에 지체 상금 약정이 적용될 것이지만,[3] 공사 도중 도급계약이 해제된 경우에는 적용되지 않는다고 보아야 한다.[4] 수급인이 완공 기한을 넘겨 도급계약이 해제된 경우에 있어서 그 지체 상금 발생의 시기(始期)는 완공 기한 다음날이고, 종기(終期)는 수급인이 공사를 중단하거나 기타 해제사유가 있어 도급인이 이를 해제할 수 있었을 때를 기준으로 하여 도급인이 다른 업자에게 의뢰하여 같은 건물을 완공할 수 있었던 시점이다.[5]

공사가 당초 예정된 최후의 공정까지 일응 종료되고 그 주요 구조 부분이 약정된 대로 시공되어 사회 통념상 일이 완성되었고 다만 그 것이 불완전하여 보수를 하여야 할 경우에는 공사가 완성되었으나 목적물에 하자가 있는 것에 지나지 않는 경우에는 지체 상금의 약정은 적용되지 않는다.[6]

공사도급계약상 도급인의 지체상금채권과 수급인의 공사대금채권

---

1) 대판 2018. 12. 27. 2016다274270.
2) 대판 1997. 10. 28. 97다21932.
3) 대판 2001. 1. 30. 2000다56112.
4) 대판 1989. 9. 12. 88다카15901.
5) 대판 2001. 1. 30. 2000다56112.
6) 대판 1997. 10. 10. 97다23150.

은 특별한 사정이 없는 한 동시이행의 관계에 있다고 할 수 없다.[1)]

"도급인이 해제·해지할 수 있었던 때를 기준으로 하여 (지체 상금의) 종기를 제한하는 것은 그때부터 도급인이 다른 업자에게 의뢰하여 공사를 완공할 수 있음을 전제로 하는 것이므로, 수급인의 귀책사유로 인하여 도급인이 다른 업자에게 의뢰하여 공사를 완공할 수 없는 사정이 있었던 경우에는 그 종기는 도급인이 계약을 해제·해지할 수 있었던 때가 아니라 도급인이 다른 업자에게 의뢰하여 공사를 시작할 수 있었던 때를 기준으로 하여 같은 건물을 완공할 수 있었던 시점까지를 산정하여야 할 것이다."[2)]

"천재지변이나 이에 준하는 경제 사정의 급격한 변동 등 불가항력으로 인하여 목적물의 준공이 지연된 경우에는 수급인은 지체상금을 지급할 의무가 없다고 할 것이지만, IMF 사태 및 그로 인한 자재 수급의 차질 등은 그와 같은 불가항력적인 사정이라고 볼 수 없고, 일반적으로 수급인이 공사도급계약상 공사 기간을 약정함에 있어서는 통상 비가 와서 정상적으로 작업을 하지 못하는 것까지 감안하고 이를 계약에 반영하는 점에 비추어 볼 때 천재지변에 준하는 이례적인 강우가 아니라면 지체상금의 면책사유로 삼을 수 없다."[3)]

1) 대판 2015. 8. 27. 2013다81224.

2) 계약이 적법하게 해지되었음에도 수급인이 부당하게 유치권을 행사하다가 그 점유를 반환한 경우에는 점유를 반환받은 때를 기준으로 하여야 한다(대판 2016. 12. 27. 2015다231672).

3) 대판 2002. 9. 4. 2001다1386.

(4) 수급인의 하자담보책임

1) 의의

도급계약상 수급인은 일을 완성할 의무를 부담한다. 즉 수급인은 약정한 물건을 제작하거나 특정한 작업을 진행하는 경우 그 완성된 부분에 하자가 없도록 하여야 한다. 만약 이러한 의무에 위반하여 수급인이 제작한 물건이나 완성된 부분에 하자가 발생한 경우 수급인은 채무의 내용에 따른 이행을 하지 못한 것이 된다. 이러한 측면에서 수급인의 하자담보책임은 매매목적물의 하자로 인한 하자담보책임의 경우와 달리 일종의 채무불이행책임에 해당한다. 다만 수급인의 하자담보책임은 수급인의 과실을 요구하지 않는 무과실책임으로 손해배상의 범위는 하자로 인하여 감소된 목적물의 가치 또는 보수를 위한 비용으로 제한된다.

수급인의 하자담보책임과 채무불이행책임은 경합한다.[1] 하지만 하자로 인하여 도급인의 법익에 대한 확대된 손해에 대하여는 수급인의 귀책사유를 요건으로 하는 채무불이행책임을 통해서만 배상받을 수 있을 뿐이다. 따라서 수급인이 채무불이행에 대하여 자신의 귀책사유가 없음을 증명하게 되면 도급인은 확대 손해에 대하여는 손해배상을 받지 못한다.[2]

> "액젓 저장 탱크의 제작·설치공사 도급계약에 의하여 완성된 저장 탱크에 균열이 발생한 경우, 보수 비용은 민법 제667조 제2항에 의한 수급인의 하자담보책임 중 하자보수에 갈음하는 손해배상이고, 액젓 변질로 인한 손해배상은 위 하자담보책임을 넘어서

---

1) 대판 2004. 8. 20. 2001다70337.

2) 대판 2007. 8. 23. 2007다26455.

수급인이 도급계약의 내용에 따른 의무를 제대로 이행하지 못함으로 인하여 도급인의 신체·재산에 발생한 손해에 대한 배상으로서 양자는 별개의 권원에 의하여 경합적으로 인정된다."[1]

"수급인의 하자담보책임은 법이 특별히 인정한 무과실책임으로서 여기에 민법 제396조의 과실상계 규정이 준용될 수는 없다 하더라도 담보책임이 민법의 지도 이념인 공평의 원칙에 입각한 것인 이상 하자 발생 및 그 확대에 가공한 도급인의 잘못을 참작할 수 있다."[2]

2) 요건

① 하자의 존재

수급인은 완성된 목적물 또는 완성 전의 성취된 부분에 하자가 있으면 담보책임을 부담한다. 하자는 계약의 내용과 다른 결함이 있거나 거래 관념상 통상 갖추어야 할 품질을 제대로 갖추고 있지 아니한 것을 의미한다. 특히 건축물의 하자 여부는 당사자 사이의 계약 내용, 해당 건축물이 설계도대로 건축되었는지 여부, 건축 관련 법령에서 정한 기준에 적합한지 여부 등 여러 사정을 종합적으로 고려하여 판단한다.[3]

수급인이 부담하는 하자담보책임은 완성된 목적물의 하자뿐만 아니라 아직 완성 전 목적물의 성취된 부분에 하자가 있는 경우에도 부담한다. '완성 전의 성취된 부분'이란 일의 전부가 완성된 것은 아니지만 하자가 발생한 부분의 작업이 완료된 상태를 말한다.

1) 대판 2004. 8. 20. 2001다70337.
2) 대판 1990. 3. 9. 88다카31866.
3) 대판 2010. 12. 9. 2008다16851.

② 면책사유가 없을 것

당사자 사이에 하자에 대한 담보책임을 면제하는 특약이 없어야 한다. 다만 담보책임이 없음을 약정한 경우에도 수급인이 하자 있음을 알고 고지하지 아니한 사실에 대하여는 그 책임을 면하지 못한다(제672조). 판례는 신의칙에 반한다는 제672조의 규정 취지를 유추하여 담보책임 기간을 단축하는 등 법에 규정된 담보책임을 제한하는 약정을 한 경우에도, 수급인이 알고 고지하지 아니한 사실에 대하여 그 책임을 제한하는 것이 신의성실의 원칙에 위배된다면 수급인의 담보책임이 제한되지 않는 것으로 보고 있다.

"수급인이 도급받은 아파트 신축공사 중 지붕 배수로 상부 부분을 시공함에 있어 설계도에 PC판으로 시공하도록 되어 있는데도 합판으로 시공하였기 때문에 도급계약 시 약정한 2년의 하자담보책임 기간이 경과한 후에 합판이 부식되어 기와가 함몰되는 손해가 발생한 경우, 그와 같은 시공상의 하자는 외부에서 쉽게 발견할 수 없는 것이고, 하자로 인한 손해가 약정담보책임 기간이 경과한 후에 발생하였다는 점을 감안하면, 도급인과 수급인 사이에 하자담보책임 기간을 준공 검사일부터 2년간으로 약정하였다 하더라도 수급인이 그와 같은 시공상의 하자를 알고 도급인에게 고지하지 않은 이상, 약정담보책임 기간이 경과하였다는 이유만으로 수급인의 담보책임이 면제된다고 보는 것은 신의성실의 원칙에 위배된다고 볼 여지가 있고, 이 경우 민법 제672조를 유추적용하여 수급인은 그 하자로 인한 손해에 대하여 담보책임을 면하지 못한다."[1]

1) 대판 1999. 9. 21. 99다19032.

하자가 도급인이 공급한 재료의 성질 또는 지시에 기인하는 경우에는 담보책임을 부담하지 않는다(제669조 본문). 예를 들어 건축계약의 수급인이 설계도면대로 시공하였다면 도급인의 지시에 따른 것이므로 그로 인해 발생한 하자에 대하여는 담보책임을 부담하지 않는다.[1] 그러나 수급인이 그 재료 또는 지시의 부적당함을 알고 도급인에게 고지하지 아니한 때에는 여전히 수급인의 담보책임이 인정된다(제669조 단서).

3) 책임의 내용

① 하자보수청구권

완성된 목적물 또는 완성 전의 성취된 부분에 하자가 있으면 도급인은 수급인에 대하여 상당한 기간을 정하여 그 하자의 보수를 청구할 수 있다(제667조 제1항 본문). 그러나 하자가 중요하지 아니한 경우에 그 보수에 과다한 비용이 요구된다면 도급인은 손해배상만을 청구할 수 있다(제667조 제1항 단서). 이에 따라 하자가 중요한 경우에는 보수에 과다한 비용이 들더라도 도급인은 하자의 보수를 청구할 수 있다. 또 하자가 중요하지 않더라도 비용이 과다하지 않다면 도급인은 하자의 보수를 청구할 수 있다.

하자보수청구권과 대금지급청구권은 동시이행의 관계에 있다(제667조 제3항, 제536조).

"기성고에 따라 공사대금을 분할하여 지급하기로 약정한 경우라도, 특별한 사정이 없는 한 하자보수의무와 동시이행관계에 있는 공사대금지급채무는 당해 하자가 발생한 부분의 기성 공사대

1) 대판 1996. 5. 14. 95다24975.

금에 한정되는 것은 아니라고 할 것이다. 왜냐하면 이와 달리 본다면 도급인이 하자 발생 사실을 모른 채 하자가 발생한 부분에 해당하는 기성 공사의 대금을 지급하고 난 후 뒤늦게 하자를 발견한 경우에는 동시이행의 항변권을 행사하지 못하게 되어 공평에 반하기 때문이다."[1]

② 손해배상청구권

도급인은 하자의 보수에 갈음하여 또는 보수와 함께 손해배상을 청구할 수 있다(제667조 제2항). 하자로 인한 도급인의 손해배상청구권은 특별한 사정이 없는 한 수급인의 보수지급청구권과 동시이행의 관계에 있다(제667조 제3항, 제536조). 도급인의 하자 확대 손해에 대한 배상청구권과 수급인의 보수지급청구권도 동시이행의 관계가 인정된다.[2] 이러한 도급인의 손해배상채권과 동시이행관계에 있는 수급인의 공사대금 채권은 공사잔대금 채권 중 위 손해배상채권액과 동액의 채권으로 제한된다. 따라서 도급인이 하자로 인한 손해배상청구권을 보유하고 이를 행사하는 경우 그와 동시이행관계에 있는 보수지급채무에 대한 이행거절 의사를 밝히지 않더라도 수급인이 손해배상청구에 관하여 채무이행을 제공할 때까지 그러한 이행거절 권능의 존재 자체로 도급인의 손해배상청구액에 상응하는 대금지급채무는 이행지체책임이 발생하지 않는다.[3] 그 나머지 공사잔대금채권은 위 손해배상채권과 동시이행관계에 있다고 할 수 없다.[4]

하자보수에 갈음하는 손해배상청구권을 행사하는 경우 보수에 갈

1) 대판 2001. 9. 18. 2001다9304.
2) 대판 2007. 8. 23. 2007다26455.
3) 대판 2021. 6. 10. 2018다279804.
4) 대판 1996. 6. 11. 선고 95다12798.

음하는 비용, 즉 실제로 보수에 필요한 비용이 모두 손해배상에 포함된다. 완성된 건물 기타 토지의 공작물에 중대한 하자가 있고 이로 인하여 건물 등이 무너질 위험성이 있어서 보수가 불가능하고 다시 건축할 수밖에 없는 경우에는 특별한 사정이 없는 한 건물 등을 철거하고 다시 건축하는 데 드는 비용 상당액을 하자로 인한 손해배상으로 청구할 수 있다.[1)]

하지만 하자가 중요하지 않고 보수에 과다한 비용을 필요로 할 때에는 하자보수에 갈음하는 하자보수청구권을 행사하지 못한다. 이러한 경우 하자로 인한 통상의 손해만을 청구할 수 있다.[2)] 즉 하자로 인하여 입은 도급인이 하자 없이 시공하였을 경우의 목적물의 교환 가치와 하자가 있는 현재의 상태대로의 교환 가치와의 차액이 배상되어야 한다.[3)] 다만 교환 가치의 차액을 산출하기가 현실적으로 불가능한 경우에는 하자 없이 시공하였을 경우의 시공 비용과 하자 있는 상태대로의 시공 비용의 차액이 통상 손해가 된다.[4)]

하자 확대 손해의 경우 수급인이 자신의 귀책사유를 증명하지 못하는 경우에 한하여 배상책임이 발생한다.[5)]

> "원단의 가공에 관한 도급계약에 의하여 납품된 물건에 하자가 발생함으로 말미암아 도급인이 외국에 수출하여 지급받기로 한 물품대금을 지급받지 못한 데 대한 손해배상은 민법 제667조 제2항 소정의 하자담보책임을 넘어서 수급인이 도급계약의 내용에 따른 의무를 제대로 이행하지 못함으로 인하여 도급인의 신체·

1) 대판 2016. 8. 18. 2014다31691.
2) 대판 2021. 8. 19. 2019다267846.
3) 대판 2009. 6. 25. 2008다18932.
4) 대판 1998. 3. 13. 97다54376.
5) 대판 2005. 11. 10. 2004다37676.

재산에 발생한 이른바 '하자 확대 손해'에 대한 배상으로서, 수급인에게 귀책사유가 없었다는 점을 스스로 입증하지 못하는 한 도급인에게 그 손해를 배상할 의무가 있다."[1]

③ 계약해제권

도급인이 완성된 목적물의 하자로 인하여 계약의 목적을 달성할 수 없는 때에는 계약을 해제할 수 있다(제668조 전문). 그러나 건물 기타 토지의 공작물이 완성된 경우에는 계약을 해제하지 못한다(제668조 후문). 공사가 아직 완성 전임에도 도급인은 계약의 목적을 달성할 수 없다고 판단되는 경우에는 계약을 해제할 수 있다.

4) 제척기간

하자로 인한 하자의 보수와 손해배상의 청구 및 계약의 해제는 목적물의 인도를 받은 날로부터 1년 내에 하여야 한다(제670조 제1항). 토지, 건물 기타 공작물의 수급인은 목적물 또는 지반 공사의 하자에 대하여 인도 후 5년간 담보의 책임이 있다(제671조 제1항 전문). 목적물이 석조, 석회조, 연와조, 금속 기타 이와 유사한 재료로 조성된 것인 때에는 그 기간을 10년으로 한다(제671조 제1항 후문).

목적물의 인도를 요하지 아니하는 경우에 책임의 존속기간은 일의 종료한 날로부터 기산한다(제670조 제2항).

토지, 건물 기타 공작물의 하자로 인하여 목적물이 멸실 또는 훼손된 때에는 도급인은 그 멸실 또는 훼손된 날로부터 1년 내에 하자로 인한 권리를 행사하여야 한다(제671조 제2항).

수급인의 하자담보책임에 관한 기간은 제척기간으로서 재판상 또는

1) 대판 2007. 8. 23. 2007다26455.

재판외 권리행사 기간이며 재판상 청구를 위한 출소 기간이 아니다.[1)]

> "수급인의 담보책임에 기한 하자보수에 갈음하는 손해배상청구권에 대하여는 민법 제670조 또는 제671조의 제척기간이 적용되고, 이는 법률관계의 조속한 안정을 도모하고자 하는 데에 그 취지가 있다. 그런데 이러한 도급인의 손해배상청구권에 대하여는 그 권리의 내용·성질 및 취지에 비추어 민법 제162조 제1항의 채권 소멸시효의 규정 또는 그 도급계약이 상행위에 해당하는 경우에는 상법 제64조의 상사시효의 규정이 적용된다고 할 것이고, 민법 제670조 또는 제671조의 제척기간 규정으로 인하여 위 각 소멸시효 규정의 적용이 배제된다고 볼 수 없다."[2)]

> "매도인이나 수급인의 담보책임을 기초로 한 손해배상채권의 제척기간이 지난 경우에도 제척기간이 지나기 전 상대방의 채권과 상계할 수 있었던 경우에는 매수인이나 도급인은 민법 제495조를 유추적용해서 위 손해배상채권을 자동채권으로 해서 상대방의 채권과 상계할 수 있다고 봄이 타당하다."[3)]

2. 도급인의 권리 및 의무

(1) 보수지급의무

도급인은 일의 완성에 대한 대가로 약정한 보수를 지급하여야 한

1) 대판 2004. 1. 27. 2001다24891.

2) 대판 2012. 11. 15. 2011다56491.

3) 대판 2019. 3. 14. 2018다255648.

다. 보수는 약정한 시기에 지급하여야 하며 시기의 약정이 없으면 관습에 따르며, 관습이 없는 경우 보수는 그 완성된 목적물의 인도와 동시에 지급하여야 한다(제665조 제2항, 제656조 제2항). 목적물의 인도를 요하지 아니하는 경우에는 그 일을 완성한 후 지체없이 지급하여야 한다(제665조 제1항 후문).

공사의 완성 전에 수급인이 계약을 해제하였다고 하더라도 해제 당시 공사가 상당한 정도로 진척되어 이를 원상회복하는 것이 중대한 사회적, 경제적 손실을 초래하게 되고, 완성된 부분이 도급인에게 이익이 되는 경우, 도급인은 인도받은 미완성건물, 즉 기성고에 대한 보수를 지급하여야 한다.[1)]

도급인의 보수지급의무와 수급인의 하자담보책임으로 인한 보수의무 및 손해배상의무는 동시이행의 관계에 있다(제665조 제1항 전문). 다만 인도받은 목적물에 하자가 있는 것만을 이유로, 하자의 보수나 하자의 보수에 갈음하는 손해배상을 청구하지 아니하고 곧바로 보수의 지급을 거절할 수는 없다.[2)]

수급인은 보수채권을 피담보채권으로 하여 자신이 점유하는 도급인 소유의 목적물을 보수의 지급 시까지 유치할 권리가 있다.[3)] 하지만 수급인의 재료와 노력으로 건축되어 수급인의 소유인 건물에 대하여는 타물권에 해당하는 유치권이 발생하지 않는다.[4)]

1) 대판 1994. 11. 4. 94다18584.
2) 대판 1991. 12. 10. 91다33056.
3) 대판 1995. 9. 15. 95다16202.
4) 대판 1993. 3. 26. 91다14116.

(2) 저당권설정청구권

부동산공사의 수급인은 자신의 보수청구권을 담보하기 위하여 그 부동산을 목적으로 한 저당권의 설정을 청구할 수 있다(제666조). 저당권설정청구권은 순수한 청구권으로서 도급인은 이를 거절할 수 있다. 따라서 도급인의 승낙과 등기가 이루어지지 않는 한 저당권설정청구권의 행사만으로는 저당권이 성립하지 않는다.[1] 수급인의 저당권설정청구권은 공사대금채권에 부수하는 채권으로 3년의 단기 소멸시효가 적용되고,[2] 공사대금채권이 양도되는 경우 함께 이전한다.[3]

> "민법 제666조에서 정한 수급인의 저당권설정청구권은 공사대금채권을 담보하기 위하여 인정되는 채권적 청구권으로서 공사대금채권에 부수하여 인정되는 권리이므로, 당사자 사이에 공사대금채권만을 양도하고 저당권설정청구권은 이와 함께 양도하지 않기로 약정하였다는 등의 특별한 사정이 없는 한, 공사대금채권이 양도되는 경우 저당권설정청구권도 이에 수반하여 함께 이전된다고 봄이 타당하다. 따라서 신축 건물의 수급인으로부터 공사대금채권을 양수받은 자의 저당권설정청구에 의하여 신축 건물의 도급인이 그 건물에 저당권을 설정하는 행위 역시 다른 특별한 사정이 없는 한 사해행위에 해당하지 아니한다."[4]

> "부동산에 관한 공사 도급의 경우에 수급인의 노력과 출재로 완

1) 곽윤직, 채권각론(2014), 264면; 송덕수, 채권법각론(2019), 349면.
2) 대판 2016. 10. 27. 2014다211978.
3) 대판 2018. 11. 29. 2015다19827.
4) 대판 2018. 11. 29. 2015다19827.

성된 목적물의 소유권은 원칙적으로 수급인에게 귀속되지만 도급인과 수급인 사이의 특약에 의하여 달리 정하거나 기타 특별한 사정이 있으면 도급인이 원시 취득하게 되므로, 민법 제666조는 그러한 경우에 수급인에게 목적물에 대한 저당권설정청구권을 부여함으로써 수급인이 목적물로부터 공사대금을 사실상 우선적으로 변제받을 수 있도록 하고 있다. 이에 비추어, 건물 신축공사에 관한 도급계약에서 수급인이 자기의 노력과 출재로 건물을 완성하여 소유권이 수급인에게 귀속된 경우에는 수급인으로부터 건물 신축 공사 중 일부를 도급받은 하수급인도 수급인에 대하여 민법 제666조에 따른 저당권설정청구권을 가진다."[1]

Ⅲ. 도급의 종료

1. 도급인의 임의해제권

수급인이 일을 완성하기 전에는 도급인은 손해를 배상하고 계약을 해제할 수 있다(제673조). 이는 일의 완성이라는 용역의 특수성에서 기인한 것으로 도급인의 일방적인 의사에 기한 도급계약 해제를 인정하는 대신, 도급인의 일방적인 계약해제로 인하여 수급인이 입게 될 손해, 즉 수급인이 이미 지출한 비용과 일을 완성하였더라면 얻었을 이익을 합한 금액을 배상하게 하는 것이다.[2] 도급인의 임의해제권은 일의 완성 전에만 가능하고 일이 완성된 이후에는 더 이상 행사하지

1) 대판 2016. 10. 27. 2014다211978.

2) 대판 2013. 5. 24. 2012다39769.

못한다.[1)]

"민법 제673조에서 도급인으로 하여금 자유로운 해제권을 행사할 수 있도록 하는 대신 수급인이 입은 손해를 배상하도록 규정하고 있는 것은 도급인의 일방적인 의사에 기한 도급계약 해제를 인정하는 대신, 도급인의 일방적인 계약해제로 인하여 수급인이 입게 될 손해, 즉 수급인이 이미 지출한 비용과 일을 완성하였더라면 얻었을 이익을 합한 금액을 전부 배상하게 하는 것이라 할 것이므로, 위 규정에 의하여 도급계약을 해제한 이상은 특별한 사정이 없는 한 도급인은 수급인에 대한 손해배상에 있어서 과실상계나 손해배상 예정액 감액을 주장할 수는 없다.

채무불이행이나 불법행위 등이 채권자 또는 피해자에게 손해를 생기게 하는 동시에 이익을 가져다 준 경우에는 공평의 관념상 그 이익은 당사자의 주장을 기다리지 아니하고 손해를 산정함에 있어서 공제되어야만 하는 것이므로, 민법 제673조에 의하여 도급계약이 해제된 경우에도, 그 해제로 인하여 수급인이 그 일의 완성을 위하여 들이지 않게 된 자신의 노력을 타에 사용하여 소득을 얻었거나 또는 얻을 수 있었음에도 불구하고, 태만이나 과실로 인하여 얻지 못한 소득 및 일의 완성을 위하여 준비하여 둔 재료를 사용하지 아니하게 되어 타에 사용 또는 처분하여 얻을 수 있는 대가 상당액은 당연히 손해액을 산정함에 있어서 공제되어야 한다."[2)]

1) 대판 1995. 8. 22. 95다1521.
2) 대판 2002. 5. 10. 2000다37296.

2. 도급인의 파산에 따른 계약해제권

도급인이 파산 선고를 받은 때에는 수급인 또는 파산 관재인은 계약을 해제할 수 있다(제674조 제1항 전문). 이 경우에는 수급인은 일의 완성된 부분에 대한 보수 및 보수에 포함되지 아니한 비용에 대하여 파산 재단의 배당에 가입할 수 있다(제674조 제1항 후문). 이 경우 각 당사자는 상대방에 대하여 계약해제로 인한 손해의 배상을 청구하지 못한다(제674조 제2항).

제9장

여행계약

Ⅰ. 의의

여행계약은 당사자 일방(여행주최자)이 상대방에게 운송, 숙박, 관광 또는 그 밖의 여행 관련 용역을 결합하여 제공하고 상대방(여행자)이 그에 대하여 대금을 지급하는 것을 내용으로 하는 유상·쌍무계약이다(제674조의2). 여행계약의 대상이 되는 용역은 운송, 숙박, 관광 등의 다양한 내용이 결합되어 제공된다는 특성을 갖는다. 따라서 운송이나 숙박, 관광의 단일 용역만을 제공하기로 하는 계약은 여행계약에 해당하지 않는다.

여행계약은 낙성·불요식의 계약이므로 당사자 간에 구두 합의만으로도 성립한다. 하지만 통상 여행 약관에 의하여 체결되므로 민법 이외에 약관규제법의 적용도 받게 된다.

Ⅱ. 여행계약의 효력

1. 여행주최자의 의무

(1) 여행용역제공의무

여행주최자는 계약에서 정한 여행 관련 용역을 제공할 의무를 부담한다. 계약의 내용인 여행 관련 용역은 계약서에 있는 내용뿐만 아니라 청약을 유인하기 위하여 작성된 여행 광고의 내용도 포함될 수 있다.

> "광고는 일반적으로 청약의 유인에 불과하지만 내용이 명확하고 확정적이며 광고주가 광고의 내용대로 계약에 구속되려는 의사가 명백한 경우에는 이를 청약으로 볼 수 있다. 나아가 광고가 청약의 유인에 불과하더라도 이후의 거래 과정에서 상대방이 광고의 내용을 전제로 청약을 하고 광고주가 이를 승낙하여 계약이 체결된 경우에는 광고의 내용이 계약의 내용으로 된다."[1]

(2) 부수의무

여행주최자는 여행자에게 여행에 필요한 관련 정보, 예를 들어 여행 국가와 관련한 비자 발급이나 안전 등에 관한 정보, 예방접종의 필요 여부 등에 관하여 사전에 고지하여야 한다. 또한 여행하는 중에 여행자의 생명이나 신체, 재산상의 피해가 발생하지 않도록 조치할 보

1) 대판 2018. 2. 13. 2017다275447.

호의무를 부담한다.

> "민법 제391조는 이행보조자의 고의·과실을 채무자의 고의·과실로 본다고 정하고 있는데, 이러한 이행보조자는 채무자의 의사 관여 아래 채무의 이행행위에 속하는 활동을 하는 사람이면 충분하고 반드시 채무자의 지시 또는 감독을 받는 관계에 있어야 하는 것은 아니다. 따라서 그가 채무자에 대하여 종속적인 지위에 있는지, 독립적인 지위에 있는지는 상관없다. 또한 이행보조자가 채무자와 계약 그 밖의 법률관계가 있어야 하는 것이 아니다. 제3자가 단순히 호의(호의)로 행위를 한 경우에도 그것이 채무자의 용인 아래 이루어지는 것이면 제3자는 이행보조자에 해당한다. 이행보조자의 활동이 일시적인지 계속적인지도 문제되지 않는다."[1]

(3) 담보책임

여행계약은 유상계약으로 매도인의 담보책임에 관한 규정이 준용된다(제567조). 민법은 이와 별도로 여행주최자의 담보책임을 규정하고 있다. 여행계약의 담보책임에 관한 규정에 위반한 약정으로서 여행자에게 불리한 것은 효력이 없다(제674조의9).

1) 하자의 시정청구권

여행자는 여행의 하자에 대하여 여행주최자에게 그 시정을 청구할 수 있다(제674조의6 제1항 본문). 시정청구권은 상당한 기간을 정하여

---

1) 대판 2018. 2. 13. 2017다275447.

청구하여야 하나 즉시 시정할 필요가 있는 경우에는 기간의 설정을 요하지 않는다(제674조의6 제2항). 하지만 시정에 지나치게 많은 비용이 들거나 시정을 합리적으로 기대할 수 없는 경우에는 시정청구권은 소멸한다(제674조의6 제1항 단서).

2) 대금감액청구권

여행자는 여행의 하자에 대하여 시정청구권을 행사하지 않고 바로 대금감액청구권을 행사할 수 있다(제674조의6 제1항 본문). 이 규정에 따르면 여행자는 시정청구권을 행사하지 않고 바로 대금감액청구권을 행사할 수 있는 것으로 이해되지만 간단한 조치에 의하여 시정이 가능한 여행의 하자에 대하여는 해석상 여행주최자의 시정청구권을 인정하여 주는 것이 신의칙에 비추어 타당하다. 여행자의 대금감액청구권은 형성권으로 보아야 할 것이다.

3) 손해배상청구권

여행자는 시정 청구, 감액 청구를 갈음하여 손해배상을 청구하거나 시정 청구, 감액 청구와 함께 손해배상을 청구할 수 있다(제674조의6 제3항).

4) 계약해지권

여행자는 여행에 중대한 하자가 있는 경우에 그 시정이 이루어지지 아니하거나 계약의 내용에 따른 이행을 기대할 수 없는 경우에는 계약을 해지할 수 있다(제674조의7 제1항). 계약이 해지된 경우 여행주최자는 대금청구권을 상실한다. 다만 여행자가 실행된 여행으로 이익을 얻은 경우에는 그 이익을 여행주최자에게 상환하여야 한다(제674조의7 제2항).

여행주최자는 계약의 해지로 인하여 필요하게 된 조치를 할 의무를 지며, 계약상 귀환운송의무가 있으면 여행자를 귀환 운송하여야 한다(제674조의7 제3항 전문). 귀환 운송에 있어서 상당한 이유가 있는 때에는 여행주최자는 여행자에게 그 비용의 일부를 청구할 수 있다(제674조의7 제3항 후문).

5) 담보책임의 존속기간

여행자의 시정청구권, 감액청구권, 계약해지권은 여행 기간 중에도 행사할 수 있지만 계약에서 정한 여행 종료일부터 6개월 내에는 행사하여야 한다(제674조의8).

2. 여행자의 의무

여행자는 약정한 시기에 대금을 지급하여야 하며, 그 시기에 약정이 없으면 관습에 따르고 관습이 없으면 여행의 종료 후 지체없이 지급하여야 한다(제674조의5).

Ⅲ. 여행계약의 종료

1. 여행자의 여행 개시 전 계약 해지

여행자는 여행을 시작하기 전에는 언제든지 계약을 해제할 수 있다. 다만, 여행자는 상대방에게 발생한 손해를 배상하여야 한다(제674조의3). 이 규정에 위반하는 약정으로 여행자에게 불리한 것은 효력이 없다(제674조의9).

2. 부득이한 사유로 인한 당사자의 계약 해지

부득이한 사유가 있는 경우에는 각 당사자는 계약을 해지할 수 있다. 다만 그 사유가 당사자 한쪽의 과실로 인하여 생긴 경우에는 상대방에게 손해를 배상하여야 한다(제674조의4 제1항). 부득이한 사유로 계약이 해지된 경우에도 계약상 귀환 운송의 의무가 있는 여행주최자는 여행자를 귀환 운송할 의무가 있다(제674조의4 제2항). 해지로 인하여 추가 비용이 발생하는 경우 그 해지사유가 어느 당사자의 사정에 속하는 경우에는 그 당사자가 부담하고 누구의 사정에도 속하지 아니하는 경우에는 각 당사자가 절반씩 부담한다(제674조의4 제2항).

부득이한 사유로 인한 계약 해지에 관한 규정에 위반하는 약정으로 여행자에게 불리한 것은 효력이 없다(제674조의9).

제10장

현상광고

Ⅰ. 의의

1. 개념

현상광고는 광고자가 어느 행위를 한 자에게 일정한 보수를 지급하고 이에 응한 자가 그 광고에 정한 행위를 완료하는 것을 내용으로 하는 계약이다(제675조).

2. 법적 성질

다수설은 전형계약의 하나로 인정하고 있다는 점에서 현상광고를 계약, 특히 유상·편무·요물계약으로 이해한다. 불특정 다수인에 대한 광고로 청약이 이루어지고 그 광고에 지정된 행위의 실현으로 승낙이 있게 된다는 입장이다. 이에 반해 광고가 있었음을 모르고 지정행위를 한 자에게도 보수청구권을 인정하는 점(제677조)과 현상광고의 철회를 인정하는 점(제679조)을 들어 단독행위로 보아야 한다는 견해[1]가 대립한다. 계약은 당사자의 의사의 합치를 필요로 한다는 점에서 현상광고를 계약으로 보는 것은 무리가 있어 보인다. 다수설은 광고가 있었음을 모르고 지정행위를 완료한 경우 법정채권관계라고 이해하나 이 경우 또한 광고자의 의사에 기초한 것으로 당사자의 의사를 고려하지 않는 법정채권관계와 구별되며, 하나의 법률행위에 대하여 계약관계와 법정채권관계를 구별하는 것도 타당하지 않다.[2] 단독행위설이 합리적이라고 여겨진다.

Ⅱ. 성립과 효력

현상광고는 일정한 광고에 의하여 성립하고 동시에 효력을 발생한다(단독행위설). 여기서 광고란 특정한 행위를 한 자에 대하여 일정한 보수를 지급한다는 내용의 불특정 다수에 대한 의사표시를 말한다.

광고에 지정한 행위의 완료 기간을 정한 때에는 그 기간 만료 전에 광고를 철회하지 못한다(제679조 제1항). 이에 반해 광고에 행위의 완료 기간을 정하지 아니한 때에는 그 행위를 완료한 자가 있기 전에는 그 광고와 동일한 방법으로 광고를 철회할 수 있다(제679조 제2항). 전광고와 동일한 방법으로 철회할 수 없는 때에는 그와 유사한 방법으로 철회할 수 있다. 이 철회는 철회한 것을 안 자에 대하여만 그 효력이 있다(제679조 제3항).

광고에는 일정한 조건이나 기한을 붙일 수 있다.

1) 송덕수, 채권법각론(2019), 361면.
2) 송덕수, 채권법각론(2019), 361면.

> "경찰이 탈옥수 소외인을 수배하면서 '제보로 검거되었을 때에 신고인 또는 제보자에게 현상금을 지급한다'는 내용의 현상광고를 한 경우, 현상광고의 지정행위는 소외인의 거처 또는 소재를 경찰에 신고 내지 제보하는 것이고 소외인이 '검거되었을 때'는 지정행위의 완료에 조건을 붙인 것인데, 제보자가 소외인의 소재를 발견하고 경찰에 이를 신고함으로써 현상광고의 지정행위는 완료되었고, 그에 따라 경찰관 등이 출동하여 소외인이 있던 호프집 안에서 그를 검문하고 나아가 차량에 태워 파출소에까지 데려간 이상 그에 대한 검거는 이루어진 것이므로, 현상광고상의 지정행위 완료에 붙인 조건도 성취되었다."[1]

Ⅲ. 보수청구권

광고에 정한 행위를 완료한 자는 광고자에 대하여 보수를 청구할 수 있다. 광고에 정한 행위를 완료한 자가 그러한 광고가 있음을 알고 한 것인지는 문제되지 않는다. 즉 광고 있음을 알지 못하고 광고에서 지정된 행위를 한 자에게도 보수청구권이 인정된다(제677조).

광고에 정한 행위를 완료한 자가 수인인 경우에는 먼저 그 행위를 완료한 자가 보수를 받을 권리가 있다(제676조 제1항). 수인이 동시에 완료한 경우에는 각각 균등한 비율로 보수를 받을 권리가 있다. 그러나 보수가 그 성질상 분할할 수 없거나 광고에 1인만이 보수를 받을 것으로 정한 때에는 추첨에 의하여 결정한다(제676조 제2항).

---

1) 대판 2000. 8. 22. 2000다3675.

Ⅳ. 우수 현상광고

1. 의의

광고에 지정된 행위를 완료한 자 중에서 우수한 자에게만 보수를 지급하는 것을 내용으로 하는 현상광고를 말한다. 이러한 우수 현상광고는 광고에 응모 기간이 정해져 있는 경우에 한하여 효력이 있다(제678조 제1항).

2. 우수의 판정

우수 현상광고에서 응모자에 대한 우수의 판정은 광고 중에 정한 자가 한다. 광고 중에 판정자를 정하지 아니한 때에는 광고자가 판정한다(제678조 제2항). 원칙적으로 우수한 자가 없다는 판정은 할 수 없다. 그러나 광고 중에 다른 의사표시가 있거나 광고의 성질상 판정의 표준이 정하여져 있는 때에는 그러하지 아니하다(제678조 제3항). 응모자는 우수의 판정에 대하여 이의를 하지 못한다(제678조 제4항). 수인의 행위가 동등으로 판정된 때에는 각각 균등한 비율로 보수를 받을 권리가 있다(제678조 제4항, 제676조 제2항).

"건축 설계 우수 현상광고에서 당선자가 보수로서 받는 '기본 및 실시설계권'이란 당선자가 광고자에게 우수작으로 판정된 계획설계에 기초하여 기본 및 실시설계계약의 체결을 청구할 수 있는 권리를 말하는 것이므로, 광고자로서는 특별한 사정이 없는 한 이에 응할 의무를 지게 되어 당선자 이외의 제3자와 설계계약을 체결하여서는 아니됨은 물론이고, 당사자 모두 계약의 체결을 위하여 성실하게 협의하여야 할 의무가 있다고 할 것이며, 만약 광고자가 일반 거래 실정이나 사회 통념에 비추어 현저히 부당하다고 보여지는 사항을 계약 내용으로 주장하거나 경제적 어려움으로 공사를 추진할 수 없는 등으로 인하여 계약이 체결되지 못하였다면 당선자는 이를 이유로 한 손해배상책임을 물을 수 있다."[1]

"우수 현상광고의 광고자로서 당선자에게 일정한 계약을 체결할 의무가 있는 자가 그 의무를 위반함으로써 계약의 종국적인 체결에 이르지 않게 되어 상대방이 그러한 계약체결의무의 채무불이행을 원인으로 하는 손해배상을 청구한 경우 그 손해배상청구권은 계약이 체결되었을 경우에 취득하게 될 계약상의 이행청구권과 실질적이고 경제적으로 밀접한 관계가 형성되어 있기 때문에, 그 손해배상청구권의 소멸시효 기간은 계약이 체결되었을 때 취득하게 될 이행청구권에 적용되는 소멸시효 기간에 따른다."

우수 현상광고의 당선자가 광고주에 대하여 우수작으로 판정된 계획 설계에 기초하여 기본 및 실시설계계약의 체결을 청구할 수 있는 권리를 가지고 있는 경우, 이러한 청구권에 기하여 계약이 체결되었을 경우에 취득하게 될 계약상의 이행청구권은 '설계에 종사하는 자의 공사에 관한 채권'으로서 이에 관하여는 민법 제163조 제3호 소정의 3년의 단기 소멸시효가 적용되므로, 위의 기본 및 실시설계계약의 체결의무의 불이행으로 인한 손해배상청구권의 소멸시효 역시 3년의 단기 소멸시효가 적용된다."[2]

1) 대판 2002. 1. 25. 99다63169.
2) 대판 2005. 1. 14. 2002다57119.

제11장
위임

Ⅰ. 의의

1. 위임의 개념

위임은 당사자 일방(위임인)이 상대방(수임인)에 대하여 사무를 처리하는 것을 내용으로 하는 계약이다. 위임계약은 무상·편무·불요식의 계약이 원칙이다. 하지만 특약으로 대금을 지급하기로 한 경우에는 유상의 쌍무계약이 된다.

2. 노무공급계약

위임도 고용이나 도급과 같이 노무를 공급하는 계약에 해당하지만, 고용과 달리 명령복종관계의 사용자, 피용자 관계가 아니라 독립적으로 사무를 처리한다는 점에서 도급과 유사하다. 하지만 일의 완성과 관계없이 선량한 관리자의 주의로 사무를 처리하면 채무의 이행이 된다는 점에서 도급과도 구별된다.

3. 위임관계가 인정되는 경우

상대방에 대하여 사무를 처리하는 것을 내용으로 하는 위임계약 관계로 판례가 인정하는 것으로는 소송 대리를 의뢰한 고객과 변호사의 법률관계,[1] 부동산 중개업자와 중개 의뢰인 사이의 법률관계,[2] 법무사와 등기 신청 의뢰인 사이의 법률관계,[3] 아파트 관리 회사와 아파트 입주자대표회의 사이의 법률관계,[4] 세무사와 조세 신고의 대리 업무를 맡긴 납세자 사이의 법률관계[5] 등이 있다.

Ⅱ. 위임의 효력

1. 수임인의 의무

(1) 위임사무처리의무

수임인은 위임의 본지에 따라 선량한 관리자의 주의로써 위임사무를 처리하여야 한다(제681조). 여기에서 말하는 위임의 본지는 채무의 내용, 즉 위임계약의 목적과 그 사무의 성질에 따라서 가장 합리적

---

1) 대판 2002. 11. 22. 2002다9479.
2) 대판 1993. 5. 11. 92다55350.
3) 대판 2012. 12. 27. 2010다57473.
4) 대판 1997. 11. 28. 96다22365.
5) 대판 2018. 9. 13. 2015다48412.

으로 처리하는 것을 의미한다.[1] 선관주의의무는 유상의 경우뿐만 아니라 무상 위임의 경우에도 당연히 인정된다.[2]

사무 처리의 내용은 계약에 의하여 정하여진다. 법률행위나 준법률행위 및 사실행위도 그 대상이 될 수 있다. 수임인은 원칙적으로 위임인의 지시에 따라야 할 것이지만 해당 사무와 관련하여 전문적인 지식이 있는 자이므로 위임인의 지시가 없더라도 수임인에게 이익이 되거나 불이익이 되는 사안에 대하여는 조언하고 설명할 의무를 지며, 특히 위임인의 지시가 위임인에게 불이익이 될 경우에는 그 위험성을 구체적으로 알리고 시정을 조언할 의무를 부담한다.[3]

> "소송 대리를 위임받은 변호사는 그 수임사무를 수행함에 있어 전문적인 법률 지식과 경험에 기초하여 성실하게 의뢰인의 권리를 옹호할 의무가 있으며, 구체적인 위임사무의 범위는 변호사와 의뢰인 사이의 위임계약의 내용에 의하여 정하여지는 것이지만, 위임사무의 종료 단계에서 패소 판결이 있었던 경우에는 의뢰인으로부터 상소에 관하여 특별한 수권이 없는 때에도 그 판결을 점검하여 의뢰인에게 불이익한 계산상의 잘못이 있다면 의뢰인에게 그 판결의 내용과 상소하는 때의 승소 가능성 등에 대하여 구체적으로 설명하고 조언하여야 할 의무가 있다."[4]

> "부동산 중개업자는 중개 대상 물건에 근저당이 설정된 경우에는 그 채권 최고액을 조사·확인하여 의뢰인에게 설명하면 족하고,

1) 대판 2010. 5. 27. 2010다4561.
2) 대판 2002. 2. 5. 2001다71484.
3) 대판 1997. 11. 28. 96다22365.
4) 대판 2004. 5. 14. 2004다7354.

실제의 피담보채무액까지 조사·확인하여 설명할 의무까지 있다고 할 수는 없으나, 부동산 중개업자가 이에 그치지 않고 실제의 피담보채무액에 관한 그릇된 정보를 제대로 확인하지도 않은 채 마치 그것이 진실인 것처럼 의뢰인에게 그대로 전달하여 의뢰인이 그 정보를 믿고 상대방과 계약에 이르게 되었다면, 부동산 중개업자의 그러한 행위는 선량한 관리자의 주의로 신의를 지켜 성실하게 중개행위를 하여야 할 중개업자의 의무에 위반된다."[1]

"부동산 거래 당사자가 중개업자에게 부동산 거래의 중개를 위임한 경우, 중개업자는 위임 취지에 따라 중개 대상물의 권리관계를 조사·확인할 의무가 있고 그 주의의무를 위반할 경우 그로 인한 손해를 배상할 책임을 부담하게 되지만, 그로써 중개를 위임한 거래 당사자 본인이 본래 부담하는 거래관계에 대한 조사·확인 책임이 중개업자에게 전적으로 귀속되고 거래 당사자는 그 책임에서 벗어난다고 볼 것은 아니다. 따라서 중개업자가 부동산 거래를 중개하면서 진정한 권리자인지 여부 등을 조사·확인할 의무를 다하지 못함으로써 중개 의뢰인에게 발생한 손해에 대한 배상의 범위를 정하는 경우, 중개 의뢰인에게 거래관계를 조사·확인할 책임을 게을리한 부주의가 인정되고 그것이 손해 발생 및 확대의 원인이 되었다면, 피해자인 중개 의뢰인에게 과실이 있는 것으로 보아 과실상계를 할 수 있다고 보아야 하고, 이것이 손해의 공평부담이라는 손해배상제도의 기본 원리에 비추어 볼 때에도 타당하다."[2]

1) 대판 1999. 5. 14. 98다30667.

2) 대판 2012. 11. 29. 2012다69654.

(2) 보고의무

수임인은 위임인의 청구가 있는 때에는 위임사무의 처리 상황을 보고하고 위임이 종료한 때에는 지체없이 그 전말을 보고하여야 한다(제683조).

(3) 취득물 등의 인도 및 이전의무

수임인은 위임사무의 처리로 인하여 받은 금전 기타의 물건 및 그 수취한 과실을 위임인에게 인도하여야 한다(제684조 제1항). 또한 수임인이 위임인을 위하여 자기의 명의로 취득한 권리도 위임인에게 이전하여야 한다(제684조 제2항).

위임사무의 처리로 인하여 받은 금전 기타의 물건 및 그 수취한 과실의 인도 시기는 당사자 간에 특약이 있거나 위임의 본뜻에 반하는 경우 등과 같은 특별한 사정이 있지 않은 한 위임계약이 종료된 때라 할 것이므로, 수임인이 반환할 금전의 범위도 위임 종료 시를 기준으로 정해진다고 할 것이다. 따라서 위탁 관리 협약 해지에 따라 반환하여야 할 금원은 이 사건 위탁 관리 협약에서 특별히 정한 바 없어 위탁 관리 협약 해지의 효력이 발생한 때를 기준 시점으로 수임인이 보유하고 있던 금원이라고 보는 것이 정당하다.[1]

(4) 금전 소비의 책임

수임인이 위임인에게 인도할 금전 또는 위임인의 이익을 위하여

1) 대판 2007. 2. 8. 2004다64432.

사용할 금전을 자기를 위하여 소비한 때에는 소비한 날 이후의 이자를 지급하여야 하며 그 외의 손해가 있으면 배상하여야 한다(제685조).

(5) 복임권의 제한

수임인은 위임인의 승낙이나 부득이한 사유 없이 제3자로 하여금 자기에 갈음하여 위임사무를 처리하게 하지 못한다(제682조 제1항). 수임인이 위임인의 승낙이나 부득이한 사유로 복임권을 행사한 경우 제121조에 따른 임의대리인의 복대리인선임에 대한 책임 및 제123조에 따른 복대리인의 권한에 관한 규정을 준용한다(제682조 제2항). 수임인이 이행보조자를 사용하여 위임사무를 처리하는 것은 수임인의 사무처리로 보아야 할 것이므로 복임권의 제한에 관한 규정이 적용되지 않는다.

2. 위임인의 의무

(1) 보수지급의무

민법상의 위임은 무상이 원칙이다. 수임인은 특별한 약정이 없으면 위임인에 대하여 보수를 청구하지 못한다(제686조 제1항). 하지만 당사자 사이에 보수에 관한 특약이 있는 경우 위임인은 약정한 보수를 지급하여야 한다. 보수에 대하여 당사자의 약정이 없는 경우에도 거래 관행상 보수를 지급해야 하는 경우가 있을 수 있다. 예를 들어 변호사에게 계쟁 사건의 처리를 위임하면서 그 보수지급 및 수액에 관하여 명시적인 약정을 하지 않았다고 하더라도, 무보수로 한다는 등 특별한 사정이 없는 한 응분의 보수를 지급할 묵시의 약정이 있다고 보는 것이 상당하다.[1] 보수가 부당하게 과다하여 신의성실의 원칙이나 형평의 원칙에 반한다고 볼 만한 특별한 사정이 있는 때에는 상당하다고 인정되는 범위 내의 보수액만을 청구할 수 있다.[2]

수임인이 보수를 받을 경우에는 위임사무를 완료한 후가 아니면 이를 청구하지 못한다. 그러나 기간으로 보수를 정한 때에는 그 기간이 경과한 후에 이를 청구할 수 있다(제686조 제2항). 수임인이 위임사무를 처리하는 중에 수임인의 책임 없는 사유로 인하여 위임이 종료된 때에는 수임인은 이미 처리한 사무의 비율에 따른 보수를 청구할 수 있다(제686조 제3항).

> "민법 제163조 제2호 소정의 '의사의 치료에 관한 채권'에 있어서는, 특약이 없는 한 그 개개의 진료가 종료될 때마다 각각의 당해 진료에 필요한 비용의 이행기가 도래하여 그에 대한 소멸시효가 진행된다고 해석함이 상당하고, 장기간 입원 치료를 받는 경우라 하더라도 다른 특약이 없는 한 입원 치료 중에 환자에 대하여 치료비를 청구함에 아무런 장애가 없으므로 퇴원 시부터 소멸시효가 진행된다고 볼 수는 없다."[3]

(2) 비용지급의무

위임사무의 처리에 비용을 요하는 경우 수임인은 미리 비용의 지급을 청구할 수 있다(제687조). 또한 수임인이 위임사무의 처리에 관하여 필요비를 지출한 때에는 위임인에 대하여 지출한 날 이후의 이자

1) 대결 2022. 4. 8. 2021마7301.
2) 대판 2016. 2. 18. 2015다35560.
3) 대판 2001. 11. 9. 2001다52568.

를 청구할 수 있다(제688조 제1항).

수임인이 위임사무의 처리에 필요한 채무를 부담한 때에는 위임인에게 자기에 갈음하여 이를 변제하게 할 수 있고 그 채무가 변제기에 있지 아니한 때에는 상당한 담보를 제공하게 할 수 있다(제688조 제2항). 수임인이 위임사무의 처리를 위하여 과실없이 손해를 받은 때에는 위임인은 자신에게 과실이 없더라도 그 손해를 배상하여야 한다(제688조 제3항). 다만 위임인의 무과실 손해배상의무는 무상위임의 경우에만 인정되고 유상위임의 경우에는 채무자위험부담주의(제537조)에 따라 수임인이 손해를 부담한다고 보아야 한다.[1]

> "수임인이 가지는 민법 제688조 제2항 전단 소정의 대변제청구권은 통상의 금전채권과는 다른 목적을 갖는 것이므로, 수임인이 이 대변제청구권을 보전하기 위하여 채무자인 위임인의 채권을 대위행사하는 경우에는 채무자의 무자력을 요건으로 하지 아니한다. 따라서 상법 제382조 제2항에 의하여 위임의 규정이 준용되는 회사의 이사가 회사의 공장 매수대금 일부를 마련하기 위하여 제3자로부터 대출금 1억 원을 차용하여 회사에 교부함으로써, 해당 이사는 위임사무의 처리에 관하여 대출금채무를 부담한 것이므로 민법 제688조 제2항 전단의 규정에 의하여 회사에게 자신에 갈음하여 대출금채무를 변제할 것을 청구할 권리가 있고, 이 대변제청구권을 보전하기 위하여 회사가 대출금 채권자인 제3자에게 가지고 있는 부당이득반환채권과 대출금채무를 대등액에서 상계할 권리를 대위행사할 수 있다."[2]

1) 송덕수, 채권법각론(2019), 371면.

2) 대판 2002. 1. 25. 2001다52506.

Ⅲ. 위임의 종료

1. 해제와 해지

위임계약은 각 당사자가 언제든지 해지할 수 있다(제689조 제1항). 민법상의 위임계약은 그것이 유상계약이든 무상계약이든 당사자 쌍방의 특별한 대인적 신뢰관계를 기초로 하는 계약으로 각 당사자는 언제든지 계약을 해지할 수 있다(제689조 제1항). 이로 말미암아 상대방이 손해를 입더라도 배상할 의무를 부담하지 않는 것이 원칙이다. 다만 당사자 일방이 부득이한 사유 없이 상대방의 불리한 시기에 계약을 해지한 때에는 그 손해를 배상하여야 한다(제689조 제2항).

> "수임인이 재임 중에 기본급, 주택 수당 및 자녀 학비 등을 지급받고 퇴임 시에는 퇴직금까지 지급받기로 하는 유상위임인데다가, 수임인의 지위를 보장하기 위하여 계약 기간 중 처음 2년간은 위임인이 해지권을 행사하지 않기로 하는 특약까지 되어 있어 위임인의 이익과 함께 수임인의 이익도 목적으로 하고 있는 위임의 경우에는 위임인의 해지 자유가 제한되어 위임인으로서는 해지 자체는 정당한 이유 유무에 관계없이 할 수 있다 하더라도 정당한 이유 없이 해지한 경우에는 상대방인 수임인에게 그로 인한 손해를 배상할 책임이 있다."[1]

당사자의 채무불이행으로 상대방은 계약을 해제나 해지할 수 있다. 다만 수임인이 아직 수임인이 위임계약상의 채무를 이행하는 것

1) 대판 2000. 4. 25. 98다47108.

이 가능하다면 위임인은 수임인에 대하여 상당한 기간을 정하여 그 이행을 최고하고, 수임인이 그 기간 내에 이를 이행하지 아니할 때에 한하여 계약을 해제하거나 해지할 수 있다.[1)]

> "위임계약의 각 당사자는 민법 제689조 제1항에 따라 특별한 이유 없이도 언제든지 위임계약을 해지할 수 있다. 따라서 위임계약의 일방 당사자가 타방 당사자의 채무불이행을 이유로 위임계약을 해지한다는 의사표시를 하였으나 실제로는 채무불이행을 이유로 한 계약 해지의 요건을 갖추지 못한 경우라도, 특별한 사정이 없는 한 의사표시에는 민법 제689조 제1항에 따른 임의 해지로서의 효력이 인정된다."[2)]

2. 사망, 파산, 성년 후견 개시

위임은 당사자 한쪽의 사망이나 파산으로 종료된다. 수임인이 성년 후견 개시의 심판을 받은 경우에도 이와 같다(제690조).

> "도급인이나 위임의 당사자 일방이 파산 선고를 받은 경우에는 당사자 쌍방이 이행을 완료하지 아니한 쌍무계약의 해제 또는 이행에 관한 파산법 제50조 제1항이 적용될 여지가 없고, 도급인이 파산 선고를 받은 경우에는 민법 제674조 제1항에 의하여 수급인 또는 파산 관재인이 계약을 해제할 수 있고, 위임의 당사자 일방이 파산 선고를 받은 경우에는 민법 제690조에 의하여 위임계약이 당연히 종료된다고 할 것이며, 위와 같은 도급계약의 해

1) 대판 1996. 11. 26. 96다27148.

2) 대판 2015. 12. 23. 2012다71411.

제 및 위임계약의 종료는 그 각 조문의 해석상 장래에 향하여 도급 및 위임의 효력을 소멸시키는 것을 의미한다."[1]

3. 긴급 사무 처리

위임 종료의 경우에 급박한 사정이 있는 때에는 수임인, 그 상속인이나 법정 대리인은 위임인, 그 상속인이나 법정 대리인이 위임사무를 처리할 수 있을 때까지 그 사무의 처리를 계속하여야 한다. 이 경우에는 위임의 존속과 동일한 효력이 있다(제691조).

4. 위임 종료의 대항요건

위임 종료의 사유는 이를 상대방에게 통지하거나 상대방이 이를 안 때가 아니면 이로써 상대방에게 대항하지 못한다(제692조).

---

1) 대판 2002. 8. 27. 2001다13624.

제12장
임치

Ⅰ. 의의

임치는 당사자 일방이 위탁한 금전, 유가증권, 그 밖의 물건을 상대방이 보관하는 것을 내용으로 하는 계약이다(제693조). 급부의 내용이 금전 등의 물건에 대한 보관으로 한정된다는 점에서 계약의 내용에 따라 구체적인 의무가 부과되는 고용이나 위임, 도급 등과 구별된다.

임치계약은 낙성계약으로 당사자 간의 의사의 합치만으로도 성립한다. 보관의 대상이 되는 물건 등에 대한 점유의 이전은 계약의 성립을 위하여 요구되지 않는다. 임치계약은 무상의 편무계약이 원칙이나 대가의 지급을 약속하는 경우 유상의 쌍무계약이 된다.

Ⅱ. 수치인의 의무

1. 임치물의 보관의무

(1) 주의의무

수치인은 임치인이 위탁한 금전, 유가증권, 그 밖의 물건을 보관하여야 할 의무를 부담한다. 여기서 보관이란 목적물을 자신의 지배하에 두고 그 멸실과 훼손을 방지하여 보존하는 것을 말한다.[1] 민법은 보관상 주의의무와 관련하여 보수 없는 무상 임치의 경우 '자기 재산과 동일한 주의'를 요구한다(제695조). 유상임치의 경우에는 민법상 주의의무의 원칙인 '선량한 관리자의 주의의무'가 요구된다(제374조). 통상 수치인의 주의의무는 무상 임치의 경우보다 유상 임치의 경우가 보다 강화된 주의의무를 요구한다고 할 것이다. 반면에 자기 재산과 동일한 주의의무가 부과되는 무상 임치의 경우이더라도 수치인의 고의나 중과실이 인정되는 경우에는 손해배상책임을 부담시키는 것이 타당하다.[2]

"공중 접객업자와 객 사이에 임치관계가 성립하려면 그들 사이에 공중 접객업자가 자기의 지배 영역 내에 목적물 보관의 채무를 부담하기로 하는 명시적 또는 묵시적 합의가 있음을 필요로 한다고 할 것이고, 여관 부설 주차장에 시정 장치가 된 출입문이 설치되어 있거나 출입을 통제하는 관리인이 배치되어 있는 등 여관

---

1) 곽윤직/전효숙, 민법주해(XV) – 채권(8) 618면.

2) 박희호, "민법상 임치계약에 관한 연구", 법학연구(연세대학교 법학연구원) 제29권 제3호(2019.9), 45면 이하 참조.

측에서 그 주차장에의 출입과 주차 시설을 통제하거나 확인할 수 있는 조치가 되어 있다면, 그러한 주차장에 여관 투숙객이 주차한 차량에 관하여는 명시적인 위탁의 의사표시가 없어도 여관업자와 투숙객 사이에 임치의 합의가 있는 것으로 볼 수 있다.

공중 접객업자가 이용객들의 차량을 주차할 수 있는 주차장을 설치하면서 그 주차장에 차량 출입을 통제할 시설이나 인원을 따로 두지 않았다면, 그 주차장은 단지 이용객의 편의를 위한 주차 장소로 제공된 것에 불과하고, 공중 접객업자와 이용객 사이에 통상 그 주차 차량에 대한 관리를 공중 접객업자에게 맡긴다는 의사까지는 없다고 봄이 상당하므로, 공중 접객업자에게 차량 시동 열쇠를 보관시키는 등의 명시적이거나 묵시적인 방법으로 주차 차량의 관리를 맡겼다는 등의 특수한 사정이 없는 한, 공중 접객업자에게 선량한 관리자의 주의로써 주차 차량을 관리할 책임이 있다고 할 수 없다."[1)]

(2) 제3자에 의한 보관 및 목적물의 사용 금지

수치인은 임치인의 승낙이나 부득이한 사유가 없는 한 제3자에게 물건을 보관하게 하지 못한다(제701조, 제682조 제1항). 임치인의 승낙이나 부득이한 사유에 의하여 제3자에게 물건을 보관하게 한 경우 수치인은 제3자에 대하여 선임, 감독에 관하여 책임을 진다(제701조, 제682조 제2항, 제121조 제1항). 수치인은 임치인의 동의 없이 목적물을 사용하지 못한다(제694조).

1) 대판 1998. 12. 8. 98다37507. 이러한 대법원의 태도에 대하여는 양창수, "투숙객의 자동차 도난에 대한 숙박업자의 책임", 민법연구 제4권, 2007, 373-390면; 박희호, "민법상 임치계약에 관한 연구", 법학연구(연세대학교 법학연구원) 제29권 제3호(2019.9), 38면 이하 참조.

2. 취득물 등의 반환의무

수치인은 임치물의 보관으로 인하여 받은 금전 기타의 물건 및 임치물로부터 수취한 과실을 임치인에게 인도하고, 임치인을 위하여 자기의 명의로 취득한 권리를 임치인에게 이전하여야 한다(제701조, 제684조). 임치인에게 인도할 금전 또는 이익을 자기를 위하여 소비한 경우 수치인은 소비한 날로 이후의 이자를 지급하여야 하며 손해가 있으면 배상하여야 한다(제701조, 제685조).

임치물은 그 보관한 장소에서 반환하여야 한다. 그러나 수치인이 정당한 사유로 인하여 그 물건을 전치한 때에는 현존하는 장소에서 반환할 수 있다(제700조).

3. 통지의무

임치물에 대한 권리를 주장하는 제3자가 수치인에 대하여 소를 제기하거나 압류한 때에는 수치인은 지체없이 임치인에게 이를 통지하여야 한다(제696조).

Ⅲ. 임치인의 의무

1. 임치물의 인도의무

임치인이 임치물을 인도할 의무를 부담하는가에 대하여 학설이 대립한다. 긍정설은 무상이나 유상의 경우를 불문하고 임치물의 인도의무를 부담한다고 하나,[1] 부정설은 무상임치의 경우에는 임치인에게 채무가 발생하지 않으며, 유상임치의 경우 임치인이 목적물을 인도하지 않은 경우 채권자의 책임 있는 사유에 의한 불능으로 되어 보수청구권을 행사할 수 있으므로(제538조 제1항) 인도의무를 인정할 실익이 없다고 본다.[2] 절충설은 무상임치의 경우에는 인도의무를 부정하고 유상임치의 경우에는 인도의무를 긍정한다.[3] 유상임치가 보관과 대가지급의무의 대가성이 있는 계약이라는 점에서 보면 부정설이 타당해 보인다.

2. 보수지급의무

유상임치의 경우 임치인은 보수를 지급하여야 한다. 보수의 지급은 특별한 약정이 없으면 임치관계가 종료한 때에 지급하여야 한다(제701조, 제686조 제2항).

3. 비용선급, 필요비상환, 채무대변제의 의무

임치인은 위임의 경우와 마찬가지로 임치에 비용이 요구되는 경우 그 선급을 청구할 수 있고(제701조, 제687조), 필요비를 지출한 경우 그 비용과 지출한 날로부터 이자의 지급을 청구할 수 있다(제701조, 제688조 제1항). 임치와 관련하여 수치인이 채무를 부담한 경우에는 임치인은 그 변제를 하여야 한다(제701조, 제688조 제2항).

---

1) 김상용, 채권각론(2003), 426면.
2) 김준호, 채권각칙(2007), 296면; 이은영, 채권각론(2007), 583면.
3) 곽윤직, 채권각론(2014), 287면.

4. 임치물로 인한 손해배상의무

임치인은 임치물의 성질 또는 하자로 인하여 생긴 손해를 수치인에게 배상하여야 한다. 그러나 수치인이 그 성질 또는 하자를 안 때에는 그러하지 아니하다(제697조).

Ⅳ. 임치의 종료

1. 종료 원인

임치는 기간의 만료, 목적물의 멸실과 같은 일반적인 계약상 종료 원인에 의하여 종료한다. 임치의 경우 위임의 종료의 원인인 당사자 한쪽의 사망이나 파산 또는 수임인의 성년 후견 개시에 관한 조항(제690조)을 준용하지 않고 있다. 통설은 이를 근거로 당사자의 사망 등으로 임치관계가 종료하지 않는 것으로 본다.[1)]

2. 계약의 해지

(1) 임치인의 해지권

임치인은 임치 기간에 관한 약정의 유무에 관계없이 언제든지 임치계약을 해지할 수 있다(제698조 단서, 제699조).

---

1) 곽윤직, 채권각론(2014), 288면.

(2) 수치인의 해지권

수치인은 기간의 약정이 없는 때에는 언제든지 계약을 해지할 수 있다(제699조). 기간의 약정이 있는 경우에는 원칙적으로 해지권이 제한되나 부득이한 사유가 있는 경우에는 해지가 가능하다(제698조 본문).

> "수치인이 적법하게 임치계약을 해지하고 임치인에게 임치물의 회수를 최고하였음에도 불구하고 임치인의 수령지체로 반환하지 못하고 있는 사이에 임치물이 멸실 또는 훼손된 경우에는 수치인에게 고의 또는 중대한 과실이 없는 한 채무불이행으로 인한 손해배상책임이 없다.
> 수치인이 임치인에게 보관 중인 건고추를 속히 처분하지 않으면 벌레가 먹어 못 쓰게 되니 빨리 처분하든지 인도 받아 가라고 요구하였다면 이는 임치계약을 해지하고 임치물의 회수를 최고한 의사표시라고 볼 여지가 있고 이에 대하여 임치인이 시세가 싸다는 등 이유로 그 회수를 거절하였다면 이때로부터 수령지체에 빠진 것이라고 하겠다."[1)]

V. 특수한 임치

1. 혼장임치

혼장임치란 곡물, 유류 등과 같은 대체물을 수치인이 보관하고 있

1) 대판 1983. 11. 8. 83다카1476.

는 동종, 동질의 다른 임치물과 혼합하여 보관하고, 계약 종료 후 임치물의 동량으로 반환하는 것을 말한다. 혼장임치는 임치로 임치물의 소유권이 수치인에게 이전하지 않는 특성을 갖는다. 따라서 수인의 임치인이 혼장임치를 하는 경우 임치권자는 지분으로 전체 임치물을 공유하게 된다.[1)]

2. 소비임치

소비임치란 대체물로서의 임치물을 수치인이 소비하고 임치물과 동종, 동질, 동량으로 반환하는 것을 말한다. 대표적인 경우가 금전을 은행에 맡기는 경우이다. 이러한 소비임치에 대하여 민법은 원칙적으로 소비대차의 규정을 준용하도록 하고 있다(제702조 본문). 다만 반환시기에 관한 약정이 없는 경우 임치인은 소비대차와 달리 언제든지 그 반환을 청구할 수 있다(제702조 단서). 이 규정을 근거로 학설은 소비임치가 수치인의 이익보다는 임치인의 이익을 위한 것으로 그 점에서 소비대차와 구별되는 것으로 이해한다.[2)]

1) 곽윤직, 채권각론(2014), 289면.

2) 곽윤직, 채권각론(2014), 290면; 이은영, 채권각론(2007), 587면.

제13장
조합

Ⅰ. 의의

1. 조합의 개념

조합은 2인 이상이 상호 출자하여 공동 사업을 경영하는 것을 내용으로 하는 낙성·불요식의 계약을 말한다. 조합계약은 유상계약으로 구성원은 상호 출자의무를 부담한다. 하지만 출자의 종류에는 제한이 없어서 반드시 금전일 필요는 없으며, 노무나 신용으로도 가능하다(제703조 제2항).

2. 조합과 사단

조합은 사단과 같이 단체의 일종이지만 구성원의 개인적 특성이 사라지고 개인으로부터 독립한 사단과 달리 여전히 구성원의 개인적인 개성을 유지하며 공동의 목적을 달성하는 한도에서 그 특성이 제한을 받는다는 특징을 갖는다. 이러한 사단과 조합의 차이는 구체적으로 다음과 같은 점에서 구별된다.

① 사단은 구성원으로부터 독립한 통일적인 조직과 기관을 통하여 운영된다. 기관의 행위는 사단의 행위가 되어 기관의 행위로 인한 효과는 독립된 사단에게 귀속한다. 반면 조합은 조합원 각자에 의하여 운영되는 것이 원칙이고 조합의 대표가 선임되는 경우 그 대표는 각 조합원의 대리인으로서 대표의 행위는 조합원 개인에게 귀속된다.

② 사단의 경우 적극적인 자산이나 소극적인 채무가 모두 개인으로부터 독립된 사단에 귀속한다. 이에 반하여 조합에서는 자산이 조합이 아닌 개인에게 귀속되는 것이 원칙이다. 다만 적극적인 자산의 경우 공동의 목적을 위하여 개인은 합유의 형태로 이 자산을 소유한다. 반면 채무에 대하여 개인은 합유 재산 이외에 개인의 재산으로도 그 책임을 져야 한다.

③ 사단에는 법인격이 주어지는 경우가 원칙이고 민법상 조합의 경우에는 법인격이 인정되지 않으나 이는 입법 정책적인 문제로 반드시 그러한 것은 아니다. 법인격 없는 사단도 있을 수 있고 조합에 해당하는 상법상 합명 회사는 법인격이 인정된다(상법 제178조 이하 참조).

④ 조합의 대표적인 예로 몇몇 지인이 모여 함께 사업을 하는 동업관계를 들 수 있다. 대법원은 건설 공동 수급체[1]도 조합으로 보고 있다. 반면 조합이라는 명칭이 있더라도 조합에 해당하지 않고 비법인 사단에 해당하는 경우가 많다. 예를 들어 주택 조합이나 재건축 조합은 조합이 아니라 비법인 사단으로 이해된다.[2]

1) 대판 2000. 12. 12. 99다49620.

2) 대판 1996. 10. 25. 95다56866.

"민법상의 조합과 법인격은 없으나 사단성이 인정되는 비법인 사단을 구별함에 있어서는 일반적으로 그 단체성의 강약을 기준으로 판단하여야 하는바, 조합은 2인 이상이 상호 간에 금전 기타 재산 또는 노무를 출자하여 공동 사업을 경영할 것을 약정하는 계약관계에 의하여 성립하므로 어느 정도 단체성에서 오는 제약을 받게 되는 것이지만 구성원의 개인성이 강하게 드러나는 인적 결합체인 데 비하여 비법인 사단은 구성원의 개인성과는 별개로 권리·의무의 주체가 될 수 있는 독자적 존재로서의 단체적 조직을 가지는 특성이 있다 하겠는데, 어떤 단체가 고유의 목적을 가지고 사단적 성격을 가지는 규약을 만들어 이에 근거하여 의사결정 기관 및 집행기관인 대표자를 두는 등의 조직을 갖추고 있고, 기관의 의결이나 업무 집행 방법이 다수결의 원칙에 의하여 행하여지며, 구성원의 가입, 탈퇴 등으로 인한 변경에 관계없이 단체 그 자체가 존속되고, 그 조직에 의하여 대표의 방법, 총회나 이사회 등의 운영, 자본의 구성, 재산의 관리 기타 단체로서의 주요 사항이 확정되어 있는 경우에는 비법인 사단으로서의 실체를 가진다고 할 것이다."[1)]

Ⅱ. 조합의 성립

1. 조합의 성립요건

조합은 2인 이상이 상호 출자하여 공동 사업을 경영할 것을 내용으로 하는 조합계약의 체결에 의하여 성립한다.

1) 대판 1999. 4. 23. 99다4504.

(1) 계약의 당사자

조합계약은 2인 이상의 당사자를 필요로 하나 그 제한은 없다. 다만 당사자가 많은 경우에는 사단이 될 가능성이 크다.[1)]

(2) 공동 사업 경영의 목적

조합계약은 공동 사업의 경영을 목적으로 하여야 한다. 사업의 내용이나 종류는 제한이 없다. 영리사업은 물론 비영리사업도 조합의 공동 사업의 내용이 될 수 있다.

공동 사업의 경영에는 공동의 목적이 추구되어야 한다. 따라서 영리사업을 목적으로 하면서 당사자 중의 일부만이 이익을 분배받고 다른 자는 전혀 이익 분배를 받지 않는 경우에는 조합관계라고 할 수 없다.[2)] 또한 조합은 공동의 목적을 달성하기 위하여 상호 협력하는 것으로는 부족하고 공동 사업의 경영을 내용으로 하여야 하므로 단순히 지분에 따른 전매 차익을 얻기 위하여 특정의 토지를 공동 매수하여 전매한 경우의 공유자 사이의 관계를 조합관계라고 볼 수는 없다.[3)]

> "갑, 을, 병 등이 전매 차익을 얻을 목적으로 각자 매수 자금을 출연하고 이에 상응하는 지분을 정하여 을 명의로 토지를 매수한 다음 을, 병과 친인척관계에 있는 정 등에게 명의 신탁한 사안에서, 각자의 매수 지분에 상응하는 대내적 소유 지분의 보유를 서로 인정하고 이에 대하여 개별적인 권리 행사를 하여 온 점 등에

1) 곽윤직, 채권각론(2014), 299면.
2) 대판 2000. 7. 7. 98다44666.
3) 대판 2012. 8. 30. 2010다39918.

비추어 볼 때 갑, 을, 병 등은 을 명의로 토지를 공동 매수한 후 처분하여 전매 차익을 얻으려는 '공동의 목적 달성'을 위하여 상호 협력한 것일 뿐 이를 넘어 '공동 사업을 경영할 목적'이 있었다고 할 수 없다."[1)]

(3) 출자의무

조합원은 조합계약에 따라 출자의무를 부담한다(제703조 제1항). 출자란 조합의 목적을 달성하기 위하여 경제적 수단을 제공하는 것으로 출자의 종류나 내용에는 제한이 없다. 따라서 금전뿐만 아니라 재산권, 노무, 상호 등도 출자의 대상이 될 수 있다(제703조 제2항). 금전을 출자의 목적으로 한 조합원이 출자 시기를 지체한 때에는 연체 이자를 지급하는 외에 손해를 배상하여야 한다(제705조).

"건설 공동 수급체 구성원은 공동 수급체에 출자의무를 지는 반면 공동 수급체에 대한 이익분배청구권을 가지는데, 이익분배청구권과 출자의무는 별개의 권리·의무이다. 따라서 공동 수급체의 구성원이 출자의무를 이행하지 않더라도, 공동 수급체가 출자의무의 불이행을 이유로 이익 분배 자체를 거부할 수도 없고, 그 구성원에게 지급할 이익 분배금에서 출자금이나 그 연체 이자를 당연히 공제할 수도 없다. 다만 구성원에 대한 공동 수급체의 출자금채권과 공동 수급체에 대한 구성원의 이익분배청구권이 상계적상에 있으면 상계에 관한 민법 규정에 따라 두 채권을 대등액에서 상계할 수 있을 따름이다.

1) 대판 2012. 8. 30. 2010다39918.

공동 수급체의 구성원들 사이에 '출자의무와 이익 분배를 직접 연계시키는 특약'을 하는 것도 계약자유의 원칙상 허용된다. 따라서 구성원들이 출자의무를 먼저 이행한 경우에 한하여 이익 분배를 받을 수 있다고 약정하거나 출자의무의 불이행 정도에 따라 이익 분배금을 전부 또는 일부 삭감하기로 약정할 수도 있다. 나아가 금전을 출자하기로 한 구성원이 출자를 지연하는 경우 그 구성원이 지급받을 이익 분배금에서 출자금과 그 연체 이자를 '공제'하기로 하는 약정을 할 수도 있다. 이러한 약정이 있으면 공동 수급체는 그 특약에 따라 출자의무를 불이행한 구성원에 대한 이익 분배를 거부하거나 구성원에게 지급할 이익 분배금에서 출자금과 그 연체 이자를 공제할 수 있다."[1]

2. 일부 당사자의 무효 및 의사표시의 하자

조합계약의 일부 당사자의 계약무효사유나 의사표시의 흠결이 있는 경우에 나머지 당사자 사이의 계약에 효력에 영향을 미치는지와 관련하여 통설은 일부 무효의 법리를 적용하여(제137조), 원칙적으로 조합계약 전체에 효력이 미치나 법률행위의 무효나 의사표시의 하자가 있었던 당사자가 없었더라도 계약을 체결하였을 것이라고 인정될 때에는 나머지 당사자들만으로 조합계약이 유효하게 체결된 것으로 본다.[2] 대법원은 조합이 사업을 개시하여 제3자와의 사이에 거래관계가 이루어지고 난 다음에는 조합계약체결 당시의 의사표시의 하자를 이유로 취소하여 조합 성립 전으로 환원시킬 수 없다고 보고 있다.[3]

1) 대판 2018. 1. 24. 2015다69990.

2) 곽윤직, 채권각론(2014), 301면; 김준호, 채권각칙(2007), 303면; 김형배, 채권각론(1997), 717면.

3) 대판 1972. 4. 25. 71다1833.

Ⅲ. 조합의 업무 집행

1. 의의

조합의 업무 집행은 단체인 조합의 활동을 말한다. 조합은 단체이지만 각 조합원의 개성이 중시되는 관계로 모든 조합원은 조합의 업무 집행에 참여할 권리를 갖는다. 하지만 조합원의 수가 많은 경우 또는 각 조합원의 능력에 따라서 담당 업무를 분장하는 것이 효율적인 경우가 있다. 이러한 경우 업무의 집행에 직접 관여하는 조합원이 제한될 수 있으며 제3자에게 조합의 업무를 위임할 수도 있다. 조합의 대내적 활동과 대외적 활동을 구별하여 업무 집행의 방식을 설명하면 다음과 같다.

2. 조합의 대내관계

(1) 업무 집행자를 정하지 않은 경우

업무 집행자를 정하지 않은 경우 원칙적으로 모든 조합원이 업무집행권을 가진다.[1] 업무를 집행하는 조합원은 이 경우 선량한 관리자의 주의의무를 부담한다(제707조, 제681조). 업무 집행과 관련하여 조합원의 의견이 일치하지 않은 경우에는 원칙적으로 과반수에 따른다(제706조 제2항 전문). 하지만 통상 사무는 각 조합원이 전행할 수 있다(제706조 제3항 본문). 하지만 그 사무의 완료 전에 다른 조합원의 이의가 있는 경우에는 그 사무의 집행을 중지하여야 한다(제706조 제3항 단서). 각 조합원은

1) 대판 2018. 8. 30. 2016다46338.

언제든지 조합의 업무 및 재산 상태를 검사할 수 있다(제710조).

(2) 업무 집행자를 정한 경우

조합계약에 따라 또는 조합이 설립된 이후라도 조합원의 2/3 이상의 찬성으로 일부의 조합원 또는 제3자에게 업무의 집행을 맡길 수 있다(제706조 제1항).

업무 집행자가 수인인 경우 업무 집행은 과반수로 결정한다(제706조 2항 후문). 업무집행자가 선임된 경우 업무 집행자의 업무 범위에 해당한다면 각 조합원은 통상의 사무이더라도 이를 집행하지 못한다. 그 경우에도 각 조합원은 조합의 업무 및 재산 상태를 검사할 수 있다(제710조).

업무 집행자인 조합원은 위임의 경우와 달리 정당한 사유 없이 사임하지 못하며 다른 조합원의 일치가 아니면 해임하지 못한다(제708조).

3. 조합의 대외관계 – 조합 대리

민법상 조합은 법인격이 인정되지 않는다. 따라서 법률행위를 함에는 조합의 이름이 아니라 조합원 전원이 하여야 한다. 하지만 조합원 전원이 공동으로 제3자와 법률행위를 하여야 한다는 것은 매우 번거로운 일로서 공동 사업의 효율적인 경영에 큰 불편함을 초래하게 된다. 이러한 불편함을 제거하는 방법으로 대리의 방법이 활용된다. 이를 조합 대리라고 한다.

(1) 수권행위

조합 대리의 경우에도 대리이므로 대리권은 수권행위에 의하여 발생한다. 이러한 수권행위는 조합계약을 통하여 이루어질 수 있다.

하지만 그러한 수권행위가 조합계약이나 다른 방법에 의하여 이루어지지 않은 경우라도 민법은 조합의 업무를 집행하는 조합원은 그 업무 집행의 대리권 있는 것으로 추정한다(제709조). 따라서 업무 집행자가 정하여지지 않은 경우에는 각 조합원, 다수의 업무 집행자가 정해진 경우에는 각 업무 집행자가 조합이나 조합원의 이름으로 법률행위를 하는 경우 다른 조합원에게 효력을 미치게 된다.

문제는 실제로 그에게 수권행위가 없었던 경우인데, 예를 들어 업무 집행자가 없는 경우에는 조합원의 과반수로, 업무 집행자가 있는 경우에는 업무 집행자의 과반수로 업무에 관한 결정을 내리게 된다. 그러나 그러한 과반수의 결정 없이 대외업무를 하는 경우에 그 효과가 문제 된다. 그 경우에도 업무 집행 조합원 또는 업무 집행자의 대리권은 추정되게 되므로 민법 제126조에 따라 그 효력이 조합원 전원에게 미치게 될 것이다.[1)]

(2) 현명의 방법

조합 대리의 경우에도 현명의 원칙에 따라 조합의 업무 집행과 관련하여 업무 집행자나 업무 집행 조합원은 조합원 전원의 이름으로 법률행위를 하여야 할 것이다. 조합 자체는 법인격이 없기 때문에 조합의 이름으로 법률행위를 한다는 것은 인정되지 않을 것이기 때문이다. 하지만 현명이 반드시 본인의 이름을 명시해야 하는 것은 아니며 모든 사정에 비추어 조합원을 위하여 한다는 의도가 상대방에게 표시되면 족하다고 할 것이므로 실제로는 조합의 이름으로 한다고 하더라도 모든 조합원을 위하여 효력이 발생하는 것으로 해석된다.

1) 곽윤직, 채권각론(2014), 304면 이하.

> "민법 제114조 제1항은 '대리인이 그 권한 내에서 본인을 위한 것임을 표시한 의사표시는 직접 본인에게 대하여 효력이 생긴다'라고 규정하고 있으므로, 원칙적으로 대리행위는 본인을 위한 것임을 표시하여야 직접 본인에 대하여 효력이 생기는 것이고, 한편 민법상 조합의 경우 법인격이 없어 조합 자체가 본인이 될 수 없으므로, 이른바 조합 대리에 있어서는 본인에 해당하는 모든 조합원을 위한 것임을 표시하여야 하나, 반드시 조합원 전원의 성명을 제시할 필요는 없고, 상대방이 알 수 있을 정도로 조합을 표시하는 것으로 충분하다. 그리고 상법 제48조는 '상행위의 대리인이 본인을 위한 것임을 표시하지 아니하여도 그 행위는 본인에 대하여 효력이 있다. 그러나 상대방이 본인을 위한 것임을 알지 못한 때에는 대리인에 대하여도 이행의 청구를 할 수 있다'라고 규정하고 있으므로, 조합 대리에 있어서도 그 법률행위가 조합에게 상행위가 되는 경우에는 조합을 위한 것임을 표시하지 않았다고 하더라도 그 법률행위의 효력은 본인인 조합원 전원에게 미친다."[1]

4. 소송상 당사자능력

권리능력이 인정되는 법인의 경우 당사자능력이 인정되고, 비법인 사단이나 재단의 경우에도 당사자능력이 인정된다(민사소송법 제52조). 반면 조합에 관하여는 법률에 아무런 규정이 없다. 조합은 비법인 사단이나 재단과 그 법적 성질을 달리하므로 비법인 사단이나 재단에 관한 당사자능력의 규정을 준용할 수 없다고 볼 것이다.[2] 대법원도 같

1) 대판 2009. 1. 30. 2008다79340.
2) 곽윤직, 채권각론(2014), 306면; 김형배, 채권각론(1997), 719면; 송덕수, 채권법각론(2019), 403면.

은 입장이다.[1] 따라서 조합의 이름으로는 소송의 당사자가 되지 못하고 조합원 전원이 공동 소송인으로 당사자가 되거나(고유필수적 공동소송),[2] 선정 당사자 제도(민사소송법 제53조)를 활용할 수 있을 뿐이다. 업무 집행자가 선임된 경우 그 업무 집행자는 조합의 목적을 위하여 필요한 대외적 업무를 집행할 수 있고, 이 대외적 업무에는 재판상의 업무도 포함된다고 보아야 하므로 모든 조합원을 대리하여 소송을 할 수 있는 소송대리권도 갖는 것으로 보아야 할 것이다. 반면 업무 집행자가 선임되지 않은 경우 각 조합원이 소송대리권을 가진 것으로 해석할 수는 없을 것이다.[3]

Ⅳ. 조합의 재산관계

1. 조합 재산

(1) 의의

조합은 단체이기는 하지만 그 단체성이 약하여 권리의 주체로서 재산을 보유할 수는 없다. 하지만 단체의 활동과 관련하여 그 구성원인 조합원의 개인적인 재산과 분리하여 관리될 필요성이 존재한다. 이러한 이유로 조합원의 개인 재산과 구별되는 조합 재산의 개념을 인정하여 형식적으로는 조합원에게 귀속되지만, 실질적으로 그와 분

---

1) 대판 1991. 6. 25. 88다카6358.

2) 대판 2012. 11. 29. 2012다44471.

3) 곽윤직, 채권각론(2014), 306면; 김형배, 채권각론(1997), 719면; 송덕수, 채권법각론(2019), 403면. 민사소송법 제89조는 소송대리권을 서면으로 증명하도록 하고 있는데 이는 소송 대리와 관련하여 특별한 수권행위를 요구하고 있는 것으로 이해될 수 있다.

리된 특별 재산으로서 성질을 갖도록 하고 있다. 이러한 조합 재산의 귀속관계를 합유관계라고 한다(제704조).

(2) 조합 재산의 내용

합유 재산은 조합원이 출자한 재산과 조합의 업무 집행으로 취득한 채무를 포함한 재산이 조합 재산을 구성한다.

다만 조합계약에서 조합원이 출자하기로 한 재산권은 권리 이전 절차가 완료되어야 조합 재산이 된다. 부동산에 관한 권리를 출자하기로 한 경우 그 부동산에 대하여 조합원의 합유로 등기가 되기 전에는 그 재산권이 조합 재산이 되지 못한다.[1] 하지만 그 이전에 다른 조합원은 출자를 약속한 조합원에 대하여 출자청구권을 갖게 되므로 권리 이전 절차 전이더라도 그러한 출자청구권이 조합 재산을 형성하는 것으로 이해된다.[2]

> "동업을 목적으로 한 조합이 조합체로서 또는 조합 재산으로서 부동산의 소유권을 취득하였다면, 민법 제271조 제1항의 규정에 의하여 당연히 그 조합체의 합유물이 되고, 다만, 그 조합체가 합유등기를 하지 아니하고 그 대신 조합원들 명의로 각 지분에 관하여 공유등기를 하였다면, 이는 그 조합체가 조합원들에게 각 지분에 관하여 명의 신탁한 것으로 보아야 한다.

따라서 조합원들 중 1인이 조합에서 탈퇴하면서 나머지 조합원들에게 그 지분에 관한 소유권이전등기를 경료하여 주었다 하더라도 그

---

1) 대판 2002. 6. 14. 2000다30622.

2) 곽윤직, 채권각론(2014), 308면.

로써 채무자인 그 해당 조합원의 책임 재산에 감소를 초래한 것이라고 할 수 없으므로, 이를 들어 일반 채권자를 해하는 사해행위라고 볼 수는 없다."[1]

2. 조합 재산에 대한 합유관계

조합원의 출자 기타 조합 재산은 수인의 조합원이 조합체로서 물건을 소유하는 것으로 합유관계가 형성된다(제271조 제1항 전문, 제704조).

물건의 공동 소유 형태인 합유관계에 대하여는 민법 제271조 내지 제274조에서 규율하고 있고, 그 외의 재산권에 대하여는 준합유로서 물건에 관한 합유의 규정이 준용된다(제278조). 따라서 재산권에 관한 조합원 사이의 합유관계에 관하여는 원칙적으로 제271조 이하의 규정이 준용된다. 하지만 이외에 계약상 조합에 관한 규정에서 조합의 업무 집행에 관한 규정도 따로 두고 있어서 조합 재산과 관련한 업무 집행에 대하여는 물권법상의 규정과의 조화의 문제가 발생할 수 있다. 먼저 물권법상의 합유 및 준합유에 관한 규정을 설명하고 조합의 업무 집행과 관련한 문제를 검토하여 보기로 한다.

(1) 물건에 대한 합유관계

법률의 규정 또는 계약에 따라 수인이 조합체로서 물건을 소유하는 때에는 합유로 한다(제271조 제1항 전문). 수인이 조합체로서 물건을 소유하는 경우 합유자는 그 물건에 대하여 지분을 갖지만 다른 합유자 전원의 동의가 없는 한 자신의 지분을 처분하지 못한다(제273조 제1항).

1) 대판 2002. 6. 14. 2000다30622.

이 경우에도 조합원의 자격과 분리하여 그 지분권만을 처분할 수는 없다.[1] 전원의 동의가 없는 한 합유물도 처분하지 못한다(제272조 전문).

합유자는 합유물의 분할을 청구하지 못한다(제273조 제2항). 다만 전원의 합의로 합유물을 분할할 수는 있다. 분할을 하는 때에는 공유물의 분할에 관한 규정을 준용한다(제274조 제2항).

(2) 소유권 이외의 재산권에 대한 준합유

소유권 이외의 재산권이 조합 재산이 되는 경우 모든 조합원의 준합유로 된다(제278조). 따라서 조합의 채권이나 채무도 조합원 전원에게 합유적으로 귀속된다. 따라서 각 조합원은 조합 재산인 채권이 가분 급부를 내용으로 하더라도 지분에 따른 단독 추심이 허용되지 않고 단지 공동으로 할 수 있을 뿐이다.

(3) 합유 재산에 관한 업무 집행

합유물에 관하여 합유자인 조합원은 각자가 보존행위를 할 수 있으나 그 처분이나 변경에 관하여는 모든 조합원의 동의가 있어야 한다(제272조). 반면 조합의 업무 집행과 관련하여 업무 집행자가 따로 없는 경우에는 조합의 과반수로 업무 집행자가 수인인 경우에도 업무 집행자의 과반수로 결정하도록 하고 있다(제706조 제2항). 여기서 두 규정이 충돌하는 지점이 발생한다. 즉 합유물의 처분에 관하여 모든 조합원의 동의가 있어야 하는가 또는 업무 집행으로 보아 과반수의 동

1) 대판 2009. 3. 12. 2006다28454.

의만 있으면 되는가의 문제이다. 다수설[1]과 판례[2]는 제706조 제2항의 규정을 제272조의 특별 규정으로 이해한다. 즉, 제272조의 합유물에 대한 처분 및 변경의 내용은 제706조의 특별 사무에 대응하고, 제272조의 보존행위는 제706조 제3항의 통상 사무에 대응하는데, 제272조는 제706조의 조합계약에 의한 경우뿐만 아니라 모든 조합체로서의 공동 소유에 관하여 규정하는 일반 규정이므로 제706조는 제272조에 우선하여 적용되는 특별 규정으로 이해한다. 결국 조합계약에 의하여 설립된 조합의 경우 업무 집행자가 없는 경우에는 조합원의 과반수로, 업무 집행자가 1인인 경우에는 단독으로, 업무 집행자가 수인인 경우에는 업무 집행자 과반수의 결정으로 조합 재산을 처분하거나 변경할 수 있다.

3. 개인 재산과 구별되는 조합 재산

조합재산은 조합의 활동을 위하여 필요한 재산이다. 따라서 단체로서 조합 재산을 소유하는 것은 아니더라도 조합원의 개인 재산과 구별되어 그 목적을 위하여 활용되어야 한다. 이러한 이유로 합유물뿐만 아니라 지분의 처분도 제한되는 것이다. 동일한 선상에서 조합원의 채권자이더라도 조합 재산에 대한 지분을 압류하여 처분하거나 조합에 대한 채무로 상계하는 것은 조합의 활동을 방해하는 것이 되어 허용되지 않는다. 이러한 이유로 민법은 조합원의 채권자에 대한 지분의 압류 및 상계에 대하여 특별한 규정을 두고 있다.

---

1) 곽윤직, 채권각론(2014), 311면; 송덕수, 채권법각론(2019), 411면 등.
2) 대판 1998. 3. 13. 95다30345.

(1) 조합원의 지분에 대한 압류

조합원의 채권자는 조합원에 대한 지분을 압류할 수 있다. 하지만 그러한 압류 이후 그 지분을 처분할 수는 없다. 조합원에 대한 지분의 압류는 그 조합원의 장래의 이익 배당 및 지분의 반환을 받을 권리에 대하여 효력이 있을 뿐이다(제714조). 여기서 조합원의 지분이란 전체로서의 조합 재산에 대한 조합원의 지분을 의미하는 것으로 조합 재산을 구성하는 개개의 재산에 대한 합유 지분을 의미하는 것이 아니다.[1)]

> "조합의 채권은 조합원 전원에게 합유적으로 귀속하는 것이어서, 특별한 사정이 없는 한 조합원 중 1인이 임의로 조합의 채무자에 대하여 출자 지분의 비율에 따른 급부를 청구할 수 없는 것이므로, 조합원 중 1인의 채권자가 그 조합원 개인을 집행채무자로 하여 조합의 채권에 대하여 강제집행하는 경우, 다른 조합원으로서는 보존행위로서 제3자 이의의 소를 제기하여 그 강제집행의 불허를 구할 수 있다."[2)]

(2) 조합채무자의 상계 금지

조합의 채무자는 조합원에 대하여 가지는 채권을 자동채권으로 하여 그가 부담하는 채무를 상계하지 못한다(제715조). 조합에 대한 채무자의 채무는 조합의 채권으로 조합의 활동을 위한 조합 재산에 해당하여 조합원 개인에 대한 채권으로 상계하는 것은 조합원의 채권자에 의한 조합 재산의 임의적인 처분이 되어 이를 금지하는 것이다.

---

1) 대결 2007. 11. 30. 2005마1130.

2) 대판 1997. 8. 26. 97다4401.

4. 조합채무에 대한 책임

조합의 채무도 전 조합원에게 합유적으로 귀속되어 조합채무에 대해 조합 재산이 책임 재산이 된다. 하지만 조합채무는 또한 각 조합원의 채무이기도 하므로, 각 조합원도 개인 재산으로 책임을 진다. 다만 각 조합원이 부담하는 채무는 민법상 분할채무가 원칙이므로 손실 분담의 비율에 따라 책임을 진다.[1)]

조합 재산을 통한 책임과 개인 재산을 통한 책임은 병존적이다. 따라서 조합채권자는 채권 전액에 관하여 전 조합원을 상대로 하여 조합 재산을 집행할 수 있고, 각 조합원이 분담하는 금액에 관하여 각 조합원의 개인 재산을 집행할 수도 있다. 다만 조합채무를 조합원이 연대하여 부담하기로 하는 특약이 있거나 조합채무가 조합원 전원을 위하여 상행위가 되는 행위로 인하여 부담하게 된 것이라면(상법 제57조 제1항) 조합원들의 연대책임이 인정된다.[2)]

조합원 사이에 손실 분담의 비율이 정해지지 않은 때에는 각 조합원의 출자 가액에 비례하여 이를 정한다(제711조 제1항). 이익 분배의 비율만이 정해진 때에는 그 비율은 손실에도 공통된 것으로 추정한다(제711조 제2항). 조합채권자는 그 채권 발생 당시에 조합원의 손실 부담의 비율을 알지 못한 때에는 각 조합원에게 균분하여 그 권리를 행사할 수 있다(제712조). 조합원 중에 변제할 자력없는 자가 있는 때에는 그 변제할 수 없는 부분은 다른 조합원이 균분하여 변제할 책임이 있다(제713조).

---

1) 대판 1992. 11. 27. 92다30405.

2) 대판 2014. 8. 20. 2014다26521.

5. 손익 분배

공동 사업을 통하여 올린 수익이나 손실도 조합원에게 합유적으로 귀속된다. 이 경우 수익이나 손실의 귀속 비율이 문제될 수 있는데 이에 대한 합의가 있으면 당연히 그에 따를 것이지만 당사자가 손익 분배의 비율을 정하지 아니한 때에는 각 조합원의 출자 가액에 비례하여 이를 정한다(제711조 제1항). 이익 또는 손실에 대하여 분배의 비율을 정한 때에는 그 비율은 이익과 손실에 공통된 것으로 추정한다(제711조 제2항).

손익 분배의 시기에 관하여는 조합계약에서 정한 경우에 그에 따른다. 조합계약에 정한 바가 없으면 영리 목적의 조합의 경우에는 업무 집행의 규정에 따라 분배된다. 반면 비영리 목적의 조합의 경우에는 손익의 분배가 조합 업무의 일부라고 할 수 없으므로 전 조합원의 합의에 따라 또는 청산 시에 분배되어야 할 것이다.

V. 조합원의 변동

민법은 조합원의 변동에도 불구하고 조합이 여전히 동일성을 유지하면서 존속하는 것으로 전제한다. 이는 조합이 계약에 해당하지만, 단체적인 성격을 감안한 것이다. 당사자의 변동으로 기존의 조합이 해산되고 새로운 조합을 설립하는 것으로 하는 불필요한 수고와 손실을 막으려는 취지이다. 조합원의 변동은 조합원의 탈퇴와 가입, 변경에 의하여 이루어진다.

1. 조합원의 탈퇴

(1) 임의 탈퇴

조합계약으로 조합의 존속기간을 정하지 아니하거나 조합원의 종신까지 존속할 것을 정한 때에는 각 조합원은 언제든지 탈퇴할 수 있다. 그러나 부득이한 사유 없이 조합의 불리한 시기에 탈퇴하지 못한다(제716조 제1항). 따라서 불리한 시기가 아니라면 언제든지 탈퇴가 가능하다. 여기서 불리한 시기란 조합의 목적을 달성하는데 특별히 불이익이 되는 경우를 말한다.

조합의 존속기간을 정한 때에는 조합원은 부득이한 사유가 있는 경우에만 탈퇴할 수 있다(제716조 제1항).

> "민법상 조합에 있어서 조합원은 임의로 탈퇴할 수 있고 그 탈퇴는 다른 조합원 전원에 대한 의사표시로 하여야 하나 조합계약에서 탈퇴 의사의 표시 방식을 따로 정하는 특약은 유효하다고 할 것인바, 원호대상자 정착직업재활조합 서울목공분조합의 경우에는 분조합 운영 규약 제6조가 분조합원이 탈퇴하고자 할 때에는 분조합장은 국립직업재활원장의 승인을 얻어 그 분조합원을 탈퇴시킬 수 있다고 규정하고 있고, 이는 민법상 잔존 조합원들이 탈퇴 조합원의 탈퇴 의사표시의 상대방이 되어 그 의사표시를 수령하는 것에 갈음하여 분조합장이 탈퇴 의사표시를 수령하도록 하고, 다시 국립직업재활원장의 승인이라고 하는 공법적인 감독을 받도록 한 것이라고 볼 수 있으므로 분조합원이 분조합장 이외의 다른 사람에게 탈퇴 의사표시를 하여도 그로써 탈

퇴의 효과는 생기지 않는다."[1]

(2) 비임의 탈퇴

조합원은 조합원의 사망, 파산, 성년 후견의 개시, 제명으로 그 지위를 상실한다(제717조). 특히 조합원이 사망한 경우에 조합원 사이의 신뢰관계가 인정되어 상속인이 조합원의 지위를 승계하지 못하도록 하고 있다. 하지만 사망과 관련하여 조합계약에서 사망한 조합원의 지위를 그 상속인이 승계하기로 약정하였다면 상속인에게 조합원의 지위가 승계될 수 있다.[2]

"조합원들이 조합계약 당시 민법 제717조의 규정과 달리 차후 조합원 중에 파산하는 자가 발생하더라도 조합에서 탈퇴하지 않기로 약정한다면 이는 장래의 불특정 다수의 파산채권자의 이해에 관련된 것을 임의로 위 법 규정과 달리 정하는 것이어서 원칙적으로는 허용되지 않는다 할 것이지만, 파산한 조합원이 제3자와의 공동 사업을 계속하기 위하여 그 조합에 잔류하는 것이 파산한 조합원의 채권자들에게 불리하지 아니하여 파산한 조합원의 채권자들의 동의를 얻어 파산 관재인이 조합에 잔류할 것을 선택한 경우까지 조합원이 파산하여도 조합으로부터 탈퇴하지 않는다고 하는 조합원들 사이의 탈퇴 금지의 약정이 무효라고 할 것은 아니다."[3]

---

1) 대판 1997. 9. 9. 96다16896.
2) 대판 1987. 6. 23. 86다카2951.
3) 대판 2004. 9. 13. 2003다26020.

조합원의 제명은 정당한 사유가 있는 때에 한하여 다른 조합원의 일치로써 이를 결정한다(제718조 제1항). 제명 결정은 제명된 조합원에게 통지하지 아니하면 그 조합원에게 대항하지 못한다(제718조 제2항).

> "민법상 조합에서 조합원의 제명은 정당한 사유가 있는 때에 한하여 다른 조합원의 일치로써 결정한다(제718조 제1항). 여기에서 '정당한 사유가 있는 때'란 특정 조합원이 동업계약에서 정한 의무를 이행하지 않거나 조합 업무를 집행하면서 부정행위를 한 경우와 같이 특정 조합원에게 명백한 귀책사유가 있는 경우는 물론이고, 이에 이르지 않더라도 특정 조합원으로 말미암아 조합원들 사이에 반목·불화로 대립이 발생하고 신뢰관계가 근본적으로 훼손되어 특정 조합원이 계속 조합원의 지위를 유지하도록 한다면 조합의 원만한 공동 운영을 기대할 수 없는 경우도 포함한다."[1)]

(3) 탈퇴의 효과

탈퇴한 조합원은 장래를 향하여 조합원의 지위가 소멸한다. 즉 조합 재산에 대한 권리와 의무를 상실하게 된다. 따라서 조합은 탈퇴 조합원과의 사이에서 재산관계에 대한 청산 절차를 진행하여야 한다. 이때 탈퇴한 조합원과 다른 조합원 간의 계산은 탈퇴 당시의 조합 재산 상태에 의한다(제719조 제1항). 그리고 탈퇴한 조합원의 지분은 그 출자의 종류 여하에도 불구하고 금전으로 반환할 수 있다(제719조 제2항). 탈퇴 당시에 완결되지 아니한 사항에 대하여는 완결 후에 계산할

1) 대판 2021. 10. 28. 2017다200702.

수 있다(제719조 제3항).

> "조합에서 조합원이 탈퇴하는 경우, 탈퇴자와 잔존자 사이의 탈퇴로 인한 계산은 특별한 사정이 없는 한 민법 제719조 제1항, 제2항에 따라 '탈퇴 당시의 조합 재산 상태'를 기준으로 평가한 조합재산 중 탈퇴자의 지분에 해당하는 금액을 금전으로 반환하여야 하고, 조합원의 지분 비율은 '조합 내부의 손익 분배 비율'을 기준으로 계산하여야 하나, 당사자가 손익 분배의 비율을 정하지 아니한 때에는 민법 제711조에 따라 각 조합원의 출자 가액에 비례하여 이를 정하여야 한다."[1)]

> "영업권은 사업체가 동종 기업의 정상 이익률을 초과하는 수익력을 갖는 경우 그 초과 수익력을 평가한 것이므로 이와 같은 영업권을 갖는 사업체가 거래의 객체가 되는 경우, 당연히 그 부분에 대한 대가가 수수될 것이 예상되고, 따라서 영업권을 갖는 사업체를 동업으로 경영하다가 사망으로 인하여 동업관계에서 탈퇴한 조합원의 그 사업체에 대한 지분을 평가함에 있어서는 당연히 그 영업권을 포함하여 평가하여야 한다."[2)]

> "2인 조합에서 조합원 1인이 탈퇴하면 조합관계는 종료되지만 특별한 사정이 없는 한 조합이 해산되지 아니하고, 조합원의 합유에 속하였던 재산은 남은 조합원의 단독 소유에 속하게 되어 기존의 공동 사업은 청산 절차를 거치지 않고 잔존자가 계속 유지할 수 있다.

---

1) 대판 2008. 9. 25. 2008다41529.

2) 대판 1997. 2. 14. 96다44839.

2인 조합에서 조합원 1인이 탈퇴하는 경우, 조합의 탈퇴자에 대한 채권은 잔존자에게 귀속되므로 잔존자는 이를 자동채권으로 하여 탈퇴자에 대한 지분 상당의 조합재산반환채무와 상계할 수 있다."[1]

2. 조합원의 가입

조합원의 가입에 관하여 민법에는 규정이 없으나 계약자유의 원칙상 조합원 전원의 동의에 의한 새로운 조합원의 가입이 가능하다. 가입자는 가입 당시 조합 재산의 합유에 참여하게 되고 기존 조합원의 지분은 그만큼 감소하게 될 것이다. 다만 이러한 지분의 참여로 인하여 가입한 조합원이 가입 전에 발생한 조합의 채무에 관하여도 책임을 지느냐에 대하여 통설은 개인의 재산으로는 책임을 지지 않으나 합유 지분으로서는 책임을 지는 것으로 이해한다.[2] 분할적, 개인적 채무를 부담한다. 다만 이러한 분할적 개인적 채무의 부담으로 채권자에게는 대항하지 못한다고 보아야 할 것이다.

3. 조합원 지위의 양도

조합원의 지위 양도는 기존 조합원의 탈퇴와 새로운 조합원의 가입을 의미하므로 조합원 전원의 동의가 있으면 가능하다.

"공동 수급체는 기본적으로 민법상의 조합의 성질을 가지고, 공

1) 대판 2006. 3. 9. 2004다49693.

2) 곽윤직, 채권각론(2014), 320면; 김형배, 채권각론(1997), 752면; 송덕수, 채권법각론(2019), 416면.

동 수급체의 구성원 사이에서 구성원 지위를 제3자에게 양도할 수 있기로 약정하지 아니한 이상, 공동 수급체의 구성원 지위는 상속이 되지 않고 다른 구성원들의 동의가 없으면 이전이 허용되지 않는 귀속상의 일신전속적인 권리의무에 해당하므로, 공동 수급체의 구성원 지위는 원칙적으로 회사의 분할 합병으로 인한 포괄 승계의 대상이 되지 아니한다."[1]

Ⅵ. 조합의 해산과 청산

1. 조합의 해산

(1) 의의

조합도 단체의 일종이므로 그 목적의 완성 등으로 조합이 종료하게 되면 재산관계를 포함한 조합원 사이의 법률관계를 정리할 필요가 있다. 이를 조합의 해산이라고 한다. 조합이 해산된 경우에도 청산 절차를 거쳐 조합 재산을 조합원에게 분배하지 아니하는 한 조합 재산은 계속하여 조합원의 합유이고, 청산이 종료할 때까지 조합은 존속하는 것으로 해석된다. 따라서 청산이 종료하지 않은 상태에서 일부 조합원이 다른 조합원들의 동의를 얻지 아니한 채 조합 재산인 채권을 타인에게 양도한 행위는 무효가 된다.[2]

---

1) 대판 2011. 8. 25. 2010다44002.

2) 대판 1992. 10. 9. 92다28075.

(2) 해산사유

조합은 조합의 목적인 사업의 완성 또는 완성이 불가능하게 된 때, 존속기간의 만료 기타 조합계약에서 정한 해산사유의 발생,[1] 조합원 전원의 동의로 해산한다. 나아가 각 조합원은 부득이한 사유가 있는 경우 해산을 청구할 수 있다(제720조).

> "민법 제720조에 규정된 조합의 해산사유인 부득이한 사유에는 경제계의 사정변경이나 조합의 재산 상태의 악화 또는 영업 부진 등으로 조합의 목적 달성이 현저히 곤란하게 된 경우 외에 조합원 사이의 반목·불화로 인한 대립으로 신뢰관계가 파괴되어 조합의 원만한 공동 운영을 기대할 수 없게 된 경우도 포함되며, 위와 같이 공동 사업의 계속이 현저히 곤란하게 된 이상 신뢰관계의 파괴에 책임이 있는 당사자도 조합의 해산청구권이 있다."[2]

2. 청산

(1) 의의

청산이란 해산한 조합의 재산관계를 정리하는 것을 말한다. 청산의 종료로 인하여 조합은 완전히 소멸하게 된다. 청산이 끝난 후에도 각 조합원은 그의 개인 재산으로 조합채권자에 대하여 책임을 진다.

> "조합이 해산된 경우 당사자 사이에 별도의 약정이 없는 이상 조

1) 대판 1985. 2. 26. 84다카1921.
2) 대판 1993. 2. 9. 92다21098.

> 합원들에게 분배할 잔여 재산과 그 가액은 청산 절차가 종료된 때에 확정되는 것이므로 원칙적으로 청산 절차가 종료되지 아니한 상태에서 잔여 재산의 분배를 청구할 수는 없고, 다만 조합의 잔무로서 처리할 일이 없고 잔여 재산의 분배만이 남아 있을 때에는 따로 청산 절차를 밟을 필요 없이 각 조합원은 자신의 잔여 재산 분배 비율의 범위 내에서 그 분배 비율을 초과하여 잔여 재산을 보유하고 있는 조합원에 대하여 잔여 재산의 분배를 청구할 수 있다."[1]

(2) 청산 절차

1) 청산인

청산 절차는 전 조합원이 공동으로 하거나 그들이 선임한 자가 진행하게 된다(제721조 제1항). 청산인의 선임은 조합원의 과반수로써 결정한다(제721조 제2항). 조합원 중에서 청산인을 정한 때에 청산인은 정당한 사유 없이 사임하지 못하며 다른 조합원의 일치가 아니면 해임하지 못한다(제723조, 제708조).

2) 청산 업무의 집행

청산 업무는 현존 사무의 종결, 채권의 추심 및 채무의 변제, 조합원에 대한 잔여 재산의 인도가 해당된다(제724조 제1항, 제87조 제1항). 청산인은 이러한 직무를 행하기 위하여 필요한 모든 행위를 할 수 있다(제724조 제1항, 제87조 제2항). 잔여 재산은 각 조합원의 출자 가액에 비례하여 이를 분배한다(제724조 제2항). 청산 업무의 집행은 조합원의

1) 대판 2015. 6. 11. 2013다29714.

과반수로써 결정한다. 청산인이 수인인 때에는 그 과반수로써 결정한다(제722조, 제706조 제2항).

제14장
종신정기금

I. 의의

1. 개념

종신정기금계약은 당사자 일방이 자기, 상대방 또는 제3자의 종신까지 정기로 금전 기타의 물건을 상대방 또는 제3자에게 지급하는 것을 내용으로 하는 계약을 말한다(제725조). 종신정기금은 노후의 생활보장 제도가 발달하지 않았을 당시에 서양에서 활용되었던 제도로 연금 제도와 같은 사회 보장 제도의 발달 등으로 현재에는 거의 이용되지 않는 제도이다.

2. 법적 성질

종신정기금 제도는 낙성·불요식의 계약이다. 종신정기금채무자가 대가를 받기로 하는 경우에는 유상계약이고 그렇지 않은 경우에는 무상계약에 해당한다. 종신정기금계약은 증여 혹은 매매나 소비대차계약과 함께 체결된다. 이 경우 해당 계약의 규정이 적용된다. 예를 들어 무상계약인 경우 증여의 규정이 적용되어 서면에 의하지 않은 종신정기금계약은 언제든지 해제할 수 있다. 종신정기금계약은 유인행위로 증여나 매매, 소비대차 등이 무효인 경우 효력이 없다.

Ⅱ. 종신정기금계약의 효력

1. 정기금채권의 발생

종신정기금계약에 의하여 기본권으로서 채권이 발생하고 이 채권을 기초로 매기의 지분적 채권이 발생한다.[1] 채권자는 종신정기금계약의 내용에 따라 계약의 당사자가 될 수 있으나 제3자도 가능하다. 이러한 경우 제3자를 위한 계약이 체결된 것이 되어 제3자의 승낙의 의사표시로 제3자는 직접 채무자에 대한 채권을 취득한다(제539조 제2항).

지분적 채권의 발생 시기는 특약이 있으면 그에 따르고 특약이 없으면 매 기간이 경과한 후에 발생한다. 급부의 기간이 만료하기 전에 사망한 경우에는 그 일수를 계산하여 정기금을 지급하여야 한다(제726조).

2. 정기금채무의 불이행

종신정기금채무가 불이행된 경우 채무불이행의 일반 규정에 따른다. 하지만 정기금채무자가 정기금채무의 원본을 받은 경우에 대하

1) 곽윤직, 채권각론(2014), 330면; 김형배, 채권각론(1997), 764면. 이에 대하여 일정한 시기의 도래로 하나의 채권만 발생한다는 견해가 있다; 송덕수, 채권법각론(2019), 422면.

여 민법은 특별한 규정을 두고 있다. 즉 정기금채무자가 정기금채무의 원본을 받은 경우에 그 정기금채무의 지급을 해태하거나 기타 의무를 이행하지 아니한 때에는 정기금채권자는 원본의 반환을 청구할 수 있다(제727조 제1항 본문). 이때 채권자가 이미 정기금을 지급받은 경우에는 채권자는 지급받은 채무액에서 그 원본의 이자를 공제한 잔액을 정기금채무자에게 반환하여야 한다(제727조 제1항 단서). 그 외에 채권자가 채무자의 불이행으로 손해를 입은 경우 손해의 배상을 청구할 수 있다(제727조 제2항).

Ⅲ. 계약관계의 종료

종신정기금계약은 특정인의 사망 시까지 효력을 갖는 계약이므로 그 특정인의 사망에 의하여 종료한다. 다만 법원은 사망이 정기금채무자의 책임 있는 사유로 인한 때에는 법원은 정기금채권자 또는 그 상속인의 청구에 따라 상당한 기간 채권의 존속을 선고할 수 있다(제729조 제1항). '상당한 기간'이란 사망한 특정인이 정기금채무자의 책임 있는 사유가 없었더라면 생존하였을 기간을 의미한다. 정기금채무자의 책임 있는 사유로 특정인이 사망한 경우 채권자 또는 그 상속인은 계약을 해제할 수 있고(제729조 제2항) 그러한 경우 제727조의 규정에 따른 권리를 행사할 수 있다.

제15장
화해

Ⅰ. 의의

화해는 당사자가 상호 양보하여 당사자 간의 분쟁을 종지할 것을 내용으로 하는 계약을 말한다(제731조). 화해는 당사자의 상호 양보가 있다는 점에서 유상계약이고 합의를 통하여 양보한 것을 실현할 의무를 부담한다는 점에서 쌍무계약이다. 화해는 당사자의 합의만으로 성립한다는 점에서 낙성·불요식의 계약이다.

화해계약은 당사자 사이의 분쟁관계에서 상호 양보하여 분쟁을 종지하는 것을 내용으로 하므로 당사자들이 분쟁 자체를 인식하지 못한 상태에서 일방 당사자가 이행해야 할 채무액에 관하여 협의하였다면, 화해계약이 성립하지 않았다고 보아야 할 것이다.[1]

1) 대판 2021. 9. 9. 2016다203933.

Ⅱ. 화해의 효력

1. 화해의 창설적 효력

화해계약은 당사자 일방이 양보한 권리가 소멸되고 상대방이 화해로 인하여 그 권리를 취득하는 효력이 있다. 즉, 화해계약이 성립되면 특별한 사정이 없는 한 그 창설적 효력에 따라 종전의 법률관계를 바탕으로 한 권리의무관계는 소멸하고, 계약 당사자 사이에 종전의 법률관계가 어떠하였는지를 묻지 않고 화해계약에 따라 새로운 법률관계가 생긴다.[1] 이에 따라 화해에 따라 인정되었거나 부정된 권리관계와 다른 증거가 화해계약체결 이후에 나오더라도 화해의 효력에는 영향을 미치지 못한다. 이를 화해의 창설적 효력이라고 한다. 이러한 창설적 효력에 따라 화해계약은 착오를 이유로 취소하지 못한다(제733조 본문).

> "계약 당사자 사이에 수술 후 발생한 새로운 증세에 관하여 그 책임 소재와 손해의 전보를 둘러싸고 분쟁이 있어 오다가 이를 종결짓기 위하여 합의에 이른 것이라면, 가해자의 수술행위와 피해자의 수술 후의 증세 사이의 인과관계의 유무 및 그에 대한 가해자의 귀책사유의 유무는 분쟁의 대상인 법률관계 자체에 관한 것으로서, 가해자는 피해자의 수술 후의 증세가 가해자의 수술행위로 인한 것이 아니라거나 그에 대하여 가해자에게 귀책사유가 없다는 등의 이유를 들어 그 합의를 취소할 수 없다."[2]

1) 대판 2020. 10. 15. 2020다227523.
2) 대판 1995. 10. 12. 94다42846.

2. 화해와 착오

화해의 창설적 효력에 따라 당사자는 화해계약을 착오를 이유로 취소하지 못하지만 '당사자의 자격'이나 '화해의 목적인 다툼 이외의 사항'에 착오가 있는 경우에는 제109조에 따라 화해계약을 취소할 수 있다. 이에 따라 의사의 치료행위 직후 환자가 사망하여 의사가 환자의 유족에게 거액의 손해배상금을 지급하기로 합의하였으나 그 후 환자의 사망이 의사의 치료행위와는 전혀 무관한 것으로 밝혀진 경우 의사에게 치료행위상의 과실이 있다는 점은 위 합의의 전제였지 분쟁의 대상은 아니었으므로 착오를 이유로 화해계약의 취소가 인정된다.[1]

화해계약이 사기로 이루어졌으면 화해의 목적인 분쟁에 관한 사항에 착오가 있더라도 제110조에 의하여 화해계약을 취소할 수 있다.[2]

> "교통사고에 가해자의 과실이 경합되어 있는데도 오로지 피해자의 과실로 인하여 발생한 것으로 착각하고 치료비를 포함한 합의금으로 실제 입은 손해액보다 훨씬 적은 금원인 금 7,000,000원만을 받고 일체의 손해배상청구권을 포기하기로 합의한 경우, 그 사고가 피해자의 전적인 과실로 인하여 발생하였다는 사실은 쌍방 당사자 사이에 다툼이 없어 양보의 대상이 되지 않았던 사실로서 화해의 목적인 분쟁의 대상이 아니라 그 분쟁의 전제가 되는 사항에 해당하는 것이므로 피해자 측은 착오를 이유로 화해계약을 취소할 수 있다."[3]

---

1) 대판 2001. 10. 12. 2001다49326.

2) 대판 2008. 9. 11. 2008다15278.

3) 대판 1997. 4. 11. 95다48414.

3. 화해와 후발적 손해

교통사고 등으로 발생한 피해자의 손해배상에 대하여 가해자와 피해자가 합의하면서 '향후 민·형사 상 일체의 청구권을 포기한다'라고 약정하는 경우가 많다. 그런데 그러한 합의 이후에 당사자가 예상하지 못한 후유증이 발생하는 경우도 있는데, 이러한 예상 밖의 후유증에 대한 배상 청구를 인정하여야 할 필요성이 제기된다. 학설과 판례는 모두 후유증에 대한 추가적인 배상 청구를 인정하여야 한다는 입장이다. 다만 그 법리 구성에 관하여 학설이 대립한다.[1] 대법원은 대체로 당사자의 합의가 예상하기 어려운 후유증에 대한 손해배상청구권까지 포기하는 것을 포함하지는 않는다는 합의에 대한 해석을 근거로 후유증에 대한 추가적 배상 청구를 긍정하고 있다.[2]

"불법행위로 인한 손해배상에 관하여 가해자와 피해 당사자 간에 피해자가 일정한 금액을 지급받고 그 나머지의 청구를 포기하기로 약정한 때에는 그 후에는 그 이상의 손해가 사후에 발생했다는 이유로 합의 금액을 넘는 손해배상청구를 하는 것을 인용해 줄 수는 없다고 보는 것이 마땅하다 하겠으나 모든 손해가 확실하게 파악되지 않는 상황하에서 조급하게 적은 금액을 받고 위와 같은 합의가 이루어진 경우에는 그 합의 당시 피해자가 포기한 손해배상청구권은 그 당시에 예측이 가능했던 손해에 대한 것뿐이라고 해석해야 할 것이지 당시에 예상할 수 없었던 적극적 치료비나 후유증이 그 후에 생긴 경우의 그 손해에 대하여서

1) 법리구성에 대한 학설에 대하여는 송덕수, 채권법각론(2019), 430면 참조.
2) 대판 1970. 8. 31. 70다1284.

까지 배상청구권을 포기했다고 해석할 것은 아니다."[1)]

1) 대판 1988. 4. 27. 87다카74.

계약법

초판 인쇄	2024년 2월 8일
초판 발행	2024년 2월 16일
초판 2쇄 발행	2024년 4월 22일

지은이	박영복 박희호
발행인	박연관
기획	신선호
편집장	장혜정
도서편집	박미현
디자인	최재영
인사행정	이근영
재무회계	김문규
전자책·사전	이지현
캐릭터	변혜준
발행처	한국외국어대학교 지식출판콘텐츠원 02450 서울특별시 동대문구 이문로 107 전화 02)2173-2494~7 FAX 02)2173-3363 홈페이지 http://press.hufs.ac.kr 전자우편 press@hufs.ac.kr 출판등록 제6-6호(1969. 4. 30)
인쇄·제본	주)케이랩 02)2285-0620

ISBN 979-11-7199-138-9 [93360] **정가** 23,000원

HUINE 은 한국외국어대학교출판부의 어학도서, 사회과학도서, 지역학 도서 Sub Brand이다. 한국외대의 영문명인 HUFS, 현명한 국제전문가 양성(International+Intelligent)의 의미를 담고 있으며, 휴인(携引)의 뜻인 '이끌다, 끌고 나가다'라는 의미처럼 출판계를 이끄는 리더로서, 혁신의 이미지를 담고 있다.